Coleção Hip-Hop em Perspectiva

DIRIGIDA POR
Daniela Vieira (UEL)
Jaqueline Lima Santos (Cemi/Unicamp)

CONSELHO EDITORIAL
Ana Lúcia Silva e Souza (UFBA)
Daniela Vieira (UEL)
Derek Pardue (Universidade de Aarhus)
Jaqueline Lima Santos (Cemi/Unicamp)
Karim Hammou (Cresppa/CSU)
Márcio Macedo (FGV/Eaesp)
Walter Garcia (IEB/USP)

Equipe de realização
Coordenação de texto Elen Durando e Luiz Henrique Soares
Edição de texto Simone Zaccarias
Revisão Equipe Perspectiva, Margarida Goldsztajn e Adriano C.A. e Sousa
Capa e projeto gráfico Rodrigo Correa
Produção Ricardo W. Neves e Sergio Kon.

RACIONAIS MC'S
ENTRE O GATILHO E A TEMPESTADE

DANIELA VIEIRA
JAQUELINE LIMA SANTOS
(ORGANIZADORAS)

APRESENTAÇÃO DE DEIVISON FAUSTINO

© 2023 Editora Perspectiva

CIP-Brasil. Catalogação na Publicação
Sindicato Nacional dos Editores de Livros, RJ

R119
Racionais MC's entre o gatilho e a tempestade / organização
Daniela Vieira, Jaqueline Lima Santos ; apresentação Deivison
Faustino. - 1. ed. - São Paulo : Perspectiva, 2023.
320 p. ; 21 cm. (Hip-hop em perspectiva ; 2)

ISBN 978-65-5505-145-2

1. Racionais MC's (Conjunto musical) - História e crítica.
2. Rap (Música). 3. Música popular - Brasil - História e crítica.
I. Vieira, Daniela. II. Santos, Jaqueline Lima. III. Faustino, Deivison.
IV. Série.

23-82968   CDD: 782.421640981
                   CDU: 784.4(81)

Gabriela Faray Ferreira Lopes - Bibliotecária - CRB-7/6643
14/03/2023   17/03/2023

1ª edição

Direitos reservados à

EDITORA PERSPECTIVA LTDA.

Alameda Santos, 1909, cj. 22.
01419–100 São Paulo SP Brasil
Tel.: (55 11) 3885-8388
www.editoraperspectiva.com.br

2023

Hip-Hop em Perspectiva
[por Daniela Vieira e Jaqueline Lima Santos] x

Apresentação:
Notas Confusas, Mas Reais e Intensas, Sobre os Quatro Pretos Mais Perigosos do Brasil
[Deivison Faustino] xvi

1. História e Historiografia do Grupo

Efeito Colateral do Sistema:
A Formação do Grupo de Rap Que Contrariou as Estatísticas
[Daniela Vieira e Jaqueline Lima Santos] 2

Fora do "Beat":
Racionais MC's e a Imprensa Paulista
[Paula Costa Nunes de Carvalho] 32

2. Raça e Masculinidades

Experiências Periféricas e o Homem Negro na Poética do Racionais MC's
[Silvana Carvalho da Fonseca] 54

Notas Pessoais de um Aprendiz Sobre Intelectualidade Afro-Periférica Insurgente e Masculinidades
[Waldemir Rosa] 82

3. Estética e Poética

Rimo, Logo Penso
[Janaína Machado] — 106

"O Preto Vê Mil Chances de Morrer, Morô?":
O Ponto de Vista de um Sobrevivente em um Rap de Mano Brown
[Walter Garcia] — 126

Letramentos de Reexistência no Rap do Racionais MC's
[Ana Lúcia Silva Souza] — 144

Racionais MC's, Música Que o Olho Vê:
Uma Análise da Cultúra Visual Religiosa do Rap
[Bruno de Carvalho Rocha] — 160

4. Produção das Desigualdades

Violência Racial e Racionais MC's:
Conflito, Experiência e Horizontes
[Paulo César Ramos] — 186

Quatro Pretos Perigosos:
Figuras de Marginalidade em "Capítulo 4, Versículo 3" e "Na Fé Firmão"
[Rachel Sciré] — 208

Trabalho e Periferia na Obra do Racionais MC's
[Tiaraju Pablo D'Andrea]   232

5. Transformações e Mercado da Música Rap

"Cores & Valores" e os Dilemas do Rap Brasileiro Contemporâneo
[Acauam Oliveira]   256

Anexo

Discografia e Acervos   283

Linha do Tempo   284

Colaboradores do Volume   286

Hip-Hop em Perspectiva

Para mim, o hip-hop diz: "Venha como você é".
Somos uma família. [...] O hip-hop é a voz desta geração.
Tornou-se uma força poderosa. O hip-hop une todas
essas pessoas, todas essas nacionalidades, em todo o mundo.
O hip-hop é uma família, então todo mundo tem
como contribuir. Leste, oeste, norte ou sul –
viemos de uma mesma costa e essa costa era a África.

DJ Kool Herc[1]

---

1 DJ Kool Herc, Introduction to Jeff Chang, *Can't Stop Won't Stop: A History of the Hip-Hop Generation*, New York: St. Martin's, 2005, p. xi–xii.

As palavras de Kool Herc, jovem jamaicano que se sobressai como um dos precursores da cultura hip-hop em Nova York, centram-se no sentimento que mobiliza jovens de distintos contextos marginalizados ao desempenharem as expressões culturais do movimento: "fazer parte". As experiências negras, marcadas pela escravidão moderna e por ações de reexistência, levam pessoas afrodescendentes a construírem referenciais de interpretação das suas realidades e a redesenharem os seus destinos. Em consequência, as culturas afrodiaspóricas, como o hip-hop, apresentam produções que colocam em pauta colonialismo, racismo, nação, classe, gênero, sexualidade e desigualdades sociais; temas não exclusivos desse segmento, mas que impactam as juventudes de diferentes contextos globais cujo passado e/ou presente são marcados por relações de opressão e exclusão social. Isso torna o hip-hop um movimento sociocultural global que se destaca por ser constitutivo e também por constituir sujeitos transgressores e narradores de si próprios. A despeito do colonialismo, do pós-colonialismo, da estratificação social e, ao mesmo tempo, devido a esses marcadores, é possível ser sujeito. Ou seja: fazer parte, ter parte e tomar parte.

Ora, malgrado o contexto de fluxo migratório árduo, segregação racial e exclusão social que marcou o surgimento do hip-hop na década de 1970 por imigrantes jamaicanos, caribenhos e porto-riquenhos residentes no Bronx, essa manifestação segue se renovando na medida em que inspira e sintetiza práticas inovadoras de expressão artística, conhecimento, produção cultural, identificação social e mobilização política. As organizações dos grupos (*crews* e *posses*) vinculados ao mundo do hip-hop têm auxiliado para a compreensão das estratégias de mudança, de construções coletivas, dos associativismos periféricos e, até mesmo, de transformações das trajetórias e ascensão social das classes populares, em sua maioria não brancas. Nesse sentido, contesta e supera as construções convencionais, os limites e os estereótipos de raça, identidade, nação, comunidade, cultura e conhecimento. Por meio de expressões artísticas diversas – rap, breaking, grafite – revela as dinâmicas sociais locais e as suas contradições. Assim, a despeito das possíveis tendências contrárias à sua estruturação, aclimatou-se nos centros urbanos das periferias globais, dando origem ao "global hip-hop". Os estudos sobre o assunto desvelam esses processos.

Em vista disso, a coleção Hip-Hop em Perspectiva reúne livros pioneiros e relevantes sobre esse fenômeno sociocultural e político inicialmente originado das classes subalternizadas. Por meio da edição de obras expressivas de temas candentes da nossa vida contemporânea, a iniciativa demonstra como as práticas, narrativas, visões de mundo e estilos de vida elaborados pelos atores dessa cultura contribuem para análises e intervenções em assuntos significativos para o entendimento da realidade social e de suas possibilidades de mudança. A coleção apresenta um conjunto de obras que evidenciam o quanto este movimento juvenil configura-se como uma lente amplificadora de visões e de percepções sobre facetas cotidianas de diferentes contextos e sociedades. Uma experiência sócioartística que disputa narrativas e imaginários, ampliando os repertórios e se engajando na construção do pensamento social.

A reflexão sobre os impactos de toda ordem desse fenômeno tornou-se matéria de interesse para pesquisas diversas constitutivas dos chamados *hip-hop studies* (HHS), os quais emergem institucionalmente a partir dos anos 2000. Exemplo desse processo é o número de instituições e revistas acadêmicas, conferências, acervos de museus, projetos e assessorias que englobam o universo da cultura hip-hop. Destacam-se como espaços de referência o Hiphop Archive & Research Institute, localizado na Universidade Harvard;

a Hip-Hop Collection, na Universidade Cornell; a Hiphop Literacies Annual Conference, sediada na Universidade Estadual de Ohio (OSU); a Tupac Shakur Collection, disponível na biblioteca do Centro Universitário Atlanta (AUC); o CIPHER: Hip-Hop Interpellation (Conselho Internacional Para os Estudos de Hip-Hop), localizado na Universidade College Cork (UCC); entre outros.

Esse campo de estudos oportuniza a integração de distintas áreas do conhecimento, como sociologia, antropologia, economia, ciências políticas, educação, direito, história, etnomusicologia, dança, artes visuais, comunicação, matemática, estudos de gênero etc. Ao aliar pesquisas locais e comparativas dessas práticas artísticas nas Américas, Europa, Ásia, Oceania e África, os trabalhos produzidos demonstram o quão as especificidades desse fenômeno sociocultural e político são fecundas para a compreensão das dinâmicas sociais de diversas conjunturas urbanas.

Poderíamos dizer, igualmente, que os próprios artistas combinam as habilidades e competências desses diferentes campos de conhecimento para produzirem suas práticas e interpretações a partir dos contextos nos quais estão inseridos. A produção do rap envolve observação e leitura socio-histórica, tecnologia de produção musical com samplings e colagens musicais, além de uma escrita que conecta cenário, análise crítica e perspectivas sobre o problema abordado; já o grafite é, ao mesmo tempo, um domínio de traços, cores e química e a elevação de identidades marginalizadas e suas ideologias projetadas nas paredes das cidades; o breaking, por sua vez, hoje inserido nos Jogos Olímpicos, exige conhecimento sobre o corpo, noção de espaço, interpretação da performance do grupo ou do sujeito rival, respostas criativas e comunicação corporal. Em síntese, não seria exagero afirmar que a prática do hip-hop também é uma ciência.

Por isso, a coleção preocupa-se em trazer elaborações sobre os vínculos entre produção acadêmica e cultura de rua. Inclusive, parte significativa de autoras e autores aqui reunidos têm suas trajetórias marcadas pelo hip-hop, seja como um meio que lhes possibilitou driblar o destino, quase "natural", dados os marcadores de raça, classe e gênero e, por meio do conhecimento advindo das narrativas críticas do hip-hop adentrar à universidade; seja porque, mediante as condições de abandono e marginalização, encontraram no movimento componentes constitutivos de suas identidades. Em suma, o hip-hop foi propício ao desenvolvimento do pensamento crítico, da capacidade analítica, de leitura, escrita, chance de trabalho coletivo, garantindo as suas sobrevivências materiais e subjetivas. Da junção desses anseios os *estudos de hip-hop* foram se desenvolvendo e, finalmente, a audiência brasileira tem a oportunidade de interlocução com essas obras.

Pois, embora as pesquisas acadêmicas sobre o tema tenham crescido exponencialmente no país – por exemplo, em 2018 foram defendidos 312 trabalhos, enquanto em 1990 o banco de teses e dissertações da Capes totalizava apenas 54 produções acerca do assunto –, ainda não se estabeleceu um efetivo campo de investigação institucionalizado. Existe uma concentração de estudos nas áreas da educação e das ciências sociais. Contudo, há outros campos de conhecimento (economia, direito, artes, moda, matemática, filosofia, demografia, engenharias, biologia etc.) com os quais as produções desse fenômeno sociocultural poderiam contribuir e que são pouco exploradas no Brasil. Logo, muitos são os anseios e expectativas aqui reunidos.

A coleção visa a circulação de bibliografia especializada sobre o assunto e a inserção dos estudos de hip-hop tanto como agenda de pesquisa acadêmica quanto como possibilidade de diálogo para além do espaço universitário. Não menos importante é o intento de colocar em destaque a produção cultural e artística de autores negros e autoras negras, inspirando a juventude negra e periférica que tem aumentado expressivamente sua presença nas universidades brasileiras, graças também ao sistema de cotas étnico-raciais. Além disso, é notável o interesse de estudantes pela temática. O rap, em particular, durante muito tempo teve centralidade apenas em programas isolados, rádios piratas e nos territórios periféricos. Hoje, conquista cada vez mais espaço no mundo do entretenimento, perpassando o gosto de diversas classes sociais. E, ainda, orienta debates sobre as agendas vinculadas aos direitos humanos e às lutas antirracistas, indígenas, feministas, de classe e LGBTQIA+, e sobre a sua própria estética que igualmente se transfigura. Tais componentes nos colocam diante de um panorama favorável para conhecer a fundo a fortuna crítica estrangeira dessa problemática.

Portanto, na certeza de ampliar ainda mais esses debates, a Hip--Hop em Perspectiva estreia como um chamado para a reflexão. Os livros aqui editados trazem ao público brasileiro interpretações dos processos sociais e de suas dinâmicas, em obras produzidas sobre diferentes países e que analisam a complexa e contraditória cultura urbana e juvenil que reposicionou o lugar das periferias globais e de seus artífices.

Num contexto no qual o horizonte é turvo, trazer à superfície literatura especializada sobre a cultura hip-hop é semear alguma esperança.

.. .

Muito se fala de Racionais MC's. Mas a obra musical do grupo, de grande alcance e circulação na vida cultural brasileira, não havia recebido, ainda, um balanço das ciências sociais. Este segundo volume da coleção, *Racionais MC's Entre o Gatilho e a Tempestade*, apresenta ao leitor interpretações e reflexões sobre a obra do grupo tanto à luz dos dilemas da sociedade brasileira contemporânea, como demarcand aspectos da sua trajetória. Na mesma medida em que sua obra denuncia um país extremamente racista e desigual, ela encoraja a luta pela sobrevivência, ainda que no inferno. Nessa dialética entre a denúncia da realidade e o devir, os Racionais vêm estruturando, por meio da música rap, a "fúria negra" do Brasil desde a redemocratização. Fúria persistente, que ensina, informa e incomoda. Aliás, vieram para abalar nosso "sistema nervoso e sanguíneo". Por isso, os artigos aqui reunidos apontam para as problemáticas de gênero e masculinidade, desigualdades, racismo, estética, política, cultura, mercado e outras questões que o percurso e a obra do grupo materializam.

Daniela Vieira
Jaqueline Lima Santos

APRESENTAÇÃO

Notas Confusas, Mas Reais e Intensas, Sobre os Quatro Pretos Mais Perigosos do Brasil

Deivison Faustino (Deivison Nkosi) [1]

---

[1] Professor do Departamento de Saúde, Educação e Sociedade e do Programa de Pós-Graduação em Serviço Social e Políticas Sociais da Universidade Federal de São Paulo (Unifesp) e do Núcleo de Estudos Reflexos de Palmares.

Não sei vocês, mas pra mim começou assim... se bem que nada começa do nada, né? Se até o Big Bang teve um antes, quanto mais eu. Pois bem, antes do começo eu já tava lá, na função, na zoeira, tomando vinho seco em volta da fogueira... ou apenas cantando, como hino, a "Fórmula Mágica da Paz", conhecida por todas as quebradas do Brasil alguns anos antes de ser gravada oficialmente. Era um mantra ou um hino, mas a conversão, mesmo, veio em uma noite fria de uma quinta-feira qualquer de 1995...

O ano de 1995 não foi um ano qualquer. Houve a comemoração dos trezentos anos de Zumbi dos Palmares, ano importante para a organização política do movimento negro – o que até então eu desconhecia – e, como resposta, uma rádio comunitária chamada Zumbi FM organizou um grande show no estacionamento da prefeitura de Santo André, cidade periférica em franca decadência econômica, onde nasci e cresci.

Racismo, neoliberalismo, desindustrialização, grupos de extermínio, desemprego, especulação imobiliária e favelização eram o chão de terra batida cortada por esgoto a céu aberto que abrigava a emergência de uma série de organizações políticas (teologia da libertação e comunidades eclesiais de base), comunitárias (associações de bairro) e culturais (grupos de dança, festas de garagem etc.). Mais tarde, as posses de hip-hop sintetizariam essas ações em inovadoras formas de auto-organização que mudariam para sempre a história do hip-hop e do rap brasileiro. Mas eu, filho pardo e sem pai,

xvii

adolescente panfleteiro, feirante ou servente de pedreiro, desconhecia tudo isso, naquela quinta-feira fria de novembro, só queria saber do show anunciado pela Rádio Zumbi: os ilustres Racionais MC's.

Assim, sem hesitar, matamos aula no ginásio noturno, pegamos carona no busão e seguimos cantando, em oito amigos, em direção ao Centro da cidade para o show gratuito do melhor grupo musical do Brasil. Eu era um adolescente sabidamente negro: descobri pelas ofensas e humilhações em uma família interracial ou pelas pessoas brancas passando com medo para o outro lado da rua quando eu ia trabalhar; mas foram as inúmeras batidas policiais na minha rua ou na frente da escola que consolidaram a percepção de que a minha aparição provocava fantasias alheias que eu não controlava. Mas isso ainda não era uma questão pra mim, pelo menos não até aquela quinta, enquanto conversávamos sobre as minas, os pipas e o futebol ou enquanto mandávamos um rap pelas ruas escuras e desertas do Centro, ansiosos para chegar ao show… quando fomos surpreendidos pelos gritos:"É A POLÍCIA, CARALHO, MÃO NA CABEÇA, FILHO DA PUTA! ENCOSTA NA PAREDE VAI, VAI, VAI, NEGUINHO… SE TEM DROGA OU ARMA, FALA LOGO! CADÊ A DROGA, MACACO…"

O que se seguiu, em meio às agressões físicas e simbólicas das mais variadas – algumas das quais irreproduzíveis aqui –, foi uma cena que não esquecerei. Antes de iniciar a revista, um dos policiais olhou para três dos nossos amigos – curiosamente os brancos da turma – e disse a cada um: "Você, você e você, vaza! VAZA, PORRA, VAZA!…" e os três seguiram em frente, constrangidos, cabisbaixos, sem serem revistados. Ficamos nós, os cinco pretos, para sermos "revistados". Não foi a primeira e nem a última vez que eu fui agredido pela polícia, mas essa foi a mais humilhante e subjetivamente dolorida de todas. Apanhamos muito e toda a tentativa de negociar ou tentar dizer que não tínhamos nada só resultava em mais violência, gratuita e perversa.

Depois de alguns longos e intermináveis minutos nós fomos liberados e nos juntamos aos outros três amigos que nos esperavam, envergonhados, na esquina… Ninguém ousou olhar nos olhos um do outro. Seguimos todos mudos e subjetivamente quebrados em direção à prefeitura até que o silêncio foi quebrado pelo som distante dos *scratch* do DJ KL Jay. Conforme fomos nos aproximando, a cor noturna

xviii

NOTAS CONFUSAS, MAS REAIS E INTENSAS, SOBRE OS
QUATRO PRETOS MAIS PERIGOSOS DO BRASIL

da nossa pele ia se misturando a uma incontrolável e efervescente energia escura: mais de duas mil pessoas, quase todas pretas, e as outras brancas, de tão pobres, quase pretas, curtindo em sintonia e transe as vibrações dissonantes dos subgraves ensurdecedores, articulados às caixas afiadas que repicavam sob *scratch* estridentes e surpreendentes.

Nós estávamos quebrados, fragilizados e vulneráveis, mas fomos atingidos em cheio por aquelas vibrações que nos acolhiam e, ao mesmo tempo, nos incitavam a constatar que "a maioria por ali se parecia comigo". Ao escutar "O Homem na Estrada", cantado ao vivo e em coro por milhares de manos e manas, eu sentia que a música falava comigo. Quando, de repente, o som, cuidadosamente dentro do compasso, foi interrompido e Mano Brown, sempre imponente e com muito sangue nos olhos – como se tivesse testemunhado a violência que acabáramos de sofrer (talvez tivesse) – disparou:

> Aê, mano! O sistema te trata como lixo. Te humilha! Te pisa e dá as costas… mas hoje é o dia de provar que você é mais. Quem aqui já tomou geral violenta da polícia? Quem aqui já foi seguido numa loja por ser preto?… Aí favela…

E, em meio ao ato do franco atirador, KLJ entoava *scratchs* e colagens com os dizeres: "a juventude negra agora tem a voz ativa… Porque quem gosta de nós somos nós mesmos". Em seguida, a próxima música se iniciou numa sincronia catártica:

> Você não me escuta. / Ou não entende o que eu falo. / Procuro te dar um toque. / E sou chamado de preto otário. / Atrasado, revoltado./ […] / Racionais declaram guerra. / Contra aqueles que querem ver os pretos na merda. / E os manos que nos ouvem irão entender. / Que a informação é uma grande arma. / Mais poderosa que qualquer PT carregada. / Roupas caras de etiqueta, não valem nada. / Se comparadas a uma mente articulada. / Contra os racistas otários é química perfeita / Inteligência, e um cruzado de direita. / Será temido, e também respeitado. / Um preto digno, e não um negro limitado. [Negro Limitado]

Nascia um novo universo ali naquela grande explosão enquanto cantávamos todos, juntos e hipnotizados, socando o ar com todo o ódio

xix

acumulado e amplificado pelos vermes, os boys, as frustrações. Ali o sofrimento social e a morte subjetiva ganhavam um sentido: a violência, as mortes precoces, as mortes em vida, o *lixão* que nos serviu de parquinho, o asfalto que não chegava nunca, a escola zoada, o trampo pesado. Tudo aquilo se encaixava nas letras de rap que eu já havia escutado, mas que, agora, depois de uma calorosa batida policial, inflamavam como coquetéis molotov dentro do espírito: "Tristes, eufóricos, tranquilos e melancólicos / O engatilhado sofrimento é metabólico / Soldado da paz, mas treinado pra guerra / Meu arsenal é o seu calvário nas ruas da Serra" (De Volta à Cena). Pra mim, começou assim! O que veio em seguida não foi simples desdobramento desse momento. A vida é loka, Nego... mas com certeza não teria acontecido sem ele.

■ ■

Sou daqueles leitores que detesta uma apresentação de livro cujo prefaciador foca em si mesmo ou na própria experiência de leitura, secundarizando a obra a ser anunciada. No entanto, no caso de *Racionais MC's Entre o Gatilho e a Tempestade*, organizado por Daniela Vieira e Jaqueline Lima Santos, não me foi possível outro caminho narrativo, senão iniciar a apresentação em primeira pessoa; não como recurso à suposta autoridade do "lugar de fala" e muito menos como um apelo à estigmatizante pornografia da violência que cativa o espectador através da própria desumanização. A mobilização dessa memória – já publicada em outro lugar[2] – objetiva situar o leitor no contexto social e cultural de emergência do grupo de rap Racionais MC's ou, pelo menos, em alguns dos elementos que explicam o surgimento e, ao mesmo tempo, a recepção da obra e que são analisados em profundidade ao longo da presente publicação dedicada a um dos acontecimentos estéticos mais relevantes dos últimos trinta anos[3].

---

2 Deivison M. Faustino, Memórias de um MC: Relatos de uma Caminhada a Partir do Hip-Hop Militante, em Giordano Barbin Bertelli; Gabriel de Santis Feltran (orgs.), *Vozes À Margem: Periferias, Estética e Política*, São Carlos: EduFSCar, 2017, p. 233-258.
3 Acauam Oliveira, Racionais MC's Como Acontecimento Estético, XXVII Congresso da ANPPOM-Campinas, 2017. Disponível em: <https://anppom.org.br/anais/anais congresso_anppom_2017/4657/public/4657-16510-1-PB.pdf>.

NOTAS CONFUSAS, MAS REAIS E INTENSAS, SOBRE OS QUATRO PRETOS MAIS PERIGOSOS DO BRASIL

Muito já se escreveu sobre o hip-hop, o rap e os Racionais. Tem-se visto, no entanto, a consolidação desses temas como um campo sólido de estudos protagonizado por muitos dos nomes que assinam os artigos que se seguem. Fato é que a pesquisa sobre os Racionais tende quase sempre a envolver aspectos éticos, políticos e estéticos que transcendem o gênero musical em si, e abarcam temas como a dinâmica social urbana brasileira, a relação entre racismo, gênero e desigualdade social, bem como as formas históricas de resistência e (re)existência cultural e política contemporânea.

Desde a publicação do primeiro disco, *Holocausto Urbano* (1990), até os dias atuais, o Brasil passou por diversas transformações sociais, econômicas e urbanas que alteraram profundamente o chão social abordado e criticado pelos Racionais. Nunca é demais enfatizar que os Racionais não são um fenômeno isolado, mas sim a expressão mais sofisticada e desenvolvida de um processo mais amplo que envolve uma enorme rede de organizações comunitárias, agremiações culturais, grupos de rap, *break*, grafite, skatistas, pichadores, radialistas comunitários e militantes negros e de esquerda de base que construíram o movimento hip-hop que sustentou um Racionais.

Nós conhecíamos e cantávamos de cor e salteado a "Fórmula Mágica da Paz" um ano antes de o disco ser gravado, porque havia uma rede organizada e complexa de circulação de ideias e trocas simbólicas, sobretudo de produção cultural alternativa que organizava, divulgava, captava e gravava os shows e distribuía entre as rádios comunitárias e casas de festa. Arrisco-me a dizer que de 80% a 90% dos "mais de cinquenta mil manos" presentes em cada show dos Racionais era composto por articuladores comunitários ou integrantes de grupos de rap que sonhavam em ter a projeção e o prestígio dos Racionais. Alguns chegaram perto disso, mas a grande maioria dos sonhadores seguiu mais ou menos anônima, sustentando esse grande acontecimento que aqui analisamos.

Ainda assim, os Racionais chamam a atenção pela excelência estética e profundidade sociológica que exibem em suas produções. Como bons cronistas de seu tempo e, sobretudo, como sujeitos políticos atentos às possibilidades histórico-concretas em cada contexto, o grupo foi mudando conforme a realidade social em questão também se alterava. A década de 1990, iniciada pela gravação de *Holocausto Urbano*, passando por *Escolha Seu Caminho*, de 1992, e *Raio X do Brasil*, de 1993, expressa um período marcado por uma transição inacabada entre a ditadura e uma frágil democracia. Mais um pacto pelo alto que não resolveu a miséria, a violência e o racismo e, por isso, não pôde desmantelar os aparatos de repressão ditatorial que seguiram agindo livremente nas periferias.

Sobrevivendo no Inferno, de 1997, já é outra história. O sucesso absoluto do disco faz a politização da mensagem e a sofisticação estética dos Racionais transbordarem as periferias e atravessarem a ponte que separa o Capão Redondo ou Paraisópolis do Morumbi ou da Vila Madalena. Aqui, a indignação com as contradições percebidas se politiza a um nível anteriormente impensável e aponta caminhos, ainda que díspares, de suprassunção, embora esses caminhos ainda fossem limitados às possibilidades reais que a conjuntura oferecia. Esse também é o momento de emergência das *crews* de break e de grafite e das posses de hip-hop como o Quilombo Urbano, Posse Hausa, Força Ativa, NegroAtividades, Aliança Negra, entre outras, e da organização federada dessas em articulações maiores como a Rima de Cima, o MHHOB (Movimento Hip-Hop Organizado Brasileiro). Entre 2001 e 2003 chegou-se a articular um Fórum Nacional de Hip-hop[4]. Com o hip-hop organizado e os grupos musicais de grande projeção, o discurso de consciência negra alcança públicos jamais vistos na história da luta negra brasileira, alterando decisivamente a correlação de forças das relações raciais no Brasil. Os Racionais eram a expressão visível de um movimento muito mais amplo e ramificado do que se costuma narrar.

A contribuição do rap e dos Racionais não foi apenas de formar lideranças negras e críticas ao sistema, mas, sobretudo, de se comunicar com a periferia. No entanto, pelo menos entre esse setor mais politizado do hip-hop, a mobilização de base anteriormente descrita foi se deslocando gradativamente em direção a uma política institucionalizada, que se fortaleceu com a eleição de Lula em 2002.

---

4 Ver D. Faustino, op. cit.

xxii

Essa certa institucionalização resultou em um relativo afastamento físico, político e espiritual da quebrada. Curioso é que exatamente nesse momento que visualizamos, em *Nada Como um Dia Após o Outro Dia*, de 2002, uma nova estética política[5] voltava a aproximar os Racionais dos "condenados" das periferias brasileiras.

Na época, nós do hip-hop militante também olhamos com desconfiança essa cartada dos quatro pretos mais perigosos do Brasil, sem perceber que estávamos nos afastando da quebrada e deixando o território supostamente vazio para outras ideologias e forças políticas que hoje são hegemônicas nessas regiões e foram fundamentais para a eleição do governo Bolsonaro. Esse afastamento das bases não foi exclusividade do hip-hop, mas uma marca de um período cujo conjunto de movimentos sociais brasileiros apostou quase todas as fichas na agenda das políticas públicas governamentais. Enquanto isso, em *Nada Como um Dia Após o Outro Dia,* os Racionais faziam o caminho inverso e, de quebra, apresentaram um conjunto de inovações estéticas que influenciou, mais uma vez, toda a cena do rap brasileiro. Isso, talvez, nos ofereça algumas pistas para entendermos o discurso do Brown no comício do Partido dos Trabalhadores, em 2018.

O que veio após o período de lançamento de *Nada Como um Dia Após o Outro Dia* foi um conjunto de transformações sociais, culturais e estéticas que não cabe descrever em detalhe aqui, mas que nos ajudam a pensar o ambiente que forjou, em 2014, um álbum como *Cores & Valores*. As três gestões seguidas de governos petistas no Brasil – em sua tendente expansão do consumo via crédito financeiro e a absorção formal das demandas dos movimentos populares, como o movimento negro e hip-hop – foi acompanhada por uma catastrófica burocratização desses mesmos movimentos sociais, uma mudança no cenário do mercado fonográfico com a chegada das plataformas de compartilhamento e, sobretudo, por uma mudança radical nas formas de trabalho dificultando em muito a reprodução das antigas táticas de mobilização política e de solidariedade.

---

5 Ver A. Oliveira, op. cit.

A expansão do consumo entre as camadas populares fez alguns críticos se perguntarem se ainda fazia sentido um rap politizado de reivindicação em um momento em que a favela passava a acessar tv de tela plana, celulares, carros, motos e casa própria, tudo pela via do endividamento das famílias. Paralelo a isso, o funk, o brega e o arrocha passaram a dominar espaços antes hegemonizados pelo rap, pelo forró e pelo samba. É a mesma época em que o *trap*, os *slams* e as batalhas de mc's, com suas disputas e linhas de soco, começam a chegar ao Brasil e, com eles, novas propostas estéticas inovam o velho *boom bap*, libertando o gênero das obrigações de temas exclusivamente engajados em termos políticos.

O rap entrava em uma nova fase, marcada por uma *estética de superação empreendedora*[6] onde a rebeldia "contra o sistema" e a ética no proceder, que equiparava complementarmente o ladrão e o trabalhador – enquanto os opunha ao *boy* –, agora se alterava relativamente para uma narrativa de superação individual competitiva e pela afirmação de si pela ostentação do consumo, narrativa de violência ou da performance de masculinidade. Mas esse é curiosamente, como veremos na presente publicação, o momento de aparição de mc's mulheres feministas, rappers gays, trans ou não binários, bem como a possibilidade de combinação de narrativas de amor, insegurança e crise existencial não necessariamente ligadas a determinantes políticos, temas antes tabu no antigo rap politizado.

Como dizia um rap de Emicida em diálogo com Gog sobre a compra do refrigerante maranhense Jesus pela multinacional Coca-Cola: "a sociedade vendeu Jesus, por que não ia vender rap?" A resposta para essa pergunta não está no rap, propriamente, mas em uma sociedade – capitalista – que avança em uma crescente mercantilização e reificação de quase todas as esferas da vida, uma sociedade onde até a militância política crítica pode ser monetizada, quanto mais o rap, que encontrará milhões de visualizações nas plataformas de compartilhamento, abrindo e alterando decisivamente o jogo do mercado fonográfico. Porém, trata-se ainda de uma sociedade em

---

6 Ver Felipe Oliveira Campos, *Rap, Cultura e Política: Batalha da Matrix e a Estética da Superação Empreendedora*, São Paulo: Hucitec, 2020.

NOTAS CONFUSAS, MAS REAIS E INTENSAS, SOBRE OS QUATRO PRETOS MAIS PERIGOSOS DO BRASIL

que o MC também está livre da vigília militante e, agora, pode falar do que quiser, fato que permite ampliar o repertório e os modos de fazer rap, como nunca antes visto.

É esse o contexto de *Cores & Valores* e o ambiente que permite uma mudança estética, ética e política no disco que capta, na verdade, as mudanças mais profundas que estavam em curso nas periferias do Brasil. Não estava escrito nas estrelas e nem adiantava reclamar com Deus ou com os Racionais. Os quatro pretos mais perigosos do Brasil seguiram sendo os mensageiros das boas e más notícias. Mensageiros que não são neutros, pois atribuem novos significados à realidade narrada, ao influenciar decisivamente como ela será significada. Contudo, ainda que influenciem, não podem se descolar dela sob o risco de perderem a função de existência.

Ao meu ver, os Racionais seguem sendo, como sugerido por Acauam Oliveira, um dos acontecimentos estéticos mais relevantes das últimas décadas no Brasil. O documentário *Racionais: Das Ruas de São Paulo Pro Mundo*, dirigido por Juliana Vicente e lançado em novembro de 2022, evidencia a atualidade do grupo. O retorno às críticas sociais e a visibilidade do candomblé e da cultura negra em geral – que perdia gradativo espaço para a teologia da prosperidade e outros temas mais difusos – são notáveis exemplos de sintonia do grupo com o amadurecimento e presença maior de uma certa consciência política e social. Fato que concorre, negocia e ao mesmo tempo é ameaçado pelo avanço do bolsonarismo e das ideologias liberais e meritocráticas nas periferias. Ou seja, o Racionais MC's ainda é atual e dará muito pano pra manga e por isso a presente publicação representa um marco nos estudos culturais brasileiros.

A obra do Racionais MC's apresenta-se como um raro exemplo de cronista e ao mesmo tempo sujeito de um tempo histórico. É nesse aspecto, pois, que reside um dos maiores méritos de *Racionais MC's Entre o Gatilho e a Tempestade*. As cinco seções que compõem o livro acabam nos brindando, ironicamente, com um raio x do Brasil contemporâneo. Falar dos principais expoentes do rap brasileiro é, definitivamente, abordar importantes processos sociais e suas transformações históricas nas últimas três décadas.

A primeira seção, intitulada "História e Historiografia do Grupo", conta com um artigo das organizadoras do livro intitulado "Efeito Colateral do Sistema: A Formação do Grupo de Rap Que Contrariou as Estatísticas", onde abordam a formação dos Racionais que acabou se convertendo em um efeito colateral do sistema. Um artigo seminal, que propõe novas perspectivas de olhar os Racionais e, ao mesmo tempo, abre alas para as discussões que virão, é "Fora do 'Beat': Racionais MC's e a Imprensa Paulista", de Paula Costa Nunes de Carvalho, que aborda a postura da imprensa paulista em relação ao grupo. Esse enquadramento permite à autora problematizar também as desigualdades de acesso aos meios de comunicação e, sobretudo, o trato estereotipado reservado pelas elites midiáticas às produções negras e periféricas.

A seção II, "Raça e Masculinidades", abriga duas reflexões que problematizam um tema frequentemente abordado, mas ainda não resolvido quando se pensa a música rap no Brasil e no mundo. Em "Experiências Periféricas e o Homem Negro na Poética do Racionais MC's", Silvana Carvalho da Fonseca analisa a presença do que nomeia como "experiência periférica" na poética dos Racionais acerca de homens negros. Ao mesmo tempo, chama a atenção para as transformações em curso na forma como os grupos de rap lidam com os temas masculinidade, sexualidade e orientação sexual. Num outro caminho, em seu "Notas Pessoais de um Aprendiz Sobre Intelectualidade Afro-Periférica Insurgente e Masculinidades", Waldemir Rosa propõe pensar criticamente a masculinidade nos raps como uma tentativa de explicar o mundo, afastando-o, como acredita, da reprodução culpabilizadora de uma flagelação pública infinita.

A terceira seção, dedicada à relação entre estética e política, é a que conta com maior número de trabalhos. O artigo "Rimo, Logo Penso", de Janaína Machado, argumenta que o rap é um dos recursos político-estéticos que permite à juventude negra urbana brasileira elaborar sua experiência social num mundo hostil à sua existência, configurando-se assim como uma gramática política referenciada na experiência negra. Já em "O Preto Vê Mil Chances de Morrer, Morô?", Walter Garcia oferece uma análise literária e fonográfica que foca os vínculos entre Pedro Paulo Soares Pereira e Mano Brown a partir da canção "Quanto Vale o Show", de *Cores & Valores*.

Por outro lado, em "Letramentos de Reexistência no Rap do Racionais MC's", Ana Lúcia Silva Souza reconhece os Racionais como a maior expressão do hip-hop brasileiro para então propor conceber essa linguagem como uma agência de letramento crítico racial e consciência de pertencimento. Já o artigo "Racionais MC's, Música Que o Olho Vê", de Bruno de Carvalho Rocha, propõe pensar a dimensão mítico-poética do rap dos Racionais e, sobretudo, a sua capacidade de tematizar mitos. Para ele bíblias, cruzes, rezas, pontos, textos sagrados, profetas e orixás constituem esse universo.

A seção IV, nomeada como "Produção das Desigualdades", abriga três trabalhos complementares sobre violência e desigualdade. O primeiro, escrito por Paulo César Ramos, é o artigo "Violência Racial e Racionais MC's: Conflito, Experiência e Horizontes", no qual analisa a temática da violência racial nas composições do grupo. Para o autor, o grupo se articula a uma tradição mais ampla e anterior de luta antirracista e denúncia do racismo e genocídio negro. Já o "Quatro Pretos Perigosos: Figuras de Marginalidade em 'Capítulo 4, Versículo 3' e 'Na Fé Firmão'", de Rachel Sciré, investiga a ideia de transgressão, enfrentamento e desabafo na figura do bandido, presente em algumas canções do grupo. Assim, ela observa uma ambivalência de exclusão e complementaridade entre "o cara que se humilha no sinal" e "o que enfia o cano dentro da sua boca", ou seja, entre as figuras aparentemente contraditórias que povoam as composições.

Já "Trabalho e Periferia na Obra do Racionais MC's", de Tiaraju Pablo D'Andrea, sugere a existência de uma passagem da posição de trabalhador submisso para a de criminoso fortalecido subjetivamente nas letras do Racionais, o que indicaria, segundo argumenta, que a periferia é muito mais narrada e descrita do que o mundo do trabalho. Um tema relevante em tempos de neoliberalismo e crescente expulsão da força de trabalho dos postos produtivos. A última seção, voltada ao mercado da música rap, conta com um único artigo

xxvii

"*Cores & Valores* e os Dilemas do Rap Brasileiro Contemporâneo", de Acauam Oliveira. O autor toma o disco *Cores & Valores* como objeto privilegiado para entender as mudanças políticas e culturais vividas pelas periferias urbanas do Brasil contemporâneo. Para ele, as mudanças estilísticas e conceituais vividas pelo grupo nos últimos trinta anos são indicadores poderosos de mudanças mais amplas ocorridas em todo o Brasil, o que faz dos Racionais um dos movimentos culturais mais importantes das últimas décadas.

Parte 1

HISTÓRIA E HISTORIOGRAFIA DO GRUPO

Efeito Colateral do Sistema:
a formação do grupo de rap que contrariou as estatísticas

Daniela Vieira e Jaqueline Lima Santos

[...]

KL Jay, DJ, Vila Mazzei
O Jó me apresentou em meados de 83
Dançando break a parceria fechou, formou
Mais uma dupla de São Paulo se aventurou
Em meio às trevas, é, e o sereno
Elaboramos a cura, a fórmula com veneno
E até hoje convivendo com o perigo
Andando em facções, roubando os corações feridos
Contra o racismo, contra a desigualdade
A máquina, a fábrica que exporta criminalidade
Várias cidades, só! Vários parceiros
Um salve nas quebradas de São Paulo, Rio de Janeiro
Pelo ponteiro a 220 estou
Desde '80 é espírito que me levou

Uma vida, uma história de vitórias na memória
Igual o livro "O Mal e o Bem"
Pro seu bem, pro meu bem
Um espinho, uma rosa, uma trilha
Uma curva perigosa a mais de 100
Pro seu bem, pro meu bem
Céu azul (4 x)
Então vai, em 90 a cena ficou violenta
Brown e o Blue com Pânico na Zona Sul
Escolha o seu caminho, negro limitado
A voz ativa de um povo que é discriminado

("O Mal e o Bem", Racionais MC's)

1. HISTÓRIA E HISTORIOGRAFIA DO GRUPO

A canção "O Mal e o Bem" integra o último álbum do grupo Racionais MC's, *Cores & Valores*, lançado em 2014. Nela, a descrição do primeiro encontro entre os membros Edi Rock e KL Jay, moradores da zona norte de São Paulo, e Mano Brown e Ice Blue, advindos da zona sul da cidade, dá o tom de parte da narrativa escrita por Edi Rock, na qual é visível a formação das duplas de *breaking* rumo à "voz ativa" contra as discriminações.

Como esses jovens que viviam em extremos da cidade de São Paulo tiveram seus destinos cruzados? Para compreender esse encontro, é fundamental refletir sobre o processo de formação de São Paulo e seus respectivos territórios negros.

■ ■

Como se sabe, a cidade de São Paulo passou por um intenso processo de transformação ao longo do século XX que exacerbou ainda mais as desigualdades e a violência. Ela foi a primeira cidade do Brasil a se industrializar no início do século XX, logo após a abolição, quando o Estado brasileiro passou a atrair os imigrantes europeus para trabalharem nas fazendas. Não deu certo, pois eles não se adaptaram à forma violenta de tratamento dos fazendeiros. Eles acabaram migrando para as cidades, principalmente a capital. Ali, como em todas as grandes cidades, havia pessoas de várias origens: afro-brasileiros, africanos, brasileiros brancos, europeus, indígenas, asiáticos etc. No entanto, para a constituição do Estado-nação nos moldes eurocêntricos era preciso excluir os não brancos o que, consequentemente, gerou graves desigualdades. O crescimento da cidade de São Paulo reflete isso.

Sucessivas administrações da cidade puseram em andamento um plano de expansão que relegava os pobres às periferias. Dentre as projeções, o Plano de Avenidas, de Francisco Prestes Maia e João Florence de Ulhoa Cintra (anos 1920-1930), deu início ao projeto de segregação na Pauliceia expandindo a cidade para regiões mais remotas, acompanhado pela implantação do sistema de transporte público para ligar os residentes pobres desses novos territórios às suas regiões de trabalho[1].

---

1 T. Caldeira, *Cidade de Muros*, p. 216-220.

EFEITO COLATERAL DO SISTEMA

Segundo Teresa Caldeira, as regiões periféricas para onde a população pobre foi transferida eram territórios irregulares e não possuíam infraestrutura básica como hospitais, escolas, segurança, ruas asfaltadas, energia elétrica, saneamento básico, tratamento de água etc. Com recursos limitados, a população que vivia nessas regiões opta pela autoconstrução, sem planejamento algum. Por outro lado, as classes média e alta adquiriram suas casas com financiamento público do governo em regiões estruturadas. Isso contribuiu ainda mais para a segregação sócio-espacial da cidade de São Paulo[2].

Foi, portanto, nesse contexto de segregação territorial e profundas desigualdades que Paulo Eduardo Salvador (Ice Blue), Kleber Geraldo Lelis Simões (DJ KL Jay), Pedro Paulo Soares (Mano Brown) e Edivaldo Pereira Alves (Edi Rock) nasceram. Ice Blue veio ao mundo em 26 de março de 1969, em uma família de músicos, no extremo sul de São Paulo; KL Jay, em 10 de agosto de 1969 na zona norte, passando a ter contato com a música aos doze anos de idade; Mano Brown, em 22 de abril de 1970, também na zona sul, iniciando a sua atividade musical com o samba comunitário; Edi Rock, em 20 de setembro de 1970, na região norte da cidade e, como diz a citada canção, em 1983 conheceu KL Jay e começam a dançar *breaking* na região central da cidade. As mães de Ice Blue e Mano Brown eram amigas de terreiro e eles se conhecem desde a infância, além de terem em comum o interesse pela música negra, a começar pelo samba e posteriormente por artistas como James Brown e Marvin Gaye que ouviam nas comunidades, mas também nos bailes blacks que frequentavam na adolescência. Embora as duplas vivessem em dois extremos da capital paulista, o encontro entre os quatro ocorreu justamente nos territórios negros da região central da cidade.

O centro de São Paulo é um território ocupado tradicionalmente pela população negra desde o final do século XIX, onde aconteciam diversos encontros e intercâmbios culturais. Mesmo depois de a maioria ter sido forçada a ir para os subúrbios, os negros continuaram ocupando o centro de São Paulo, produzindo atividades sociais, culturais, políticas e econômicas. No final dos anos 1960,

---

2 Ibidem, p. 221.

1. HISTÓRIA E HISTORIOGRAFIA DO GRUPO

os bailes blacks já eram realizados na região central e no início dos anos 1980 os precursores do hip-hop ocuparam a região e trocavam informações sobre o novo movimento que ganhava força no Brasil[3].

O hip-hop surgiu no país no final dos anos 1970 tendo como porta de entrada os mencionados bailes blacks. O acesso facilitado a alguns produtos importados a partir da década de 1950 ampliou o consumo desses produtos pela população, especialmente os dos Estados Unidos, como os álbuns fonográficos. O comércio de bens culturais que acompanhou esse movimento possibilitou aos negros de São Paulo maior contato com artistas afro-estadunidenses. Nesse mesmo período, tendo em vista os obstáculos colocados por fatores raciais, econômicos e sociais que os negros enfrentavam para se reunirem em espaços públicos, eles organizavam festas de "fundo de quintal". Já entre 1960-1970, as equipes de som passaram a realizar os bailes blacks paulistas em espaços fechados, porém extremamente populares. Participavam desses eventos, em média, de cinco a dez mil pessoas. Como exemplos dessas "equipes de som" podemos lembrar da Chic Show, da Zimbabwe, da Transanegra, da Black Mad, que ocuparam as maiores casas de show no centro da cidade. Os gêneros musicais dessas festas eram o funk, soul e o jazz, entre outros ritmos da música negra estadunidense.

Ideias cantadas em músicas como "Say it loud: I'm Black and I'm proud!" ("Diga Alto: Eu Sou Negro e Tenho Orgulho Disso!", de James Brown, 1968), foram amplamente veiculadas nos bailes, sendo elementos essenciais para a construção do orgulho e da identidade negra. Foi por meio da comercialização desses álbuns que os negros brasileiros se informaram sobre o universo político e cultural afro--estadunidense. Ali, eles aprenderam sobre a chamada *black music*, movimento *black power* e orgulho negro. Nesses espaços, a negritude se sentia entre iguais e o entretenimento era vivenciado como uma alternativa ao racismo cotidiano, ou seja, nas festas a hierarquia racial presente no cotidiano desaparecia[4].

---

3 Ver M. Macedo, Baladas Black e Rodas de Samba da Terra da Garoa, em J.G. Cantor Magnani; B. Mantese de Souza (orgs.), *Jovens na Metrópole.*.

4 J.B.J. Felix, *Hip-Hop: Cultura e Política no Contexto Paulistano*, p. 18 (tese).

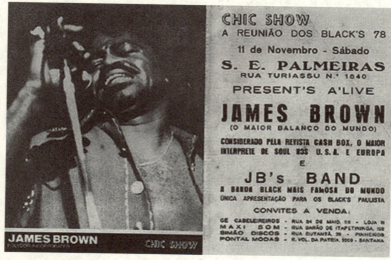

Figura 1. Panfleto de um baile black: James Brown em São Paulo, 1978.
Fonte: Acervo King Nino Brown, AEL – Arquivo Edgard Leuenroth, Unicamp.

No documentário *Racionais: Das Ruas de São Paulo Pro Mundo* (2022), dirigido por Juliana Vicente, da Preta Portê Filmes, para a Netflix, por ocasião dos 34 anos do grupo, Mano Brown declara que embora tenham nascido num contexto de muita precariedade e violência na zona sul da cidade de São Paulo, onde conviviam com cadáveres nas ruas, nos anos 1980 eles saíam da condição de miséria das suas comunidades para ir "onde a luz estava acesa", ou seja, ao centro da cidade. Esse deslocamento era motivado pela atividade negra na região, já que lá eles obtinham informações sobre os discos, as roupas, os cortes de cabelo e as festas que aconteciam na cidade. O centro era um espaço de sociabilidade e de circulação de ideias e ideais. Nessa linha, "ir para o centro era ir para Nova York", diz Brown no mesmo documentário, dado que nesse espaço era possível estar por dentro das produções culturais, da estética e das lutas políticas e sociais da diáspora negra. Ao relembrar o período, ele revela que também "levava o centro para os bairros", isto é, "o que tocava nos bailes, a gente tocava nas quebradas". Além disso, afirma que "circular pela cidade nos impediu de morrer", pois se ausentaram do espaço de vulnerabilidades ou, como diz, onde havia "apenas a lama e a violência".

1. HISTÓRIA E HISTORIOGRAFIA DO GRUPO

Ao conhecerem o hip-hop por meio dos bailes blacks, os quatro começaram a dançar breaking. Mano Brown e Ice Blue formaram a dupla B.B.Boys, sigla de Black Bad Boys, e Edi Rock e KL Jay se juntaram sob a alcunha de Edi Night e KL Night. Como os bailes blacks eram lotados e os jovens precisavam de espaço para treinar as performances de breaking que viam projetadas nas paredes das festas, migraram para o espaço público do centro da cidade. A estação do metrô São Bento tornou-se o ponto de encontro dos jovens que se identificavam com a prática do hip-hop e esse espaço lendário foi frequentado por todos os membros do grupo. Os materiais que circulavam ali eram em inglês e KL Jay declara que "um cara arranjava uma revista, traduzia naquele inglês macarrônico, levava para o pessoal..."[5].

As duplas se interessam pelo rap ainda nos anos 1980. Em 1988 os B.B.Boys gravaram a música "B.B. Boys É o Nosso Nome"[6]:

> B.B. Boys é nosso nome, B.B. Boys somos nós
> Hip-hop é a nossa dança e o rap é a nossa voz
> Saímos lá do submundo, veja só, mas quem diria
> Não é gueto americano, é Brasil, periferia
> Tudo pode acontecer, ninguém pode evitar
> A gente mata, a gente morre de bobeira, é
> Tudo muito normal, inspiração [?]
> Fazemos rap pra vocês, nosso nome é B.B. Boys
> E lá no bairro da cidade, onde explode a violência
> A nossa sociedade, ignorância, [?]
> Põe polícia na parada e nem se liga na real
> A farda é uma jaula que só cabe um animal
>
> Mal sabe que tudo isso eles mesmos constrói
> Eu só falo o que penso porque sou da B.B. Boys
> Mal sabe isso tudo eles mesmos constrói
> Eu só falo o que penso porque sou da B.B. Boys
>
> Realmente eu vou falar, realmente eu vou dizer
> O que acontece por aí, eu não consigo entender
> Tanta coisa tá errada, imagine só você

5 Apud L. Geremias, *A Fúria Negra Ressuscita*, p. 44.
6 Disponível em: <https://www.youtube.com/watch?v=hmNWeAuaCAI>. Acesso em: 10 jan. 2023.

EFEITO COLATERAL DO SISTEMA

Eles que dão a mancada, depois vem lhe convencer
Que o dia de amanhã ainda será bem melhor
De xaveco, e pá e bola, eu tô a pampa, na maior
Que cor seria se o mundo fosse todo em igualdade
Qualquer raça, qualquer povo ter sua dignidade
Problemas secundários pra essa gente que corrói
Não perde por esperar, vem aí, B.B. Boys

É por isso que eu digo, assim não pode ficar
Tá na hora da virada, vamos detonar
Não tá certas essas ideias, vou aumentar meu entendimento
Ritmando a poesia, espalhar o movimento

E não se integre ao problema que isso não vai ser legal
Sempre é culpa do sistema que te leva a marginal
Por isso, mostre a sua força, mostre quem você é
Que você não é pior do que ninguém, oh, yeah
Nigga, se souber, que estou com muito orgulho
Também tenho meu direito e não quero qualquer bagulho
Agora você me desculpe se eu

Já a dupla Edi Night e KL Night discotecava nos bailes da zona norte e ainda no final dos anos 1980, antes da formação do Racionais MC's, tornou-se um grupo de rap cujo registro musical encontra-se em "Por Que o Preconceito?" (1988)[7]

Dizem que no mundo o preconceito acabou
Mas não é verdade, e provar agora eu vou
Infelizmente o preconceito ainda existe
A violência que ele causa todo dia o mundo assiste
Vejam só vocês que um dia fui até a cidade
Estava contente, pois iria a um Baile
Na porta fui barrado por um branco e alemão
E disseram pra mim "aqui você não entra não"

Por que o preconceito? (3 x)
Por que o preconceito de cor?

---

7 Ver no YouTube, Vídeos Raros do Rap Nacional, "KL Jay e Edi Rock 'Porque o Preconceito' Música Rara Antes de Existir o Racionais [1988]".

1. HISTÓRIA E HISTORIOGRAFIA DO GRUPO

Dizia meu pai que meu grande bisavô
Foi escravo e sofria muito preconceito de cor
Me alegro de ter herdado
Dos meus antepassados
Por sou negro e me orgulho, não estou envergonhado
Nós somos uma raça humilhada e sofrida
Que vem procurando a muito tempo uma saída
Sempre esteve por baixo
E até hoje é enganado
Mesmo nessa liberdade ainda é um escravo
Tudo o que faz é tido como sem valor
É assim que ele sofre com a carência de amor
O taxam de bandido e de ladrão
E muitas vezes inocente é levado pra prisão
No mundo a maioria dos negros são pobres
É difícil de achar um que seja nobre
Mas nem sempre a riqueza é a solução
E o que vale realmente é ter amor no coração

Por que o preconceito? (3 x)
Por que o preconceito de cor?

Mas amor por negro é difícil de se ter
É assim que nos tratam
O que se vai fazer?
Sinceramente não sei onde vamos parar
O mundo está perdido não tem como mudar
Nos últimos anos o preconceito aumentou
E a união entre as raças que era pouca se acabou
A África do Sul é palco de violência
Onde brancos e negros se travam com frequência

Por que o preconceito? (3 x)
Por que o preconceito de cor?

Poderiam celebrar que todos são iguais
Só assim teria um fim às lutas raciais
Mas preferem celebrar do maldito poder

EFEITO COLATERAL DO SISTEMA

Ambas as letras já colocam problemáticas que vão percorrer as primeiras músicas do Racionais MC's, "Pânico na Zona Sul" e "Tempos Difíceis", esta última da parceria entre Edi Rock e KL Jay. O encontro das duplas ocorreu durante um concurso de rap para gravação da coletânea *Consciência Black*, em 1989, que traz as duas canções supracitadas. Racionais MC's foi o grupo que mais se destacou nesse projeto, que também lançou artistas e grupos como Street Dance, Sharylaine, Criminal Master, Frank Frank, Grand Master Rap Junior, MC Gregory e Equipe Zâmbia.

Sobre o processo de gravação da coletânea, a rapper Sharylaine nos conta que o produtor William Carlos Santiago, da gravadora Zimbabwe, convidara o grupo que ela formava com a rapper City Lee, o Rap Girls, para a gravação de um disco solo, porém, ele resolveu fazer algo mais abrangente: uma coletânea de rap com alguns grupos na qual o Rap Girls já estaria incluído. A ideia dessa coletânea era apresentar à sociedade diferentes grupos, ver qual estourava e, então, investir nos maiores nomes. Para decidir quais seriam os demais artistas participantes, William abriu um concurso no Baile Viola de Ouro que acontecia na região do Ipiranga. Sharylaine, então, decidiu indicar a dupla formada por Edi Rock e KL Jay e os b-boys Ice Blue e Mano Brown para participarem. Não há exagero em dizer que ela tornou-se responsável pela articulação que possibilitou a gravação da primeira música do grupo que viria a se chamar Racionais MC's, "Pânico na Zona Sul". City Lee saiu do Rap Girls e Sharylaine foi a primeira mulher a gravar um rap exclusivamente feminino no Brasil, com a música "Nossos Dias" no volume 1 da pioneira coletânea. Nesse período inicial da história do rap no país, para um grupo se apresentar todos chegavam nas festas e se inscreviam na hora. Ao longo da noite, o mestre de cerimônia chamava os inscritos. Quando City Lee deixa o Rap Girls, Sharylaine se sente um pouco perdida, mas os rapazes que viriam a compor o grupo Racionais MC's lhe deram muito incentivo, convidando-a para suas apresentações e para as festas que frequentavam: "eu lembro que várias vezes os meninos chegavam e me inscreviam sem eu saber, eu só ficava sabendo quando meu nome era chamado para ir no palco, nesses momentos eu ficava com muita raiva porque não queria cantar e estava indo só

1. HISTÓRIA E HISTORIOGRAFIA DO GRUPO

para acompanhá-los, mas lembro deles responderem: 'vai lá, você sabe fazer o bagulho! O cara está te chamando no palco, não vai amarelar agora, né?' Eu subia no palco e escolhia a batida dentre as opções que o DJ tinha e tentava encaixar a sua letra naquela base, para mim não era um processo tão complexo porque sempre que eu escrevia uma rima eu a colocava em diferentes bases e ensaiava"[8].

Nos anos 1980, uma oportunidade de gravação em vinil era algo muito raro para os rappers. Esse processo consistia em compor a música, gravar a demo em fita de rolo, passar para a fita cassete e, finalmente, gravar o disco. O custo desse processo era alto, assim cada grupo gravou apenas uma ou duas músicas para a coletânea. Milton Sales, que naquele período era empresário de uma banda de reggae, viu o potencial dos jovens cantando rap e os levou para gravar em sua casa. A partir desse projeto da coletânea, foi Sales quem dividiu o que era político e o que não era na música rap e começou a divulgar as produções. KL Jay afirma que "Milton Sales participou da pré-história dos Racionais, ainda antes de compor o grupo, ele dava a direção".

Consciência Black registra portanto o começo da formação do Racionais MC's e permitiu ao grupo realizar diversos shows; dentre as canções gravadas, "Pânico na Zona Sul" obteve maior engajamento do público. Nessa época, os artistas andavam juntos e cantavam com o Racionais MC's em espaços importantes como o Teatro Caetano de Campos, o Teatro das Nações, as quadras das escolas de samba etc. Para se apresentar nos shows, KL Jay discotecava para todos os grupos porque a maioria não tinha DJ. Era, portanto, um processo coletivo e, até certa altura, improvisado e artesanal.

A Obra do Racionais MC's

Após o encontro de B.B.Boys com Edi Night e KL Night no edifício Copan, onde os artistas estavam gravando as músicas para a coletânea *Consciência Black*, ocorreu a formação do Racionais MC's. "Pânico na Zona Sul" é uma música truculenta, porém, ambivalente:

---

8 Todas as citações de Sharylaine presentes neste artigo são provenientes dos depoimentos da rapper a Jaqueline Santos nos dias 4, 9, 13 e 18 de agosto de 2021.

EFEITO COLATERAL DO SISTEMA

ao mesmo tempo que apresenta as profundas contradições sociais das periferias de São Paulo, faz uso poético do *sample* de três músicas de James Brown, "The Payback", "Mind Power" e "Funky Drummer", demonstrando duas características importantes do hip-hop – a narrativa do cotidiano e da experiência vivida e a conexão com a música negra, especialmente da batida quebrada; Isso possibilita a b-girls e b-boys dançarem mesmo diante de uma narrativa pesada. Já "Tempos Difíceis" traz o *sample* de "Papa Don't Take No Mess", de James Brown, e aborda as desigualdades e o grande esforço de pessoas pobres para ganhar o insuficiente para sobreviver.

O sucesso dessas primeiras canções levou a gravadora Zimbabwe a convidar o grupo Racionais MC's para gravar o primeiro EP, *Holocausto Urbano* (1990). A Zimbabwe foi criada em 1975 por William, Serafim, Paulo e Black, quatro jovens negros, que se inspiraram na luta pela libertação colonial que ocorria no continente africano para nomear a gravadora. Inicialmente, era uma equipe móvel que realizava bailes em clubes como o Aristocrata Clube, Blum, Guilherme Jorge, São Paulo Chic e Santana Samba. No entanto, devido à dimensão que ganhou se tornou também a gravadora Zimbabwe Records e passou a fazer programas de rádio. Conforme os membros do grupo Racionais MC's, a Zimbabwe "queria ser a Motown do Brasil" e apostou no sucesso do recém-formado grupo de rap com o lançamento de *Holocausto Urbano* (1990)[9].

Esse disco conta com as músicas que lançaram o grupo: "Pânico na Zona Sul" e "Tempos Difíceis", além de "Beco Sem Saída", "Hey Boy", "Mulheres Vulgares" e "Racistas Otários". Os instrumentais apresentam *samples* de artistas como James Brown, The Blackbyrds, Michael Jackson, The Honey Drippers, Barry White, Public Enemy e a dupla Thaíde & DJ Hum, cuja canção "Corpo Fechado", sampleada pelo Racionais, indica o quanto as produções recentes do hip-hop brasileiro já se consolidavam como referências para releituras. Os temas do álbum são a pobreza, a violência, o racismo e a autoafirmação, por meio dos quais buscaram questionar o imaginário e a

---

[9] J.B.J. Felix, *Chic Show e Zimbabwe a Construção da Identidade nos Bailes Black Paulistanos*, p.48.

1. HISTÓRIA E HISTORIOGRAFIA DO GRUPO

realidade social e se posicionaram como um dos maiores intelectuais da contemporaneidade. Um olhar sobre raça e classe também marca esse trabalho. Por exemplo, em "Racistas Otários" os versos "Os sociólogos preferem ser imparciais/ E dizem ser financeiro o nosso dilema/ Mas se analisarmos bem mais você descobre/ Que negro e branco pobre se parecem mas não são iguais" demarcam o quanto a análise e a compreensão das desigualdades não se restringe somente à classe social, à esfera econômica, os marcadores de raça são fundamentais. Além disso, de modo enfático e provocativo, comparam o cotidiano violento presente na vida de pessoas negras periféricas à tragédia do Holocausto: o holocausto brasileiro, urbano, vivido nas periferias. Além de explicitar os conflitos raciais vividos no cotidiano, a perspectiva de autores fundadores do pensamento social brasileiro, tomemos como exemplo Gilberto Freyre e a popularizada ideia de "democracia racial", é ironizada pelo desfecho "O Brasil é um país de clima tropical/ Onde as raças se misturam naturalmente/ E não há preconceito racial/ Hahahaha."

Holocausto Urbano também tem uma das músicas que maiores críticas causam ao grupo, "Mulheres Vulgares". A introdução, que traz "os dois lados da moeda", revela um pouco do contexto no qual os integrantes estavam inseridos quanto às questões de igualdade de gênero:

> Derivada de uma sociedade feminista
> Que consideram e dizem que somos todos machistas
> Não quer ser considerada símbolo sexual
> Lutam pra chegar ao poder, provar a sua moral
> Numa relação a qual não admite ser subjugada, passada pra trás
> Exige direitos iguais, certo mano?
> (E do outro lado da moeda, como é que é?)
>
> Pode crê! Pra ela, dinheiro é o mais importante (pode crê)
> Seu jeito vulgar, suas ideias são repugnantes
> É uma cretina que se mostra nua como objeto
> É uma inútil que ganha dinheiro fazendo sexo
> No quarto, motel, ou telas de cinema
> Ela é mais uma figura viva, obscena
> Luta por um lugar ao sol

EFEITO COLATERAL DO SISTEMA

Fama, dinheiro com rei de futebol
No qual quer se encostar em um magnata
Que comande seus passos de terno e gravata (otária)
Ela quer ser a peça centra em qualquer local
Que a julguem, total, quer ser manchete de jornal
Somos Racionais, diferentes, e não iguais
Mulheres vulgares, uma noite e nada mais

Mulheres vulgares
Mulheres vulgares, uma noite e nada mais
Mulheres vulgares
Mulheres vulgares, uma noite e nada mais

Os "dois lados da moeda" está representado na primeira estrofe pela mulher feminista que deseja emancipação e o enfrentamento do machismo e, na segunda estrofe, pela mulher que se prostitui e gosta de dinheiro. Isso revela o paradoxo vivido pelos rappers naquele momento em que manifestações machistas e sexistas não eram tão questionáveis, pelo menos no mundo do rap. Eles criticam as mulheres do "outro lado da moeda", a partir de um ponto de vista moralizante e machista, chamando-as de interesseiras e vulgares, sem problematizar o contexto social em que elas estão inseridas como costumam fazer com outras pautas sociais. Afinal, estão inseridos em uma sociedade machista e patriarcal, que criminaliza a mulher. Ao mesmo tempo, porém, participavam de uma iniciativa pioneira promovida por uma organização feminista negra, o Projeto Rappers de Geledés Instituto da Mulher Negra. Nesse projeto, tiveram contato com os feminismos negros que une pautas populares, muitas vezes defendidas pelas suas mães nas comunidades em que viviam (como o acesso a creche, moradia, escola, saúde e segurança pública dignas) e as pautas pela emancipação das mulheres (como o enfrentamento à violência contra a mulher, combate à hipersexualização de mulheres negras, igualdade de oportunidades e autonomia sobre o próprio corpo), de onde vêm os referenciais da primeira estrofe.

Sobre a influência de Geledés na história do Racionais MC's, DJ KL Jay afirmou durante a aula aberta realizada por Racionais MC's na Unicamp, evento vinculado à disciplina "Tópicos Especiais em

15

1. HISTÓRIA E HISTORIOGRAFIA DO GRUPO

Antropologia IV: Racionais MC's no Pensamento Social Brasileiro", em 30 novembro de 2022[10]:

> O Geledés era nosso ponto de encontro na época, né, a gente se encontrava para trocar informações, trocar ideias, trocar livros, falar sobre os livros, as leituras, era um ponto de encontro, a Sueli Carneiro era tipo a chefe, né mano? E foi isso, dali começou a surgir todo um movimento, uma história de escrever as letras e de praticar, né, as coisas que Malcolm X falava, né, e dali a gente despertou o interesse por ler, e a gente falava dos clipes, aconteceu tudo ao mesmo tempo né? Tinhas os vídeos do Public Enemy, tinha o livro do Malcolm X veio pro Brasil, alguém conseguiu e a gente se encontrava lá, e tinha a revista que eles faziam entrevista, fizeram entrevista com a gente e com outros grupos também. Eu posso dizer que foi um embrião assim, uma das sementes para tudo que tem hoje. A Sharylaine também frequentava lá, entende, então sabe aquela história: Tim Maia, Erasmo Carlos, Roberto Carlos, Jorge Ben vieram tudo do mesmo bar ali? Entendeu, os caras se encontravam ali, então Geledés foi esse ponto de encontro pra muita coisa que tem hoje.

Hoje, "Mulheres Vulgares" é uma das músicas excluídas do repertório de apresentação do grupo devido às críticas contundentes recebidas dos movimentos de mulheres, especialmente das rappers do movimento hip-hop. Sobre esse tema, Mano Brown em diz:

> "Veja bem, passaram 25 anos, me perdoe, eu era apenas um garoto, era um outro Brasil, eu não tinha uma filha [Domenica, 18]. A gente tinha uma visão realmente machista [...]."

Concluindo:

> "Tem música que eu não canto mais. Outro dia tocou uma, e eu: 'paaaaara, vamos ser linchados, se liga no momento do Brasil! As negona vão me matar amanhã, a gente não pode nunca mais falar essas coisas."[11]

---

10 A aula aberta com Racionais MC's pode ser conferida no YouTube.
11 Em entrevista a Anna Virginia Balloussier, para a *Folha de S.Paulo*, publicada em 13 dez. 2017 na Folha Ilustrada.

EFEITO COLATERAL DO SISTEMA

Essas falas de Brown revelam não apenas autoconsciência sobre a sua obra, mas, igualmente, as lutas travadas no campo do hip-hop e no movimento de mulheres no que se refere às questões de gênero.

O segundo EP, *Escolha Seu Caminho* (1992), é uma obra que traz apenas duas músicas: "Voz Ativa" e "Negro Limitado". Os *samples* utilizados nos instrumentais retomam músicas de Isaac Hayes, The J.B.'s e Fred Wesley e The J.B.'s. As narrativas trazem duas ideias centrais para o hip-hop, posicionamento e atitude, além de fazer um convite para romper com a alienação. A música "Voz Ativa" clama pelo orgulho negro, denuncia o racismo e questiona o conformismo com aquilo que é imposto às pessoas negras periféricas e faz um chamado para a luta política e social:

> Se você se considera um negro
> Pra negro será mano!
> Sei que problemas você tem demais
> E nem na rua não te deixam na sua
> Entre madames fodidas e os racistas fardados
> De cérebro atrofiado não te deixam em paz
> Todos eles com medo generalizam demais
> Dizem que os negros são todos iguais
> Você concorda
> Se acomoda então, não se incomoda em ver.
> ...
> Não quero ser o Mandela
> Apenas dar um exemplo
> Não sei se você me entende
> Mas eu lamento que
> Irmãos convivam com isso naturalmente
> Não proponho ódio, porém
> Acho incrível que o nosso conformismo
> Já esteja nesse nível
> Mas Racionais resistente, nunca iguais
> Afrodinamicamente mantendo nossa honra viva
> Sabedoria de rua
> O RAP mais expressiva (E aí)
> A juventude negra agora tem a voz ativa (Pode crer)
> ...

17

1. HISTÓRIA E HISTORIOGRAFIA DO GRUPO

Precisamos de um líder de crédito popular
Como Malcom x em outros tempos foi na América
Que seja negro até os ossos, um dos nossos
E reconstrua nosso orgulho que foi feito em destroços
Nossos irmãos estão desnorteados
Entre o prazer e o dinheiro desorientados
Brigando por quase nada
Migalhas coisas banais
Prestigiando a mentira
As falas desinformado demais

Chega de festejar a desvantagem
E permitir que desgastem a nossa imagem
Descendente negro atual meu nome é Brown
Não sou complexado e tal
Apenas Racional
É a verdade mais pura
Postura definitiva
A juventude negra
Agora tem voz ativa

É nessa canção que surge a frase clássica "A juventude negra agora tem voz ativa", expressiva do poder que a música rap trouxe para o sujeito negro periférico. Já em "Negro Limitado", ocorre um diálogo com o negro que não conhece a si próprio e não se preocupa com as restrições e autodestruição impostas pelo "sistema" (estrutura social), chamando-o para a tomada de consciência para modificar a sua condição. Nessa música, o que difere um "verdadeiro preto" de um "negro limitado" é a busca pelo conhecimento, outra baliza fundamental para o hip-hop: o acesso à informação é crucial para a busca por direitos, para saber argumentar e se defender.

Leia, se forme, se atualize, decore.
Antes que os racistas otários fardados de cérebro atrofiado.
Os seus miolos estourem e estará tudo acabado.
Cuidado...!
O Boletim de Ocorrência com seu nome em algum livro.
Em qualquer distrito, em qualquer arquivo, .

Caso encerrado, nada mais que isso. (Nada é feito com os casos de violência)
Um negro a menos contarão com satisfação.
Porque é a nossa destruição que eles querem.
Física e mentalmente, o mais que puderem. (A ideia do genocídio de Abdias do Nascimento)
Você sabe do que estou falando.
Não são um dia nem dois.
São mais de 400 anos.

A letra de "Escolha Seu Caminho" estabelece uma conexão entre o processo histórico e o tempo presente para, assim, pensar em novas perspectivas de vida. Eles não deixam de criticar o "sistema", mas responsabilizam o sujeito pela tomada de consciência que levará à mudança de sua trajetória. A relação dialética entre agência e estrutura é, portanto, notável. Essa ligação entre os diferentes tempos reposiciona os sujeitos e altera suas experiências e sua relação com o mundo, levando-os a contestar as narrativas sobre suas comunidades e sobre territórios e grupos que estão fora dela, assim como a tomada dos espaços de poder.

Após a gravação desses dois EPS, em 1993 o grupo lança seu primeiro álbum: *Raio x do Brasil*. Ele é composto de "Introdução", "Fim de Semana no Parque", "Parte II", "Mano na Porta do Bar", "Homem na Estrada", "Júri Racional", "Fio da Navalha e Agradecimentos", as quais trazem instrumentais que sampleiam e remontam músicas de Jorge Ben, Tim Maia, Marvin Gaye, Curtis Mayfield e The Metters. O foco do grupo são as trajetórias e experiências de vida na periferia e os temas são segregação espacial e urbana, violência, encarceramento, autovalorização, capitalismo, poder, ganância, crime, conflitos e morte.

Nesse álbum, a ideia de raio x traz como perspectiva a interpretação de um Brasil profundo, não aparente, esquecido, onde até o "IBGE passou e nunca mais voltou" ("O Homem na Estrada"). A abertura do disco apresenta o objetivo do álbum: "1993, fundimadamente voltando, Racionais/ Usando e abusando da nossa liberdade de expressão/ Um dos poucos direitos que o jovem negro ainda tem nesse país/ Você está entrando no mundo da informação/ Autoconhecimento, denúncia e

1. HISTÓRIA E HISTORIOGRAFIA DO GRUPO

diversão/ Esse é o RAIO X do Brasil, seja bem vindo/ À toda comunidade pobre da zona sul" ("Fim de Semana no Parque").

A música "Homem na Estrada" chegou ao Senado Federal pela voz do senador Eduardo Suplicy (PT-SP), durante uma sessão da Comissão de Constituição e Justiça sobre redução da maioridade penal, na qual o político protestava contra a proposta[12]. *Raio x do Brasil* deu grande notoriedade ao grupo. De acordo com eles, foi a partir de seu lançamento que começaram a ganhar dinheiro fazendo rap. Isso a princípio causou estranhamento, pois não queriam fama e nem que as músicas ficassem tocando nas rádios, mas gostariam de "tocar no coração dos pretos para falar com eles" já que viam suas produções como expressivas do "trabalho social" do rap.

Nesse período o Racionais MC's já era criminalizado pela mídia e pelas forças de segurança por denunciar as formas de violência, exclusão e abandono em que estavam submetidas as pessoas negras, pobres e periféricas. Ao narrar a violência do braço armado do Estado (as polícias) em tom de revolta, explicitando a reação dos rappers com o racismo institucional enfrentado cotidianamente, o grupo chama a atenção das autoridades, em especial da Polícia Militar, e passa a ser alvo de perseguições. Em 1994 eles foram presos durante apresentação no evento "Rap do Vale", realizado no Vale do Anhangabaú, em São Paulo, sob a acusação de estimularem a violência.

Eles foram constantemente abordados pela mídia hegemônica de maneira estigmatizada como os jovens que falam de crime, de drogas, de violência e que enunciam palavrões. Nesse sentido, qualquer deslize de um dos membros do grupo seria espetacularizado pelos meios de comunicação. Foi o que aconteceu em 1994, quando Edi Rock se envolveu em um acidente que deixou uma pessoa morta na marginal Pinheiros; isso rendeu manchetes como "Acidente Com Racionais MC's Mata 1", no jornal *Folha de S.Paulo*. O artista disse que dirigia o carro a "uns 100 km/h" devido ao atraso para o show que faria em Pinheiros, mas que não estava "tirando um racha", a acusação que lhe era feita, porque "quem tira racha é boy"; já o delegado

---

12 Para uma análise de "Homem na Estrada" ver W. Garcia, *Elementos Para a Crítica da Estética do Racionais MC's* (1990-2006).

EFEITO COLATERAL DO SISTEMA

responsável pela investigação afirmou: "os laudos devem desmentir essa versão"[13]. A partir desse fato, vários shows foram cancelados e Edi Rock foi chamado de assassino. Como consequência, o grupo viveu um período de tensão com o aumento da criminalização[14].

Em 1997 o Racionais lançou a obra que lhe rendeu os principais prêmios do circuito musical, o emblemático álbum *Sobrevivendo no Inferno*. As faixas que compõem o trabalho são "Jorge da Capadócia", "Gênesis", "Capítulo 4 Versículo 3", "Rapaz Comum", "…", "Diário de um Detento", "Periferia é Periferia", "Qual Mentira Vou Acreditar", "Mágico de Oz", "Fórmula Mágica da Paz" e "Salve". Os *samples* incluem artistas como Isaac Hayes, War, Tom Scott & LA Express, Sade, Ohio Players, Tom Browne, Marvin Gaye, Jimmy Owens, Edwin Starr, Curtis Mayfield, Mtume, The Isley Brothers, The Bar-Kays, Tim Maia, Djavan, Barão Vermelho, Boi Garantido e os clássicos do rap nacional Thaide & DJ Hum, MRN, Gog e Sistema Negro.

Ao considerar o nível de pobreza, desemprego, fome, desigualdades, exclusão educacional e violência dos anos 1990, a vida de um jovem negro e da periferia era sinônimo de sobrevivência na adversidade, no inferno. Esse álbum apresenta uma religiosidade sincrética e certa melancolia, trazendo à tona indicadores sobre racismo, contradições da sociedade de consumo e do capitalismo a ela atrelada, drogas, crime, sistema carcerário, polícias, direito à cidade, genocídio da população negra e periférica, abandono etc. As narrativas navegam entre a fé e a desesperança, entre a gratidão pela vida e o ódio pelas condições vividas.

Todas as músicas de *Sobrevivendo no Inferno* explodiram, mas "Diário de um Detento" foi o grande destaque. Escrita na interlocução com sujeitos do sistema carcerário, mais especificamente Jocenir[15], traz um relato do massacre do Carandiru ocorrido em 2 de outubro de 1992, revelando as contradições do dia a dia dentro da prisão e os elementos que levaram a esse acontecimento. Após

---

13 *Folha de S.Paulo*, 15. Out. 1994.
14 Para entender a interpretação do grupo sobre essa fatalidade, ouvir a música "A Vítima" do álbum *Nada Como um Dia Após o Outro Dia* (2002).
15 A letra se inspira no diário de Josemir Prado, conhecido como Jocenir, ex-detento da Casa de Detenção do Carandiru.

1. HISTÓRIA E HISTORIOGRAFIA DO GRUPO

o lançamento da música, diversos grupos de rap começaram a surgir dentro dos presídios, como 509-E, Detentos do Rap, Liberdade Condicional e outros, que viram no gênero musical uma saída para transformar suas vidas. Isso é reconhecido pelo grupo como o maior resultado desse disco. No âmbito musical, "Diário de um Detento" foi premiada na categoria Escolha da Audiência e Melhor Vídeo de Rap pelo Video Music Brasil da MTV (1998), entrou na lista das cem maiores músicas brasileiras da revista *Rolling Stone*, e é o segundo Maior Videoclipe Brasileiro de Todos os Tempos segundo a *Folha de S.Paulo*.

"Eu costumo dizer que *Sobrevivendo* foi minha carta de alforria", aponta Ice Blue, mesmo que a censura ao trabalho do grupo tenha crescido com o lançamento do álbum. Ao lado da censura, aumentou a violência durante a realização dos shows. Se por um lado as polícias embargavam e invadiam as apresentações do Racionais, por outro lado, o público também levava o cenário de conflitos e violência a esses espaços. No documentário "Racionais: Das Ruas de São Paulo Pro Mundo" (2022) Mano Brown diz: "quando comecei a ver cara morto na porta da festa com a minha camisa, do Racionais, comecei a repensar", já que brigas e tiroteio passaram a ser um fator recorrente em seus shows. Tal violência levou o grupo a fazer uma pausa nas apresentações.

Entre o final dos anos 1990 e início dos anos 2000 os integrantes se voltam às "quebradas" onde cresceram, frequentando festas, sambas, futebol de várzea, reunião entre amigos e celebrações familiares. Também começam a ouvir e apreciar os clássicos e os lançamentos da música negra. Na primeira década do século XXI, viram as comunidades se transformarem, o "metrô chegou no Capão Redondo", declara Mano Brown, as famílias passaram a ter maior acesso aos bens básicos de consumo e a viver melhor. Eles também acompanharam o florescimento dos novos coletivos de periferia que deram continuidade ao legado deixado pelas posses de hip-hop, mas agora com diferentes linguagens artísticas.

Nada Como um Dia Após o Outro Dia vem depois desse momento detox", diz Mano Brown sobre o álbum lançado em 2002. Essa obra expressa um outro momento da periferia, quando coletivos e

22

movimentos questionam os estigmas negativos sobre seus territórios ao dizerem que não são apenas sinônimo de pobreza, escassez, violência, mas também expressam potência, resistência, inteligência, solidariedade e diversão. O novo trabalho se apresenta em CD duplo e tem 21 faixas, sendo que no CD 1 (Chora Agora) encontramos "Sou + Você", "Vivão e Vivendo", "Vida Loka (Intro)", "Vida Loka (Parte I)", "Negro Drama", "A Vítima", "Na Fé Firmão", "12 de Outubro", "Eu Sou 157", "A Vida É Desafio" e "1 Por Amor, 2 Por Dinheiro"; no CD 2 "De Volta à Cena", "Otus 500", "Crime Vai e Vem", "Jesus Chorou", "Fone (Intro)", "Estilo Cachorro", "Vida Loka (Parte II)", "Expresso da Meia Noite", "Trutas e Quebradas" e "Da Ponte Pra Cá". Há uma variedade de músicas sampleadas, como Marvin Gaye, Ray Charles, Dione Warwick, Billy Paul, Eddie Harris, Al Green, Minnie Riperton, The Brides of Funkenstein, Jake the Flake, Liverpool Express, Too Short, B.A.D., Ray Davies, Cassiano, Almir Guineto e nomes de destaque do rap nacional, como Tribunal Popular, 509-E e Trilha Sonora do Gueto.

Nada Como um Dia Após o Outro Dia exalta a autoestima e a superação, falando que pessoas pobres e negras têm o direito ao bem viver. Ele retira a periferia da posição que a coloca apenas como oprimida, enganada, submissa e alienada para o espaço onde os indivíduos têm opinião, têm gostos, se posicionam e se movimentam para transformar seus territórios e suas vidas. A principal interpretação que se pode fazer desse disco é a de que as pessoas não devem se conformar com o pior porque são pobres, mas que têm o direito de alcançar o que as classes médias acessam. Contudo, eles deixam evidente que obter bens de consumo e ter uma vida mais estruturada materialmente não significa que as pessoas devam perder o senso crítico com relação às desigualdades, ao racismo e à violência, o que, assim como nos outros trabalhos do grupo, também marca esse álbum.

Na citada aula aberta realizada por Racionais MC's na Unicamp, Mano Brown demonstra que o retorno para as vivências na quebrada no final dos anos 1990 se manteve ao longo da primeira década deste século, período em que viu a periferia de São Paulo se transformar em alguns aspectos. Vale a longa citação:

1. HISTÓRIA E HISTORIOGRAFIA DO GRUPO

se você analisar, Racionais MC's sempre tentou ser fiel à época, muitas vezes ele também falava coisas desagradáveis, de época. Esse comportamento de época que antecede o governo Lula era uma coisa que a gente já estava prevendo, o governo Lula só serviu para reforçar, isso já vinha antes dele, essa curiosidade sobre as coisas que o mundo oferece nessa breve vida [...] nessa vida curta que a gente tem, e como a gente descobriu que a felicidade não está depois que a gente morreu no céu e que na vida tem gente vivendo no paraíso hoje, e a malandragem estava falando isso pra gente o tempo todo, eu como cantor de rap pensando na sociedade, eu estava fechado e não estava entendendo isso, que o povo tem sede de viver o hoje, não depois da morte, tá ligado? E isso fez o nosso rap ir do coletivo para o individual, sabe? Que é o oposto do Sobrevivendo no Inferno, que era um disco de estatísticas do coletivo. Em alguns momentos falava do individual, do preso, o individual de um cara, do Guina, do outro, mas é um disco do coletivo. Esse outro disco [*Nada Como um Dia Após o Outro Dia*] é um disco de pessoas falando, opinando, dizendo o perfume que quer, a roupa que quer, que cheiro que ele quer, a bebida que ele quer beber. Opa, esse cara é um ser humano! Ele tá tomando Champagne, tá comendo o que que ele fala lá na música lá? Que? Mas esse cara era só um número, agora ele tá querendo ter telefone celular. Pô, o preto nem todos são iguais, esse disco fala isso. Nem todos os pretos são iguais, não desacredita não. Esse disco é isso, é um disco completo também, tá tocando até hoje por aí [...] O que não é a mesma coisa do outro [disco], certo, que é um disco importante mas ele fala do coletivo, ele fala de uma época em um governo que antecede o governo Lula, já teve quantos governos de lá pra cá? O mundo mudou bem, as gerações também mudaram [...].[16]

Em 2006 o grupo lança o DVD *1000 Trutas 1000 Tretas*, que além do show ao vivo realizado no SESC Itaquera (2004) traz materiais extras sobre a visão do grupo do processo histórico do qual fazem parte: "Por Aí", demonstra bastidores dos ensaios, percursos, turnês, conversas e shows do grupo, incluindo trechos da polícia invadindo o palco em que o Racionais se apresentava; "Doc Capão" conta a história e formação do bairro de Capão Redondo, zona

---

16 Aula aberta Racionais MC's na Unicamp.

sul de São Paulo; "Making Of" também mostra os bastidores de produção dos shows; "Produzindo", traz imagens de gravação no estúdio; e "Documentário" discorre sobre escravidão, o pré- e o pós-abolição em São Paulo, a constituição dos territórios negros, os bailes blacks e o hip-hop.

Um episódio marcante na história do grupo é o show da Praça da Sé, parte da programação da Virada Cultural de São Paulo de 2007. Aproximadamente vinte mil pessoas esperavam pela apresentação do grupo no coração do centro da cidade, em um momento em que as forças de segurança pública demonstravam nítido descontentamento com os espetáculos de rap em todo o território do estado. Havia um incômodo com as músicas que abordavam questões relacionadas à violência das polícias e nas periferias, fazendo com que Mano Brown reagisse com a seguinte frase "minhas letras são a opinião do público". Mesmo sentindo-se irritado pelo o que via, do palco, que estava acontecendo na multidão, o rapper pediu para que as pessoas se acalmassem: "Vamos zelar pela nossa vida. Vamos ignorar a polícia, essa festa é nossa, vamos continuar." No entanto, ainda no início da apresentação, estoura um conflito entre público e agentes de segurança pública em que os policiais, mesmo detendo instrumentos de força desproporcionais com relação à audiência, instauraram um combate contra jovens periféricos, utilizando armas, bombas de efeito moral, balas de borracha e gás lacrimogêneo. O confronto levou à destruição da praça, da estação de metrô e dos arredores, com pessoas correndo para todos os cantos tentando fugir dos ataques da polícia. O principal resultado desse processo foi o aumento da censura ao Racionais MC's, que foi proibido de realizar shows ao ar livre, embora o estado não feito nenhuma avaliação sobre a histórica relação truculenta entre órgãos de segurança pública e a juventude negra, pobre e periférica. O grupo só voltou a se apresentar em espaços públicos seis anos depois, novamente durante a Virada Cultural, de 2013, quando a gestão da cidade de São Paulo estava sob um governo progressista.

A música "A Praça", lançada no próximo álbum, *Cores & Valores*, resume o acontecimento sobre o cenário e as forças desproporcionais que estavam dispostas na praça da Sé:

1. HISTÓRIA E HISTORIOGRAFIA DO GRUPO

Foi na Praça da Sé, uma verdadeira praça de guerra
Bombas de efeito moral e balas de borracha
Desesperadas, as pessoas tentavam fugir do confronto"
"Vem pra cá, cara! Vem pra cá, cara"
"Quer dizer, a polícia antes não poderia ter evitado?"
"Até que ponto o uso de bala de borracha e gás lacrimogênio
Não acaba aumentando a confusão?"
"Vamos pensar com inteligência, o barato é inteligência, certo, mano?
Essa correria de um lado pro outro, aí, só vai machucar as pessoas"
Uma faísca, uma fagulha, uma alma insegura
Uma arma na cintura, o sangue na moldura
Uma farda, uma armadura, um disfarce, uma ditadura
Um gás lacrimogêneo e algema não é a cura
Injúrias de uma censura, tentaram e desistiram
Pularam atrás da corda, filmaram e assistiram
Pediram o nosso fim, forjaram, olhe pra mim
Tiraram o nosso foco dos blocos e o estopim
Tentaram eliminar, pensaram em manipular
Tentaram e não bloquearam a força da África
Chamaram a Força Tática, Choque, a cavalaria
Polícia despreparada, violência em demasia
Mississippi em chamas, sou fogo na Babilônia
Tragédia, vida real, com a mão de um animal
Brutal com os inocentes, crianças, velhos, presentes
Ação inconsequente, covarde e desleal
Os moleques com pedra e pau, a polícia com fuzil, bomba
Carro pegando fogo, porta de aço, tromba
A mãe que chama o filho enquanto toma um tiro
Alguém perdeu alguém, a alma no gatilho
Fugir para o metrô, tumulto no corredor
Pisotearam alguém que ali mesmo ficou
Nas ruas adjacentes, a cena era presente
Destruição e guerra, o mundo que desabou

Entre *Nada Como um Dia Após o Outro Dia* e *Cores & Valores*, temos um intervalo de doze anos. O primeiro trabalho entre essas duas obras é a música "Tá na Chuva" (2009), uma mensagem de incentivo em meio às contradições e desigualdades. Em 2012, o grupo lançou o single "Mil Faces de um Homem Leal" em homenagem ao

EFEITO COLATERAL DO SISTEMA

guerrilheiro Carlos Marighella. Esse trabalho foi premiado como a melhor música brasileira do ano pela Rolling Stone e melhor video-clipe do ano pelo Video Music Brasil da MTV. Além disso, compõe a trilha sonora do filme Marighella estreado em 2021.

O último álbum lançado, *Cores & Valores* (2014), revela tanto o momento de mudança do grupo quanto o da realidade brasileira. Produzida em Nova York, essa obra tem quinze faixas e, ao contrário das longas narrativas presentes nos outros trabalhos, as músicas são curtas. Há aqui uma adequação ao padrão de registros colocados pela indústria fonográfica: canções que não extrapolem muito os três minutos. A sequência das canções é: "Somos o Que Somos", "Preto e Amarelo", "Trilha", "Eu te Disse", "Preto Zica", "Finado Neguin", "Eu Compro", "A Escolha Que Eu Fiz", "A Praça", "O Mal e o Bem", "Você me Deve", "Quanto Vale o Show", "Coração Barrabaz" e "Eu te Proponho". Além das canções mais curtas, os *samples* também não ganharam tanta proeminência. Uma produção mais eletrônica dá o tom do·álbum e os *samples* presentes são de artistas como Ray Charles, Bill Conti, Bandits of Love, Roy Ayers e Cassiano. Os temas são a história do grupo, classe social, racismo, violência, violência policial, consumo, desejo de ascensão social, espaços de poder e protagonismo negro e periférico.

Também na aula supracitada da Unicamp, Mano Brown afirma que esse álbum expressa a mudança que ele observou nas periferias antes do governo de extrema direita:

> "Naquele momento ali quem estava no governo era a presidenta Dilma, certo? O Lula saiu do governo com oitenta e quantos por cento de aprovação? 87%? Eu não lembro. O Brasil tinha pago a dívida, emprestado dinheiro para o FMI. Eu passei oito natais e finais de ano seguidos na favela durante essa época, era o melhor lugar do mundo para passar o natal. Eu vi! Problema de espaço e moradia é uma outra situação, a favela tá lá, mas eu vi dentro das casas a vida mudou, a perspectiva mudou, e as expectativas "do que é bom para a gente" foi mudando também. Eu senti que o rap estava defasando, eu falei olha a juventude tá sonhando com coisas mais sofisticadas, irmão. Igual a música do Titãs, "a gente não quer só comida…", a gente quer mais coisas, a gente quer um perfume

27

1. HISTÓRIA E HISTORIOGRAFIA DO GRUPO

da marca x, então, opa, esse número aí é um número que pensa, ele não só segue regras e vota em determinadas pessoas, eles opinam, eles consomem, eles fazem a revolução com o dinheiro deles, sabe? É isso, tá? É um disco que humanizou o tal do cara da periferia lá […] O centro mudou né? Então a periferia também deve ter mudado, né? […] Você vai de repente no Jardim Rosana, na zona sul, você vai ver um centro comercial gigantesco que já não tem no centro de São Paulo […] O comportamento do preto também tinha mudado, 2015 se comparado antes do Lula ser eleito. Passou 15 anos, daí sai o disco "Pelas marginais os pretos agem como reis", você tá na marginal tem que tá com carro, certo? Primeiro, qual carro? Vamos escolher, tem crédito, vamos tirar o carro e pagar na caminhada, na pedalada. Confere? Todo mundo fez isso, moro? Essas coisas começam a aparecer. Estilo, qual que é o estilo? Vocês passavam fome há vinte anos atrás, ah tá com estilo agora? Entendeu? Racista não suporta! Então você vê as pessoas dentro do ônibus reclamando que tinha muito celular ao mesmo tempo tocando música, o outro reclamando que o aeroporto está lotado, o outro reclamando que tem muito carro no trânsito e que ele não consegue passar […] Isso tá tudo no rap lá, os mais puristas, poetas, naturalistas: "pô, que disco consumista maldito", entendeu? Tem que pensar um pouco mais, na perspectiva do preto não é esse consumismo barato, leigo, bobo que o branco da esquerda fala, porque para nós colocar um tênis no pé significa muito mais do que ele pensa. É isso! Eu fiquei muito magoado quando eu vi os pretos como eu falando mal desse disco: "não me representa", "consumista". Eu pensei: "tá pensando igual branco?", se o que me trouxe até aqui foi ver o Run DMC com tênis sem cadarço, com uma corrente grossa, foi o que me trouxe. Nosso povo é assim, se veste assim quando tem dinheiro, quando ele fica lindo ele não esconde, não se esconde, entendeu?

Cores & Valores venceu o prêmio de melhor disco brasileiro do ano da *Rolling Stone Brasil* em 2014, demonstrando que o grupo levou a música rap a superar mais uma vez o estigma de décadas que desclassificava esse gênero como música, disputando e vencendo em meio a todas as categorias musicais.

Hoje, o Racionais MC's mantém todos os seus membros fundadores, mas cada um deles tem uma carreira solo: Mano Brown com a banda Boogie Naipe, Edi Rock com álbuns e shows de rap solo, KL Jay com equipe de festas, produção e mixtapes e Ice Blue com disco solo.

Em 2022, no documentário de Juliana Vicente, KL Jay afirma que o traço de união do grupo foi "o desejo de fazer uma música pesada para as pessoas ouvir, na época para o gueto ouvir, para os pretos ouvir, para os perseguidos, para os oprimidos ouvir". Essas músicas, assim como os seus integrantes, furaram a bolha do gueto. Não apenas as pessoas subalternizadas ouvem Racionais, tampouco eles tocam apenas nas quebradas. O subtítulo do citado documentário atesta isso: "das ruas de São Paulo para o Mundo". Refletir sobre a trajetória e as canções do grupo dá a possibilidade de ficar frente a frente com outra vivência, em que as noções de "povo brasileiro" e "nação" são constantemente questionadas e tensionadas. Ícones do rap nacional e ídolos de uma geração cujas perspectivas eram escassas, as canções do Racionais MC's contribuíram para formar e inspirar mais de uma geração de jovens da periferia.

Referências

CALDEIRA, Teresa: Cidade de Muros: Crime, Segregação e Cidadania em São Paulo. São Paulo, Editora 34/Edusp, 2000.

FELIX, João Batista de Jesus. Chic Show e Zimbabwe a Construção da Identidade nos Bailes Black Paulistanos, 2000. Dissertação (Mestrado em Antropologia Social), USP, São Paulo, 2000.

_____. Hip Hop: Cultura e Política no Contexto Paulistano. São Paulo, 2005. Curitiba: Appris, 2018.

GEREMIAS, Luiz. A Fúria Negra Ressuscita: As Raízes Subjetivas do Hip-Hop Brasileiro. Rio de Janeiro: Universidade Federal do Rio de Janeiro, 2006. Disponível em: <http://bocc.ufp.pt/pag/geremias-luiz-furia-negra-ressuscita.pdf >. Acesso em: 14 fev. 2023.

MACEDO, Marcio. Baladas Black e Rodas de Samba da Terra da Garoa. In: MAGNANI, José Guilherme Cantor; SOUZA, Bruna Mantese de (orgs.). Jovens na Metrópole: Etnografias de Circuitos de Lazer, Encontro e Sociabilidade. São Paulo: Terceiro Nome, 2007.

RACIONAIS: Das Ruas de São Paulo Pro Mundo. Direção: Juliana Vicente. Produção: Juliana Vicente; Eliane Dias. São Paulo, Netflix, 2022. (116 min.)

GARCIA, Walter. Elementos para a crítica da estética do Racionais MC's (1990-2006). Ideias, 4(2), 81–108, 2013.

Internet

YOUTUBE *IFCH UNICAMP*. Aula Aberta Com Racionais MC's na Unicamp. Disponível em: <https://www.youtube.com/watch?v=M2Ua7lldj84>. Acesso em 10 jan. 2023.

1. HISTÓRIA E HISTORIOGRAFIA DO GRUPO

_____. *Videos Raros do Rap Nacional.* "KL Jay e Edi Rock 'Porque o Preconceito' Música Rara Antes de Existir o Racionais [1988]". Disponível em: https://www.youtube.com/watch?v=mB7Rj3wL21U . Acesso em 10 jan. de 2023.

FOLHA *de S.Paulo.* Acidente Com Racionais MC's Mata 1. Cotidiano, 15. Out. 1994. Disponível em: <https://www1.folha.uol.com.br/fsp/1994/10/15/cotidiano/26.html>. Acesso em : 14 fev. 2023.

Para Saber Mais

D'ANDREA, Tiarajú Pablo. Uma Narrativa: Os Racionais MC's. *A Formação dos Sujeitos Periféricos: Cultura e Política na Periferia de São Paulo..* Tese (Doutorado em Sociologia), USP, São Paulo, 2013 (doi:10.11606/T.8.2013.tde-18062013-095304).

MACEDO, Marcio. Warming the Black Soul *Through Vinyl Records: Media, Black Identity and Politics During the Brazilian Dictatorship*. Trabalho de Conclusão de Curso (Media and Social Theory), The New School for Social Research, New York, 2009.

_____. Anotações Para uma História dos Bailes Negros em São Paulo. *Bailes: Soul, Samba-Rock,* HIP-HOP *e Identidade em São Paulo*. São Paulo: Quilombhoje, 2007.

PINHO, Osmundo. Voz Ativa: Rap – Notas Para Leitura de um Discurso Contra-Hegemônico. *Sociedade e Cultura*, v. 4, n. 2, jul.-dez. 2001.

A GAROA RASGA A CARNE,
É A TORRE DE BABEL
FAMÍLIA BRASILEIRA,
DOIS CONTRA O MUNDO
MÃE SOLTEIRA DE UM
PROMISSOR VAGABUNDO

Fora do "Beat":
racionais mc's
e a imprensa paulista

Paula Costa Nunes de Carvalho[1]

---

1 Agradeço aos comentários de William Santana Santos, Fernando Antonio Pinheiro Filho e Pérola Mathias a versões prévias deste texto.

Desde o início dos anos 1990, com o sucesso de "Pânico na Zona Sul" (1990), a invasão no palco do Public Enemy durante um show no ginásio do Ibirapuera em 1991, e o estouro de "Fim de Semana no Parque" e "Homem na Estrada", músicas do disco *Raio x do Brasil* (1993), o Racionais MC's já estava no radar de parte da imprensa, sobretudo a paulista, de mídia impressa e especializada em cultura. Essa relação, no entanto, muitas vezes esteve fora de compasso, desandou e saiu do ritmo – e não só pelas origens sociais distintas dos profissionais da imprensa e dos rappers.

Explico, mas primeiro um parêntese metodológico: em pesquisa anterior[2], analisei, além de textos nos jornais *O Estado de S. Paulo* e *Folha de S.Paulo*, uma parte das publicações da revista *Bizz*, que nos anos 1990 era a mais importante revista especializada em música, além da *Pode Crê!*, criada pelo próprio movimento hip-hop em parceria com o Geledés – Instituto da Mulher Negra, um dos principais documentos do rap até o ano de 1994.

Desde então, venho ampliando a busca nos acervos da *Folha* e do *Estadão*, além da revista *Trip*, entre o final dos anos 1980 e início dos anos 2000. Nessa procura – não totalmente abrangente, mas considerável[3] – me interessa recuperar o tom das coberturas sobre

---

2 Ver P.C.N. de Carvalho, *A Encruzilhada do Rap*. Nesse texto, estendo algumas ideias presentes no capítulo 3 de minha dissertação de mestrado.

3 A pesquisa por ora é feita por meio dos acervos *on-line* dos dois jornais paulistas e acervos independentes, disponíveis na internet, das revistas *Trip* (disponível em: <https://books.google.com.br/>) e *Bizz* (disponível em: <https://revistabizz.blogspot.com/>).

1. HISTÓRIA E HISTORIOGRAFIA DO GRUPO

rap no caso de reportagens e entrevistas, além de resgatar as formas com que o gênero foi retratado por colunistas e pessoas mais influentes nos jornais paulistas, considerando que, desde os anos 1980, foi-se consolidando nos veículos impressos a ideia de prestígio desse tipo de texto[4], assinado por profissionais que acabavam se tornando grife do jornal (especialmente, nesse caso, a *Folha*). Uma vez que a busca por palavras-chave (como Racionais MC's; Gabriel, o Pensador; hip-hop; rap) pode ser bastante vaga para os algoritmos, acaba-se deparando com menções ao grupo também em cadernos de anúncios ou citações pouco relevantes, descartadas. Portanto, o método de controle é a própria quantidade de textos encontrados e sua seleção, a partir da qual se podem recuperar as discussões da época. Como complemento, também olho para as edições diárias dos cadernos de cultura livremente em à procura de outras menções não encontradas nos mecanismos de busca, especialmente em períodos-chave como os que tratarei a seguir. A análise visa não apenas olhar para os textos, mas para a estrutura do veículo de imprensa em relação – quem eram os profissionais, com quem dialogavam, quem anunciava etc. Tenho como pano de fundo dessa pesquisa o contexto sob o qual viviam os jornais brasileiros após o impacto do Projeto Folha[5], implementado entre 1984 e 1987, com efeitos significativos na cobertura de cultura e arte no país.

Como dizia acima, estar fora do ritmo – do beat, no rap – nem sempre é sintoma de desalinho ou falta de habilidade musical. Pode ser estilo, pode caber na música, pode estar muito à frente do tempo – MF Doom não deixa dúvidas quanto a isso. Os melhores rappers, também aqui no Brasil, brincam com o beat, atrasam ou adiantam suas rimas e ênfases nas sílabas justamente para que o *flow* não saia tão quadrado, duro na batida da música. Mas estar

---

4 Ver A. Bergamo, "Antigos" e "Novos" no Jornalismo Brasileiro dos Anos de 1980 e 1990, *Política e Sociedade*, v. 19, n. 45.
5 Sobre esse processo, recomendo a leitura de C.E.L. da Silva, *Mil Dias*, tese de livre-docência escrita no calor da hora por um dos diretores do projeto. Ver também, numa outra chave, A. Chiaramonte, *Lutas Simbólicas e Doxa*, dissertação de mestrado em Sociologia que analisa a reestruturação a partir de uma polêmica nos anos 1980.

fora do beat muitas vezes pode ser simplesmente um erro ou falta de percepção, que prejudicam bastante a execução musical.

Esse duplo sentido também diz um tanto sobre diferentes perspectivas em choque nas redações de jornal, evidentes no caso do Racionais MC's pelo fato de que muitas vezes as situações em que o grupo se envolvia (ou que era dragado) extrapolavam os cadernos de cultura. Há também um caráter não homogêneo da imprensa brasileira, por vezes da própria redação de um só jornal, que deixa a equação mais complexa. A seguir, recupero alguns momentos do Racionais MC's na mídia, com foco especial em dois períodos, 1999 e 2007, nos quais o grupo recebeu a atenção de articulistas mais famosos e menos especializados em cultura, para uma discussão que, note-se, diz mais sobre jornalismo do que sobre os Racionais.

Um Rápido Histórico

Embora fora dos esquemas de divulgação e circulação tradicionais da indústria musical – isto é, sem estruturas consolidadas de marketing, divulgação, assessoria de imprensa, jabás nas rádios etc. –, não é possível dizer que o Racionais MC's não estivesse no radar dos principais veículos impressos que circulavam em São Paulo nos anos 1990.

Dois exemplos: em votações publicadas na revista *Bizz* em abril de 1994, público e críticos elegeram os seus discos, música, grupo, vocalista, letrista e banda revelação favoritos de 1993. O Racionais MC's não apareceu na escolha dos leitores, mas está presente três vezes na votação dos críticos, com duas melhores músicas e como um dos melhores grupos do ano[6]. Também no ano de 1994, "Homem na Estrada" foi eleita a melhor música no Prêmio APCA (da Associação Paulista de Críticos de Arte), por um júri de especialistas

---

6 Participaram da votação: Alex Antunes, Anamaria Lemos, Celso Pucci, Cláudio Campos, Gabriela Dias, José Emílio Rondeau, Lu Gomes, Otávio Rodrigues, Robert Halfoun, Sérgio Martins (todos esses da *Bizz*); Hélio Gomes (*Folha de S.Paulo*); Jean Yves de Neufville (*O Estado de São Paulo*); Celso Fonseca (*Jornal da Tarde*); Paulo Reis (*Jornal do Brasil*); Carlos Albuquerque (*O Globo*); Arthur Couto Duarte (*O Estado de Minas*); Hagamenon Brito (*Correio da Bahia*); Abonico Ricardo Smith (*Gazeta do Povo*); Fábio Massari (89 FM); Roberto Maia (rádio Brasil 2000); Kid Vinil (97 FM); Chantilly (Fluminense FM); Jimmy Joe (Ipanema FM); Gastão Moreira (MTV) e André Forastieri (*General*).

1. HISTÓRIA E HISTORIOGRAFIA DO GRUPO

formados naquele ano por Dílson Osugi, Enor Paiano, Fernanda Teixeira, Inês Fernandes Correia, Israel do Valle, Jean-Yves Neufville e Lauro Lisboa Garcia.

É interessante evocar esse tipo de consagração, ainda que restrita. Normalmente, o marco que se tem é o de que o grande "estouro" dos Racionais aconteceu depois das premiações do videoclipe "Diário de um Detento" no VMB de 1998, na MTV. Mesmo essa láurea, porém, já era preconizada: a capa da Ilustrada (caderno cultural da *Folha de S.Paulo*) pré-evento, em 13 de agosto de 1998, por exemplo, trazia como manchete "Paralamas e Racionais São Favoritos no VMB"[7].

Descontadas as aparições na MTV e eventualmente na TV Cultura, os rappers evitavam contatos com a televisão. Não se pode dizer o mesmo da mídia impressa, que tratava de falar dos Racionais mesmo que eles se esquivassem das entrevistas. São vários registros de pequenos textos divulgando shows; muitas reportagens sobre rap em que o grupo era citado, ainda quando não era o tema principal; cobertura das vendas de discos; comparações com o outro grande nome da época – apoiado pela estrutura das *majors*[8] – Gabriel, o Pensador; e até matérias que cruzaram a ponte, como a capa da *Revista da Folha* de 1994[9], quando o então repórter Sérgio Dávila foi ao Capão Redondo de carona no Opala de KL Jay para entrevistar os Racionais, e "Hip Hop Promove uma Revolução na Periferia"[10], em que a repórter Patrícia Villalba, representando o caderno *Zap*!, participou de um bate-papo com mais de trinta integrantes da posse Conceitos de Rua, no Capão Redondo. Esses textos, insisto, ficavam mais restritos aos cadernos de cultura e agendas culturais dos jornais paulistas (especialmente a *Folha*, já naquela época com a maior circulação do país) e a revistas especializadas, como a *Bizz*.

---

7 L. Fortino; P. Decia, Paralamas e Racionais São Favoritos no VMB, *Folha de S.Paulo*, 13 ago. 1998, p. 1.

8 Grandes gravadoras com estruturas multinacionais e sistemas integrados de difusão. Na época, Universal Music, Warner, Sony, BMG e EMI.

9 Raivosos, Radicais, Racionais, *Revista da Folha*, 17 abr. 1994, p. 10.

10 Hip Hop Promove uma Revolução na Periferia, *O Estado de S. Paulo*, 22 jan. 1999, p. D6.

FORA DO "BEAT"

Estrutura das Notícias nos Anos 1990

É importante sublinhar esse tipo de cobertura para ultrapassar a ideia – presente em pesquisas anteriores – de que "não havia espaço para o rap na imprensa". Porém, o desnível é evidente, especialmente ao se considerar publicações como a *Bizz*, que se sustentava com anúncios de equipamentos, discos, lançamentos e itens ligados à indústria musical, com grandes gravadoras por trás. Assim, é óbvio o motivo pelo qual resenhavam os discos que resenhavam: as gravadoras tinham boas estruturas de assessoria de imprensa, que acordavam matérias exclusivas e faziam contatos com jornalistas. Os trabalhos chegavam às redações, e a hierarquia noticiosa privilegiava esses grupos em relação a artistas totalmente independentes (caso da maioria da produção de rap nacional)[11].

Por isso, entre os artistas que ganhavam comentários, resenhas, *smiles* na "bolsa de valores" dos álbuns, estavam os rappers Thaíde e DJ Hum, Pavilhão 9, Athalyba e a Firma, Unidade Bop, Região Abissal, que tinham em comum o fato de terem lançado discos por *majors* ou gravadoras nacionais com maior estrutura de divulgação nos meios de comunicação (como a Eldorado, ligada ao Grupo Estado). Esses veículos, por sua vez, tinham público presumidamente de classe média, brancos, moradores de regiões centrais das cidades, como consumidores das publicações[12].

Desde 1984, com as mudanças implementadas pelo Projeto Folha, estabeleceu-se um paradigma – idealizado pelo diretor do jornal,

---

11 Vale lembrar que nessa época se aclamava a chegada das "indies", gravadoras independentes como a Banguela Records, e selos Plug, Chaos, Epic – todos esses, porém, ligados a alguma *major*. Caso muito diferente dos selos que lançavam a maioria de discos de rap, ligados, na maioria das vezes, a equipes de bailes black. Ver P.C.N. de Carvalho, op. cit.
12 No especial de oitenta anos da *Folha*, por exemplo, lia-se sobre o perfil do público consumidor que 41% tinham mais de 50 anos; jovens (até 29 anos) tinham reduzido sua preferência pela publicação e representavam 14% (em diminuição de 50% em relação a 1988); 69% tinham formação superior, sendo 17% entre pós-graduados. A média de idade total era de 40,3 anos, com renda mensal de até quinze salários mínimos (53%), e um alto índice de leitores na classe média alta (36% com renda familiar acima de trinta salários mínimos). Ver: <https://www1.folha.uol.com.br/>. Publicações da editora Abril (como a revista *Bizz*) possuíam perfil semelhante no que diz respeito à classe social. Ver P.C.N. de Carvalho, op. cit.

1. HISTÓRIA E HISTORIOGRAFIA DO GRUPO

Otavio Frias Filho, e pelos diretores escolhidos por ele para a guinada gerencial e editorial – que assumia, em suas palavras, que "a industrialização da imprensa tornou possível, ao mercado, regular o que era antes regulado apenas pela ideologia. Um compromisso impessoal, milimétrico e quantitativo, com a superfície pública que paga pela informação que consome, tende a substituir os compromissos fluidos, baseados no favor e na missão, com o Estado ou a sociedade"[13].

Não se trata, diga-se, de uma novidade do campo jornalístico, que tem como uma de suas características impor um caráter comercial a outros campos, como lembra Pierre Bourdieu. Nos seus escritos sobre jornalismo e televisão, o autor alerta que

> Para compreender como o campo jornalístico contribui para reforçar, no seio de todos os campos, o "comercial" em detrimento do "puro", os produtores mais sensíveis às seduções dos poderes econômicos e políticos à custa dos produtores mais aplicados em defender os princípios e os valores da "profissão", é preciso a uma só vez perceber que ele se organiza segundo uma estrutura homóloga à dos outros campos e que nele o peso do "comercial" é muito maior [...] a concorrência, longe de ser automaticamente geradora de originalidade e diversidade, tende muitas vezes a favorecer a uniformidade da oferta.[14]

Os parâmetros do mercado, segundo esse modelo de negócios "racionalizado" e "moderno" prometido pela *Folha*, seriam o carimbo de sucesso da empreitada jornalística: se ela se tornou o jornal mais vendido do país, com mais anunciantes ou com maior fidelidade dos leitores, a reforma logrou êxito. No entanto, nessa equação ficava de fora – no mínimo – cerca de 20% da população brasileira, analfabeta, conforme apontou o censo de 1991, sem falar nos que não dispunham de recursos para comprar o jornal, não possuíam hábitos de leitura ou que o jornal não alcançava, por distâncias geográficas.

A lógica também inflacionaria a bolha para a qual a *Folha* estava falando. Trocando em miúdos publicitários: os anúncios dirigidos

---

13 Apresentação, em C.E.L. Silva, *Mil Dias*, p. 48.
14 *Sobre a Televisão*, p. 104.

a impressos foram redirecionados de outros veículos para a *Folha* por seu relativo sucesso entre a concorrência. Mas o que se associaria a um produto como a *Folha* não seria o mesmo que a um canal televisivo, com alcance massivo. E claro, para efeito dos cadernos culturais, sustentados por anúncios de eventos e produtos da indústria cultural, não fazia sentido, por exemplo, anunciar um disco dos Racionais para um público que não sustentava o grupo. Sendo assim, por que se falava de Racionais na *Folha*, na *Bizz* e em outros veículos?

No discurso, o jornal "racionalizado" e "moderno" se sustenta pelo mercado que gira em torno de seus leitores – elitizados, de classe média, moradores de bairros centrais das cidades, brancos. Porém, se anuncia como indispensável: "o que mais se compra e nunca se vende"; o "alarme" nacional; "de rabo preso com leitor", para lembrar algumas de suas campanhas publicitárias[15]. É interessante nessas controvérsias pensar o que representava o Racionais MC's. No limite, seu público naquela época – de forma generalizada – não era o mesmo que lia os cadernos de cultura dos jornais. Portanto, ao enquadrarmos esse leitor médio para pensar a recepção do jornal, vem a questão: o que fazia esses profissionais cobrirem algo não consumido pela classe que os lia?[16]

E, forçando ainda mais o argumento, no que diz respeito à Redação, olhar para as formas como o grupo era coberto em diferentes cadernos, ou entre diferentes articulistas, demonstra um pouco do que Patrick Champagne chama de "estrutura dual do campo jornalístico"[17]. Em outras palavras, editorias de um mesmo veículo apresentam diferentes graus de autonomia e independência em relação ao campo político e econômico, por conta dos níveis de especialização necessários para cada tipo de reportagem.

Então a tal lógica de consagração e régua do mercado, da qual o Projeto Folha se punha como defensor e obediente, fica um tanto relativizada. O contraste entre Racionais nos cadernos culturais

---

15 Ver <https://www1.folha.uol.com.br/>.

16 Note-se, claro, que havia um interesse pelo Racionais MC's "da ponte pra cá", o que fica evidente nos shows que o grupo fazia "para playboys", em bairros mais nobres e com ingressos mais caros, por exemplo.

17 La Double dépendance, *Hérmes*, n. 17-18.

1. HISTÓRIA E HISTORIOGRAFIA DO GRUPO

versus Racionais nos primeiros cadernos – isto é, quando as questões suscitadas pelo grupo ultrapassaram os cadernos de cultura – talvez seja sintoma disso. Destaco dois casos.

O Caso Mano Brown na "Trip"

Em setembro de 1999, a chamada principal da capa da revista *Trip*[18] (com foto da modelo Milena Cestari) anunciava: "Exclusivo: Mano Brown fala sobre luta armada e a Ferrari de Ronaldinho." O texto de abertura da publicação, assinado por Paulo Lima, dava conta do feito: "Por que um líder da população ignorada pelo poder, como Mano Brown, cuja marca registrada é renegar a mídia, aceita falar para um determinado veículo depois de quase dois anos de silêncio?"

A *Trip* comemorou, mas a publicação trouxe uma barafunda de repercussões para o Racionais MC's e seu líder, Mano Brown. Ele chegou a declarar que não havia concedido ao repórter o direito de publicar a entrevista – que havia conversado com ele apenas informalmente, durante a produção da reportagem (essa, sim, combinada) sobre o boxeador Luciano Jofrinho, uma edição antes. Jofrinho também era do Capão Redondo, patrocinado e apoiado pelos Racionais em seus projetos de esportes para crianças do bairro, e trabalhava como *personal trainer* de Brown.

Percebe-se, pela edição da entrevista, que houve uma escolha deliberada para dar visibilidade aos trechos polêmicos das falas de Mano Brown. O tamanho da fonte é alterado quando ele diz que "o Ronaldinho comprou uma Ferrari de 500 mil dólares, 600 mil dólares. Só os juros disso aí... morou, mano? Mete um sequestro nele, dá um meio de sumiço nele pra ver se ele não para com essa putaria"; "O PT dá uma força, mas todo ano é que nem o Santos: é só vice, vice, vice, não ganha"; "Se falar que me cataram fumando

---

18 A revista *Trip* foi fundada em 1986 por Paulo Lima e Carlos Sarli, e tinha como proposta a cobertura não convencional de esportes como o surf, o skate. A partir dos anos 1990, passou a destacar sempre em suas capas os ensaios fotográficos com mulheres (raramente, com alguns homens), o principal atrativo da revista nas bancas. Suas coberturas também incluíam grandes entrevistas e pautas que visavam atrair público jovem e descolado, como drogas, sexo, além de uma cobertura de mídia.

40

maconha, isso dá Ibope"; "Eu ia xingar um monte de gente. Xingar o tempo todo. Só xingar" (quando perguntado o que falaria se tivesse espaço num veículo); "Os caras agora colocaram na entrada da favela uma garrafa de Campari desse tamanho assim, tipo outdoor... Eu fiquei de quebrar essa semana, mas não deu tempo."

A primeira página da reportagem também dá o tom dos truques editoriais, insistindo no choque entre a realidade de Brown e a de Ronaldinho, destacando duas cenas: a primeira, o aniversário de Sasha, a filha de Xuxa, em que Ronaldinho era um dos convidados e houve "consumo de 900 Big Mac, 500 Mc Lanche Feliz, 300 quilos de batatas fritas e 7500 Mc Nuggets", sem que ninguém tivesse comido o bolo enorme, de cinquenta partes. A segunda – que seria uma das inspirações para a música "Mano na Porta do Bar" – conta a chacina de 30 de janeiro de 1988 em São Paulo, em que sete pessoas morreram e outras oito ficaram feridas com os mais de cem tiros disparados por "pés de pato", policiais justiceiros, numa padaria do Jardim Santo Eduardo, na zona sul de São Paulo. Mano Brown estava com esses amigos e havia se despedido minutos antes da barbárie. Além disso, ao final da reportagem, a revista republicou o texto "Revolução", escrito por Brown em 1995, na *Trip* n. 38, em que – e digo aqui sob uma perspectiva da edição – o próprio rapper fecha o contraponto destacado inicialmente:

> Nos Estados Unidos a arma é apontada pela frente, os brancos de lá são menos covardes. No Brasil, a arma é apontada pelas costas. A segunda posição é mais cômoda para quem segura a arma e torna a defesa mais difícil para quem é o alvo. Um exemplo simples: Ku Klux Klan, organização de extrema-direita branca que agia no sul dos Estados Unidos atacando pessoas negras declaradamente; Grupos de Extermínio – os "pé-de-pato", como são conhecidos aqui na zona sul de São Paulo. Agem em São Paulo e Rio de Janeiro, matando mais que a KKK e o FBI juntos. Só que não é divulgado que a cada dez mortos, sete são negros; Justiceiros – grupos de extrema-direita, formado por pessoas brancas, negras, pardas, policiais, bandidos, comerciantes...
>
> Eu cresci assistindo televisão pelo menos oito horas por dia e sempre tinha aqueles galãs fabricados dizendo "compre isso, compre

1. HISTÓRIA E HISTORIOGRAFIA DO GRUPO

> aquilo, alugue aquilo outro". Meu povo quando foi abolido por lei não recebeu nada como pagamento, nem indenização, nem terra pra plantar, nem liberdade de escolha. [...] Meu povo está se recuperando devagar de um nocaute na nuca, sem herança, sem nenhum alqueire e nenhuma mula. Sem apartamentos em Moema, restaurantes na Bela Vista ou lojas nos shoppings centers. Sem direito à moradia e escola dignas. Mas está se recuperando sem a ajuda de ninguém [...].[19]

Ingenuidade à parte, atinar para os interesses jornalísticos e comerciais desse tipo de edição rende mais, analiticamente, do que lamentar sensacionalismo. Ou do que comprar a versão – sustentada pela revista na edição seguinte – de que ela preferia "jogar luz sobre os problemas de forma a torná-los expostos e transparentes à discussão ampla e geral".

Os supostos comentários de Mano Brown sobre Ronaldinho renderam repercussão em cadernos de Esporte ("o craque ficou indignado [...] pediu à polícia e à Justiça que tomem providências", dizia reportagem do *Estadão* de 23 de setembro de 1999). Na *Folha*, a colunista Barbara Gancia dedicou uma coluna à matéria no dia 23 de setembro de 1999, em tom favorável à "declaração infeliz" de Brown, porque, segundo ela, "[f]oi por não prestar atenção nessa juventude sem perspectiva e sem a menor orientação que chegamos aonde chegamos"[20].

Especializado em música, o então principal colunista do caderno Folhateen, Álvaro Pereira Junior, compara as declarações do rapper com comportamentos de artistas como Ezra Pound e Lois-Ferdinand Céline, conhecidos por apoiarem ideias fascistas e antissemitas. Conclui, porém, que "Ninguém precisa de opiniões tão rasas e racistas quanto as de Mano Brown, mas muita gente precisa da música arrebatadora do Racionais MC's"[21], corroborando uma predileção pelo grupo já demonstrada em diversas colunas nos anos anteriores. O tom dos dois textos, no entanto, deixa implícito que os Racionais

---

19 Revolução, *Revista Trip*, n. 72.
20 É Bom Parar Para Ouvir o Que Mano Brown diz, *Folha de S.Paulo*, 24 set. 1999.
21 Mano Brown Manda Sequestrar Ronaldinho, *Folha de S.Paulo*, 20 set. 1999.

são melhores como produtores musicais do que como intelectuais do cotidiano brasileiro. É como se dissessem: "Reservem-se à arte. Sobre os problemas do Brasil refletimos nós."

As repercussões do caso chegaram até a pedir a censura e o cerceamento da liberdade de expressão, como destacou o editor da *Trip* no editorial seguinte. O "novo disco" do Racionais MC's, também anunciado na reportagem como quase pronto, só seria lançado três anos mais tarde. Para concentrar a análise num outro momento de grande atenção da imprensa para o grupo, dou um salto de oito anos.

O Caso Mano Brown no "Roda Viva"

No dia 24 de setembro de 2007, quando entrou ao vivo no centro da bancada do *Roda Viva*, prestigiado programa de sabatinas da TV Cultura, Mano Brown sabia que sua participação seria histórica. Na semana anterior, os principais jornais impressos paulistas anunciaram sua presença. No dia da entrevista, o colunista Fernando Barros e Silva, que escrevia às segundas-feiras na influente página 2 do jornal *Folha de S.Paulo*, fez um texto celebrando a ida do rapper ao programa: "É um acontecimento."

Em seu blog na revista *Veja*, o jornalista Reinaldo Azevedo também escreveu sobre a participação do líder do Racionais MC's no *Roda Viva*. Na verdade, repostou um texto escrito em fevereiro do mesmo ano, que repercutia uma matéria da *Folha de S.Paulo* dando destaque ao lançamento do DVD do grupo de rap, *1000 Trutas 1000 Tretas*. Para o jornalista, a matéria do jornal colocava Mano Brown "na escala dos ungidos ou dos profetas". Ele também zombou do fato de o vocalista ter sido chamado de pensador, "Como Platão, Schopenhauer, Kierkegaard, Kant? Ah, não. É 'pensador do/no mundo musical'. Então tá", copiando em seguida trechos "Vida Loka, Parte 1", música do disco *Nada Como um Dia Após o Outro Dia* (2002)[22].

Naquele ano, além do lançamento do DVD, com tiragem inicial de cerca de trinta mil exemplares, a banda também havia passado

---

22 Ver o site da revista *Veja*, disponível em: <https://veja.abril.com.br/coluna/reinaldo/por-que-um-certo-mano-brown-e-superior-a-cristo-2/>.

1. HISTÓRIA E HISTORIOGRAFIA DO GRUPO

por uma grande prova em maio, ao se apresentar na Virada Cultural, evento gratuito promovido pela prefeitura de São Paulo no centro da cidade. Após um atraso de cerca de 1h30 e certa tensão do público, ansioso pela entrada dos Racionais, a Polícia Militar começou a agredir fãs que pulavam em cima de uma banca de jornais na praça da Sé – daí "Chamaram a Força Tática, Choque, a Cavalaria", "Os moleques com pedra e pau, a polícia com fuzil, bomba / Carro pegando fogo, porta de aço, tromba", como relembra Edi Rock na canção "A Praça", de 2014, que recupera o pânico instalado no centro de São Paulo.

O nome do Racionais MC's chegou ao *Jornal Nacional* e a diversos outros noticiários televisivos. Por semanas, repercutiu-se o episódio na imprensa, em entrevistas com o então secretário de Cultura Carlos Augusto Calil; o ex-prefeito Gilberto Kassab; editorial na *Folha de S.Paulo*; comentário do então *ombudsman* da *Folha*, Mário Magalhães, e até entrevista com Caetano Veloso ("não creio que Mano Brown, de caso pensado, pudesse provocar uma cena ruim como aquela", disse ao *Estado de S. Paulo* em 11 de maio de 2007). Era esse o contexto da ida do líder dos Racionais ao debate no *Roda Viva*.

Estavam na coletiva: Renato Lombardi, então jornalista da TV Cultura, branco; Maria Rita Kehl, psicanalista, autora de *A Frátria Órfã*, livro que tem o Racionais MC's como um dos temas, branca; Paulo Lins, escritor e roteirista, autor de *Cidade de Deus*, negro; Ricardo Franca Cruz, então editor-chefe da revista multinacional especializada em música *Rolling Stone*, não branco (ou branco?); José Nêumanne, então editorialista do *Jornal da Tarde*, branco, e Paulo Lima, fundador e editor da revista *Trip*, branco. Em cima, na plateia visível do programa, estavam os outros três membros do Racionais MC's e integrantes dos grupos Rosana Bronks e O Time, produzidos e apoiados por Brown.

Apesar de um programa aberto e diverso em pautas, eram raras as vezes em que pessoas negras estavam na bancada ou protagonizavam o debate. Tal padrão condiz com o da própria mídia brasileira: em 2001, a revista *Imprensa* questionou redações de todo o país sobre quantos negros havia em suas redações. Apenas 85, dentre as 230 que responderam, diziam ter profissionais negros – e dentre as

3.400 pessoas em cargos de chefia contabilizadas, apenas 57 eram negras (1,6%)[23].

Era uma das raras aparições de Mano Brown na televisão fora da MTV. Ele estava num programa de prestígio (que na semana seguinte receberia o ministro da Justiça, por exemplo), e sua participação marcou uma posição de afronta e de destaque semelhante ao caso de 1999.

Digo isso pois ele recebeu a atenção de uma ala que até então o desconhecia, fora do âmbito cultural, como, por exemplo, José Nêumanne, nesta época editorialista de um dos jornais do Grupo Estado, e Reinaldo Azevedo, que também escreveu uma crítica no dia seguinte ao programa com o título de "Espetáculo Grotesco na TV Cultura". Mano Brown estava em mais um "confronto", como todos os entrevistados, mas de modo especial pela aura do programa naquele dia.

O apresentador, Paulo Markun, abriu o programa com a seguinte frase: "Boa noite. Ele considera que o principal conflito de hoje no Brasil é, em primeiro lugar, o do rico com o pobre; em segundo, o do preto com o preto e, em terceiro lugar, o do branco com o preto."[24] A postura dos entrevistadores é, ao mesmo tempo, de respeito e de distância. Brown usava um casaco moletom preto em que se lia a marca "Assassin", um boné também preto da DRR Posse – grife de roupas e "posse" da zona leste, que até hoje veicula a participação dele no *Roda Viva* como uma propaganda e homenagem – e uma corrente com uma cruz, como a da capa do disco *Sobrevivendo no Inferno*. Um dos entrevistadores, no fim da participação, chega a contar as vezes que ele sorri durante a noite: oito, o que segundo ele seria um sinal de que Brown está mais "aberto".

O clima do programa é ora de admiração (como nas perguntas de Maria Rita Kehl e Paulo Lins) e ora de uma certa dúvida acerca de seu potencial, sobre o rap e sua qualidade artística. Isso fica nítido quando o MC é questionado se "admira algum letrista de música

---

23 Na monografia *Letra Preta*, Y. Santos recupera esses dados e ressalta que, quase vinte anos depois, a falta de profissionais negros em redações persiste.
24 Ranking também elencado por Mano Brown em entrevista com Spensy Pimentel, em 2000. Disponível em: <https://fpabramo.org.br/>.

1. HISTÓRIA E HISTORIOGRAFIA DO GRUPO

popular", como se ele não estivesse a par da tradição da música brasileira; quando questionam "quantas pessoas vão aos shows que vocês apresentam", como se duvidassem do sucesso de público; ou "por que é que você resolveu vir aqui hoje?", como se quisessem deixar claro que, apesar de sempre demarcar sua diferença em relação ao centro, ele ainda fizesse questão de estar exposto num programa visto sobretudo por um grupo mais elitizado. Renato Lombardi chega a declamar um de seus versos para pedir que explicasse o que queria dizer com "mente criminal" na rima de "Da Ponte Pra Cá" ("Nas ruas da sul eles me chamam Brown / Maldito, vagabundo, mente criminal").

Quanto à arte produzida por Mano Brown e seu grupo, a maior parte dos entrevistadores a veem como uma possibilidade de "resolução" dos problemas de violência, drogas e desigualdade social. Tanto que, no meio do programa, Maria Rita Kehl interpela os colegas: "Está todo mundo aqui achando que os Racionais poderiam resolver o problema da criminalidade. As perguntas são muito assim: 'se você pode dar exemplo, se você pode convencer'. Acho que não é por aí mesmo, é arte, você é excelente poeta, é por isso também que a sua música ultrapassa a questão da realidade local".

Por outro lado, Mano Brown e suas respostas são exemplos da postura do conhecimento periférico: quando perguntado se se importa com a audiência da classe média, afirma que há uma "finada classe média. Tem os que são ascendentes e os que são decadentes". Diz que já assistia ao *Roda Viva*. E coloca-se sempre num lugar de menos estudo – "eu sou um cara até ignorante", "eu não me informo muito" – mas analisa de forma muito complexa e pouco usual, para aqueles entrevistadores, a sociedade brasileira.

"Você encontra muita sabedoria dentro de presídio, dentro de cadeia"; "Por incrível que pareça, o lugar onde tem menos violência hoje é uma favela"; "A favela tem a sua organização. Em vez de falar traficante, vamos falar comerciante. Vamos trocar esse termo"; "O dono da [cachaça] 51 não tira cadeia pelos litros que ele vende. A Ambev, ninguém vai pra cadeia. Toma quatro garrafas de cerveja e você vai ver, você vira o Super-Homem na Marginal. O que faz mais mal, uma dose de 51 ou um cigarro de maconha?"

FORA DO "BEAT"

Suas falas renderam comentários nos jornais. No texto de Reinaldo Azevedo, o colunista resume suas críticas nas seguintes afirmações:

- Mano Brown acha que os criminosos são inocentes.
- Mano Brown acha que os inocentes são criminosos.
- Mano Brown acha que Lula está certo em não entregar seus amigos.
- Mano Brown acha que bandido precisa é ser honesto com sua família e com seus amigos. O resto que se dane.
- Mano Brown está ocupando tempo numa TV pública para fazer a defesa de seus princípios civilizatórios.
- Mano Brown foi apresentado na TV pública como a voz dos oprimidos.[25]

Para Reinaldo Azevedo, exceto por seu "amigo José Nêumanne", todos os outros membros da bancada fizeram um "jornalismo marrom" ao não questionar as falas de Mano Brown (que, segundo sua opinião, faziam apologia à violência e ao crime). Percebe-se o choque entre uma elite garantista e legalista e o pensamento que representa parte das periferias.

Thiago Ney, então repórter do caderno Ilustrada da *Folha de S.Paulo*, afirma no texto "Mano Brown 'Deita e Rola' no 'Roda Viva'"[26] que houve "excesso de reverência" por parte dos entrevistadores. Segundo coluna no *Estado*, o programa teve a maior audiência do ano naquela edição: "2 pontos de média e 3 de pico"[27].

De fato, um subtexto não explorado na entrevista é o ataque policial na Virada Cultural (noticiado, note-se, como "conflito" ou "confronto entre PMs e fãs dos Racionais"). A presença de Brown no programa pode ser vista também como sua resposta ao acontecimento que ocupou jornais e televisões. No entanto, suas falas, como vimos acima, de modo nenhum foram para agradar ou tentar conciliar.

---

25 Espetáculo Grotesco na TV Cultura, *Blog da Revista Veja*.
26 *Folha de S.Paulo*, 26 set. 2007.
27 Coluna Entrelinhas, *O Estado de São Paulo*, 26 set. 2007, p. D12.

1. HISTÓRIA E HISTORIOGRAFIA DO GRUPO

Novos Problemas

Afinal, por que os veículos paulistas falavam de Racionais MC's numa época em que a desigualdade ainda gritava em relação ao acesso à informação? Rap vendia revista e jornal? Rap atraía publicidade? Creio que a resposta a essas duas últimas perguntas, especialmente se pensamos em outros grupos nacionais para além de Racionais MC's, é não. No entanto, os casos apresentados acima demonstram um tipo de tensão existente nos próprios veículos que me parece ainda pouco explorada.

Seguindo, com Champagne, a lógica da "estrutura dual" dos jornais – e me concentro aqui na *Folha* como uma espécie de "tipo ideal" –, é possível perceber que a cobertura mais atenta e sintonizada com a força do Racionais MC's não necessariamente obedecia à lógica da "modernização" e "racionalização" promovida pelo *publisher* do jornal. Corre paralelamente à força magnética com que o campo econômico domina o jornalismo, para lembrar a precaução de Bourdieu, uma lógica de concorrência interna e uma tendência a certa autonomia. Como diz Patrick Champagne, quando "os jornalistas tendem a escrever para os outros jornalistas" ou para "seu próprio prazer"[28].

Penso que seja válido investigar melhor esse tipo de circulação, já que, por exemplo, é nítida a relação simbiótica entre as pautas da revista *Trip* e a *Folha de S.Paulo*: jornalistas passavam de uma publicação à outra; o jornal anunciava na revista e vice-versa; a cobertura de imprensa da *Trip* incluía, nos anos 1990, entrevistas com diversos diretores da *Folha*, incluindo "Otavinho" etc. Nesse caso, polemistas e colunistas dos cadernos mais lidos "vendem jornal", enquanto os dos cadernos de cultura, salvo exceções, operam numa lógica de concorrência com outros veículos, além de chamar a atenção dos próprios interlocutores e fontes (artistas e produtores culturais, por exemplo) para sua suposta relevância.

É possível levantar uma hipótese também sobre outro tipo de lógica dupla operando no jornal, que se tornou o mais lido do Brasil

---

28 P. Champagne, op. cit., p. 224.

a partir dos anos 1980: a contraposição entre a *Folha* como um veículo e a *Folha* como um árbitro cultural. Nesse caso, cadernos menos lidos são, de forma geral, "espaço", enquanto os mais consumidos arbitram – daí a importância, para bem ou mal, das polêmicas que se estendem por dias no jornal.

Numa fala de 2018 dedicada à "peleja" entre a mídia e as universidades públicas, Sergio Miceli chamou a atenção para o fato de que a atividade intelectual não deveria ser vista como algo reservado "a intelectuais credenciados, mas como práticas concorrentes no interior de um mercado de bens simbólicos, um sistema integrado de produção cultural"[29]. No limite, Miceli destacava a "luta política em curso no universo cultural" e a necessidade de "rechaçar o projeto monopolista", em que a mídia busca "se converter em instância decisiva de juízo".

Creio que essas considerações, embora preocupadas com a universidade pública e o projeto de educação do país, também valham para esta reflexão, à medida que artistas da música popular, no Brasil – e digo não apenas da música popular brasileira – têm se colocado num lugar de intelectualidade, como destaca Marcelo Ridenti[30]. É o caso de Mano Brown nesses jogos com a imprensa, sobretudo quando suas reflexões saem dos cadernos de cultura e, consequentemente, são debatidas por um público mais amplo. Nesses casos, um padrão configura-se quando a imprensa deixa de fazer o jogo de "veículo" para se tornar "árbitra", julgando e tomando posições a partir dos comentários ou reações aos artistas.

Por fim, neste arremate menos conclusivo que problematizador, lembro ainda que a produção musical periférica em relação ao eixo hegemônico da MPB que mais chamou a atenção desses críticos, intelectuais e jornalistas foi a ligada ao polo do Racionais MC's. Sendo assim, outros fenômenos musicais daquele período, como o funk no Rio de Janeiro, o "pagode" em São Paulo e mesmo os demais grupos de rap menos radicais jamais tiveram tanto reconhecimento, especialmente numa fração mais intelectualizada.

---

29 Ver S. Miceli, Palestra, *Revista Plural*, v. 25, n. 1.
30 Ver *Em Busca do Povo Brasileiro*.

1. HISTÓRIA E HISTORIOGRAFIA DO GRUPO

Talvez seja possível dizer que esse grupo de jornalistas, portanto, reconheceu o que não lhe era estranho: uma produção crítica que abusava de artifícios poéticos e de linguagem, que fornecia *insights* sobre a sociedade brasileira a partir de uma perspectiva vendida como "nova" (apesar do samba!) aos produtos culturais, a da periferia das grandes cidades. Menos notadas na produção do rap e, sobretudo, nesses outros gêneros também das periferias são as virtudes e novidades da própria música em seu sentido rítmico, melódico, na criatividade e inovação no uso de elementos eletrônicos. Pensar nessas diferenças revela, pois, algo sobre o olhar com o qual esse grupo de origens sociais distintas (em sua maioria, branco, com maior escolaridade, criado em regiões mais centrais das cidades) se aproximou da produção do rap.

Referências

BERGAMO, Alexandre. "Antigos" e "Novos" no Jornalismo Brasileiro dos Anos de 1980 e 1990: Uma Identidade Profissional em Disputa. *Política e Sociedade*, v. 19, n. 45, 2020.

BOURDIEU, Pierre. *Sobre a Televisão*. Rio de Janeiro: Jorge Zahar, 1997.

CARVALHO, Paula Costa Nunes de. *A Encruzilhada do Rap: Produção de Rap em São Paulo Entre 1987 e 1998 e Seus Projetos de Viabilidade Artística*. Dissertação (Mestrado em Sociologia), USP, São Paulo, 2019.

CHAMPAGNE, Patrick. La Double dépendance: Quelques remarques sur les rapports entre les champs politique, économique et journalistique. *Hérmes*, n. 17-18, 1995.

FRIAS FILHO, Otavio. Apresentação. In: SILVA, Carlos Eduardo Lins. *Mil Dias: Seis Mil Dias Depois*. São Paulo: Publifolha, 2005.

MICELI, Sergio. Palestra: Intelectuais, Mídias e Universidade Pública em Contexto de Peleja. *Revista Plural*, v. 25, n. 1, 2018.

RIDENTI, Marcelo. *Em Busca do Povo Brasileiro: Artistas da Revolução, do CPC à Era da TV*. São Paulo: Unesp, 2014.

SANTOS, Yasmin. *Letra Preta: A Inserção de Jornalistas Negros no Impresso*. Trabalho de Conclusão de Curso, UFRJ, Rio de Janeiro, 2019.

Imprensa

AZEVEDO, Reinaldo. Por Que um Certo Mano Brown É Superior a Cristo. *Blog da Revista Veja*, 31 jul. 2020. Disponível em: <https://veja.abril.com.br/>. Acesso em: 1º jul. 2021.

_____. Espetáculo Grotesco na TV Cultura. *Blog da Revista Veja*. Disponível em: <https://www1.folha.uol.com.br/>. Acesso em: 5 nov. 2019.

BROWN, Mano. Revolução. *Revista Trip*, n. 72, set. 1999.

COLOMBO, Sylvia; NEY, Thiago. Para Calil, Banda Não Incitou Violência. *Folha de S.Paulo*, 12 maio 2007.

DÁVILA, Sérgio. Raivosos, Radicais, Racionais. *Revista da Folha*, 17 abr. 1994.

FOLHA DE S.PAULO. Violência Isolada. *Folha de S.Paulo*, 8 maio 2007.

FORA DO "BEAT"

FORTINO, Leandro; DECIA, Patricia. Paralamas e Racionais São Favoritos no VMB. *Folha de S.Paulo*, Caderno Ilustrada, 13 ago. 1998.

GANCIA, Barbara. É Bom Parar Para Ouvir o Que Mano Brown Diz. *Folha de S.Paulo*, 24 set. 1999.

GONÇALVES, Marcos Augusto. Manos. *Folha de S.Paulo*, 10 maio 2007.

JIMENEZ, Keila. Coluna Entrelinhas. *O Estado de São Paulo*, 26 set. 2007, p. D12.

KASSAB, Gilberto. A Virada e Seu Avesso. *Folha de S.Paulo*, 11 maio 2007.

LIMA, Paulo. Ensaio Sobre a Cegueira. *Trip*, n. 73, out. 1999.

MAGALHÃES, Mário. A Batalha na Praça da Sé. *Folha de S.Paulo*, 13 maio 2007.

NEY, Thiago. "Mano Brown 'Deita e Rola' no 'Roda Viva'. *Folha de S.Paulo*, 26 set. 2007. Disponível em: <https://www1.folha.uol.com.br/fsp/ilustrad/fq2609200717.htm >. Acesso em 4 out. 2022.

PAIVA, Fred Melo. Mano a Mano. *Trip*, n. 71, jul. 1999.

____. O Homem na Estrada: Por Onde Anda e Para Onde Vai Mano Brown, a Voz Muito Além dos Jardins. *Revista Trip*, n. 72, set. 1999.

PEREIRA JR., Álvaro. A "Inteligência" Nacional Descobriu os Racionais. *Folha de S.Paulo*, Caderno Folhateen, 31 ago. 1998.

____. Vozes Negras na Capital do Fim do Mundo. *Folha de S.Paulo*, Caderno Folhateen, 5 abr. 1999.

____. Mano Brown Manda Sequestrar Ronaldinho. *Folha de S.Paulo*, Caderno Folhateen, 20 set. 1999.

SÁ, Nelson de. A Batalha da Sé. *Folha de S.Paulo*, 7 maio 2007.

SILVA, Fernando Barros. Leite e Escárnio Para Mano Brown. *Folha de S.Paulo*, 23 ago. 1998.

____. Na Língua do Rap. *Folha de S.Paulo*, 24 set. 2007.

VILLALBA, Patricia. Hip Hop Promove uma Revolução na Periferia. *O Estado de São Paulo*, 22 jan. 1999.

Parte 2

RAÇA E MASCULINIDADES

Experiências Periféricas e o Homem Negro na Poética do Racionais MC's

Silvana Carvalho da Fonseca

As expressões culturais negras em seus complexos modos de ser, forjadas em relações de desigualdade e opressões múltiplas, instauram bases para ação[1], fomentando a capacidade de agência contra marginalizações das narrativas históricas, estratégias de silenciamento sobre suas contribuições epistêmicas, assim como disputas para garantir processos de humanização. No caso do Brasil, vivemos formas sofisticadas de racismo que estruturam uma sociedade[2] cada vez menos constrangida em exercer a vontade de extermínio negro. O sistema concreto de práticas de aniquilação mostra-se cada vez mais sem qualquer receio. Como advertiu Fanon:

> Numa cultura com racismo, o racista é, pois, normal. A adequação das relações econômicas e da ideologia é, nele, perfeita. Certamente que a ideia que fazemos do homem nunca está totalmente dependente das relações econômicas, isto é, não o esqueçamos, das relações que existem histórica e geograficamente entre os homens e os grupos. Membros, cada vez mais numerosos, que pertencem a sociedades racistas tomam posição. Põem a sua vida ao serviço de um mundo em que o racismo seria impossível. Mas este recuo, esta abstração, este compromisso solene, não está ao alcance de todos.[3]

---

1 Ver O.A. Pinho, *O Mundo Negro*.
2 Ver S. Carneiro, *A Construção do Outro Como Não-Ser Como Fundamento do Ser*.
3 F. Fanon, *Em Defesa da Revolução Africana*, p. 44.

2. RAÇA E MASCULINIDADES

O controle hegemônico de determinado seguimento social no Ocidente é garantido por uma supremacia branca que institui processos subalternizantes, pelos meios de regulação nas esferas materiais e simbólicas. Sobre isso, o professor Osmundo Pinho destaca que – "movimento da cultura em sociedades complexas seria então esse movimento entre hegemonização e resistência em um campo processual aberto, ainda que marcado por constrangimentos materiais"[4]. Ainda nas palavras do autor:

> O mundo branco no Brasil, que construiu suas catedrais e abóbadas, sob as quais esperava que a nação se abrigasse e progredisse não parece, nesse sentido, ter operado em direção muito diferente edificando a si mesmo como negação do mundo negro. Ocorre, porém, que no adro destes edifícios o estrondo do batuque africano se fez ouvir.[5]

O estrondo do batuque ressoa pelas rotas da diáspora negra no mundo, instaurando uma nova ordem simbólica em que os sujeitos de enunciações diversas recriam, estética e politicamente, narrativas pautadas, sobretudo, em reflexões críticas dos contextos em que estão inseridos. No som, no corpo, na voz, atravessados por lutas, resistências e pulsações de vida, cada palavra cantada pelos cantos negros no mundo guarda uma memória de luz, um feixe intervalar que nos toca e nos conecta como estrelas que se movimentam pela vontade de liberdade.

Periferia e Insurgências Negras no Rap

Perto de completar quatro décadas desde sua travessia para o Brasil, o movimento hip-hop passa continuamente por várias transformações através dos agenciamentos de seus sujeitos sociais, tanto no processo de produção quanto de consumo. Essas transformações são reveladas por alguns fatores como: (1) a ampliação de faixa etária de quem produz e de quem consome, mudança nos espaços

---

4 O.A. Pinho, op. cit., p. 287.
5 Ibidem.

56

EXPERIÊNCIAS PERIFÉRICAS E O HOMEM
NEGRO NA POÉTICA DO RACIONAIS MC'S

criativos e meios de circulação, como, por exemplo, crescimento de canais digitais e redes sociais; (II) reinvenções estéticas por todas as regiões do país e (III) discussões com temáticas variadas no âmbito acadêmico: hip-hop e educação[6], hip-hop e identidade[7], hip-hop e periferia[8], hip-hop raça, gênero e sociedade[9], entre outros.

Há, finalmente, uma ruptura muito importante: a crescente participação de mulheres negras, como as precursoras do rap feminino Dina Di, Lady Chris, Nega Gizza e Negra Li, e as mais recentes Karol Conká, Preta Rara, Yzalú e a rapper que começa sua carreira aos onze anos de idade, MC Soffia. Do mesmo modo, destacam-se homens negros gays, como Rico Dalasan, o rapper baiano Hiran e o grupo Quebrada Queer. O caráter político que produz o hip-hop nacional vem sendo reconfigurado a partir das diversas demandas de grupos "minoritários". Essas insurgências negras movimentam o cenário brasileiro, a partir da articulação entre cultura e atitude política, combatendo a "colonialidade do saber, do ser e do poder"[10], inclusive tensionando as formas éticas e estéticas discursivas do rap. Desde sua organização crescente pelas capitais do país, na virada dos anos 1990, muitos encontros articularam novas experiências históricas e estéticas no processo criativo do hip-hop, configurando as gerações hip-hop por todo o Brasil.

A cultura hip-hop brasileira tomou as periferias do país e produziu uma série de agenciamentos. Diante desse cenário, "movimento" é a palavra que mais define a cultura hip-hop em seus fluxos, contradições, reinvenções e mudanças. É desse contexto que homens negros e periféricos se projetaram nacionalmente, performatizando masculinidades que produziram rupturas em padrões preestabelecidos frente às contradições que perpassam suas vidas. Essas

---

6 A.L.S. Souza, *Letramentos de Reexistência: Poesia, Grafite, Música, Dança – Hip Hop*, I.S. Messias, *Hip Hop, Educação e Poder*.

7 M. Herschmann, *O Funk e o Hip-Hop Invadem a Cena*; S. Pimentel, *O Livro Vermelho do Hip Hop*.

8 T.P. D'Andrea, *A Formação dos Sujeitos Periféricos*, J.B.J. Felix, *Hip-Hop: Cultura e Política no Contexto Paulistano*.

9 Ver, por exemplo, W. Rosa, *Homem Preto do Gueto*; J. Balbino, *Traficando Conhecimento*; J.L. Santos, *Negro, Jovem e Hip Hopper*; S.C. Fonseca. *O Escravo, o Fantasma, o Homem Negro*; D. Dos Santos, Daniel, *Como Fabricar um Gangsta*.

10 Ver N. Maldonado-Torres; R. Grosfoguel, (orgs.), *Decolonialidade e Pensamento Afrodiaspórico*.

2. RAÇA E MASCULINIDADES

masculinidades periféricas que ora se encontram, ora se afastam foram e são produzidas centradas em práticas genocidas do Estado brasileiro, que legitimou o racismo, sobretudo, projetando no homem negro a expressão máxima de corpo perigoso e animalizado. Desde seu movimento construtivo até a contemporaneidade, na relação entre produção e consumo da cultura hip-hop, o homem negro vai performatizar modos de ser das masculinidades no Brasil. Suas inscrições vão passar por uma série de mudanças, demarcadas pelo movimento histórico da sociedade brasileira.

Medo, angústia, cobranças excessivas a si mesmo, dificuldade de interações sociais, paralisação no trabalho, impossibilidade de desenvolvimento de atividades produtivas e até morte. Esses sentimentos são a expressão concreta de um passado histórico que atualiza a "invenção do negro" como coisa na fundação de um Estado moderno liberal com seus instrumentos "biopolíticos"[11], à condição espectral de escravo, de animal, de grupo perigoso através das mutações de estruturas de ódio responsáveis por escamotear o racismo que produz a morte da comunidade negra em escalas globais. O racismo brasileiro organizou no âmbito de todas as relações sociais a falsa democratização racial por meio de um discurso de nação multiétnica em que o país ainda é recorrentemente representado. A criação dessa ideia opera como "dispositivo disciplinar" que estrategicamente objetiva diluir, escamotear, o apagamento do negro no Brasil e as tensões e violências que atravessam sua existência.

Abdias Nascimento[12] denunciou as tecnologias de morte imputadas à população negra na formação da nação e, consequentemente, a construção de um ideal de nacionalidade que vem se repetindo tragicamente a partir de remodulações diversas na atualidade.

A preocupação em resolver o problema da "mancha negra" no Brasil fez parte e ainda orienta o projeto de extermínio do Estado brasileiro. O autor segue explicando que o genocídio se deu de maneira organizada e por dentro das instituições do país: "Os brancos controlam os meios de disseminar as informações; o aparelho educacional;

---

11 Ver A. Negri; G. Cocco, *Glob(AL): Biopoder e Luta em uma América Latina Globalizada.*
12 Ver A. Nascimento, *O Genocídio do Negro Brasileiro.*

eles formularam os conceitos, as armas e os valores do país."[13] Com isso, o intelectual demonstra que o processo de branqueamento da raça negra funcionou como uma estratégia de genocídio. Argumenta, ainda, que esse branqueamento teve seu início marcado pelo estupro da mulher negra, pois "as escravas negras, vítimas fáceis, vulneráveis a qualquer agressão sexual de senhor branco, foram em sua maioria transformadas em prostitutas como meios de renda e impedidas de estabelecer qualquer estrutura familiar estável"[14].

Sobre a brutalidade exercida contra a mulher negra no período colonial, Sueli Carneiro[15] retoma a questão, colocando em relevo o lugar social que as mulheres negras ocupam no Brasil, tomando como referência um passado histórico traumático, que funda, como Abdias Nascimento denunciou, a noção de mestiçagem. A autora expõe como as mulheres negras são desvalorizadas em todos os níveis de relações sociais, colocando em evidência, também, o apagamento e a desqualificação estética da mulher negra na atual sociedade brasileira[16]. Esse lugar desumanizado ao qual a mulher negra é relegada no Brasil perpassa as relações entre homens e mulheres, produzindo, também nas masculinidades negras, cenas de opressão e violências diversas.

O modo de lidar com as questões raciais no Brasil pela sua elite hegemônica nos âmbitos acadêmico, científico, político e cultural, como um todo, escamoteou essa realidade criminosa. A ideia de mestiçagem funcionava, então, como um operador de essencialização de uma identidade nacional para o povo brasileiro, gerando, assim, uma visão de unicultura[17] da sociedade pós-colonial. Destacaram-se dois nomes fundamentais que contribuíram para a solidificação do "mito da democracia racial", em face da noção de mestiçagem. Sobre isso, Pinho e Rocha assinalaram:

> Nina Rodrigues e Gilberto Freyre são os expoentes maiores, não únicos, destas duas perspectivas miscigenatórias, aquela problemática, e a segunda, modernizante. No projeto intelectual da Escola Nina

---

13 Ibidem, p. 46.
14 Ibidem, p. 69.
15 S. Carneiro, Gênero, Raça e Ascensão Social, *Estudos Feministas*, v. 3, n. 2.
16 Ibidem, p. 547.
17 Ver A. Nascimento, op. cit.

2. RAÇA E MASCULINIDADES

> Rodrigues, reelaborando as perspectivas racialistas justificantes do imperialismo europeu em alta no campo científico, a miscigenação do branco, resultando do contato sexual nas "zonas de confraternização" com o negro e o indígena, era o fator determinante do atraso, um obstáculo à modernização da sociedade brasileira.[18]

Para Nina Rodrigues, a mestiçagem implicava degeneração racial, inferioridade da raça, sustentada a partir de um determinismo biológico ou racismo científico, alicerçado em diferenças naturais entre os grupos que faziam parte da sociedade. Gilberto Freyre expõe no clássico *Casa-Grande & Senzala* uma "solução" para a mestiçagem como essencialização de uma suposta identidade brasileira. Para a abordagem racista, alicerçada na medicina de Rodrigues, negros, índios e mestiços não são capazes de contribuir para o desenvolvimento social, sendo sim criminosos e doentes, que devem ser excluídos da sociedade. O intelectual das elites brasileiras, Freyre, deixa de considerar a miscigenação puramente como fenômeno biológico e traz a diferença negra, entendendo esse elemento como um "cooperador" da formação do povo brasileiro. Assim, o ponto de equilíbrio da sociedade "ex-escravocrata" passaria a ser a figura do mestiço, demarcando o caráter miscigenado da nação.

O Brasil seria, desse modo, uma sociedade democrática, a partir da ideia de mestiçagem, difundida por Freyre, como um processo harmonioso e dialógico entre as diferenças que compunham a sociedade. É evidente que a raça vai ser acionada de acordo com os interesses das classes dirigentes do Brasil. Nas palavras de Abdias Nascimento, "desde os primeiros tempos da vida nacional aos dias de hoje, o privilégio de decidir tem permanecido unicamente nas mãos dos propagadores e beneficiários do mito da 'democracia racial'"[19].

Ainda que tenha havido uma desestabilização do conceito de "democracia racial", desde sua instauração, a partir da investida séria e comprometida de um conjunto de pesquisadores no Brasil (principalmente negros), travada pelas lutas do MNU (Movimento

---

18 O. Pinho; E. Rocha, Racionais MC's: Cultura Afro-Brasileira Contemporânea como Política Cultural, *Afro-Hispanic Review*, v. 30, n. 2, p. 104.
19 A. Nascimento, op. cit., p. 46.

EXPERIÊNCIAS PERIFÉRICAS E O HOMEM
NEGRO NA POÉTICA DO RACIONAIS MC'S

Negro Unificado), debatendo quão racista e problemática é essa ideia, o racismo estrutural, que alicerça as bases de fundação da "nação", ainda se ancora no significado da mestiçagem. Sustenta-se na ideia de "somos todos brasileiros e misturados", tanto no discurso violento e intencional de aniquilação das elites brancas dominantes quanto na reprodução cotidiana das massas.

Assim, as formas de alienação da identidade negra, a partir do ideal da mestiçagem, vão sendo redesenhadas em várias maneiras de embranquecimento, que se expressam nas variações de acessos da comunidade negra a partir das variantes de cor da pele, implicando o debate sobre colorismo. No âmbito dos movimentos negros, isso gera a desestabilização de forças e lutas para se avaliar quem tem autoridade para falar o quê, a partir do nível de pigmentação da pele.

Uma questão certeira atacada pelo autor, e com a qual concordo, é que, ao discutir o genocídio contra o negro brasileiro, ele entende como negro o mestiço, o mulato, o moreno e todas essas variações que liquefazem a negritude brasileira, fato que explicita as perversidades oriundas de um ideal de branqueamento.

Ademais, retomando o exemplo do próprio Abdias Nascimento, todas essas variações que atuam na destruição da identidade negra, aos olhos das hegemonias dominantes, possuem lugares sociais muito bem delimitados. Ao final, as variações de violência são direcionadas tal qual as invenções de "cores", inclusive minando um crescimento coletivo de combate ao racismo no Brasil, visto que temos o "mais negro e o menos negro".

Evidentemente, é de extrema importância a atenção ética aos critérios nefastos de "passabilidade" no Brasil, produzidos pela racionalidade racista, em que, de acordo com os tons da pele, mais retinta ou menos, a presença negra opera em níveis de suportabilidades. Cada esfera dessa suportabilidade da presença está marcada por formas de violência e políticas de extermínio. Seja para, por exemplo, a mulher negra retinta, que não encontra possibilidade de trabalho, ou para aquela negra de pele clara (recuso-me a chamá-la de mulata ou morena!) que, no trabalho, tem seu corpo tocado, assediado, por figurar a personificação da sexualidade no imaginário mundial.

2. RAÇA E MASCULINIDADES

O que não podemos permitir é que essas divisões – que, ao final, produzem mortes – destruam coalisões na comunidade negra. O genocídio contra o negro no Brasil vem se atualizando, sobretudo na desestruturação interna de movimentos negros e suas redes de solidariedade, das mais variadas formas. O racismo estrutural que orienta a sociedade brasileira sabe muito bem quem é negro e quem não é. Um breve estudo acerca das cores do encarceramento no Brasil dá-nos uma resposta, se é que ainda precisamos dela. A questão do encarceramento é uma das que explicitam como o mito da "democracia racial" está fortemente marcado no imaginário da sociedade. Os debates críticos no caminho da superação do que argumentou Gilberto Freyre parecem não ter chegado efetivamente à mentalidade das grandes massas que ocupam, principalmente, as periferias do Brasil. É flagrante, no momento político atual, como a noção de um "Brasil sem cor" ou "todos somos brasileiros" foi tomada como mote de campanha política de um candidato para presidência da República que logrou êxito. Candidato esse que declarou publicamente que "o afrodescendente mais leve lá pesava sete arrobas" e que "[quilombolas] não fazem nada, eu acho que nem pra procriador servem mais"[20].

A violência racista da sentença não o impediu de ser eleito. E mais: quando inquirido sobre o teor racista de sua declaração, respondeu utilizando-se da retórica da "brincadeira". O fato é que a questão racial no Brasil está longe de ser superada, e que o projeto de controle, desde a fundação da república, para conter uma revolta negra, tem voltado a todo vapor sob o slogan de "O Brasil não tem cor", explicitando a mutilação da capacidade de crítica do povo brasileiro[21].

Ao final do mês de outubro do ano de 2018, participei da II Semana de Letras, organizada por professores e estudantes da Universidade Federal do Recôncavo da Bahia (UFRB). Na mesa intitulada "Literatura Afro-Brasileira e Literaturas Africanas de Língua Portuguesa: e a educação com isso?", tensionávamos, eu, Wesley Correia e Ana Rita Santiago, todxs intelectuais negrxs, possíveis caminhos, proposições para o enfrentamento do racismo institucional e a formação

---

20 A fala foi proferida durante uma palestra no Clube Hebraica Rio, no dia 3 de abril de 2017.
21 Ver A. Nascimento, op. cit.

62

de professores frente a uma conjuntura em que práticas fascistas estavam cada vez mais aprofundadas.

Naquele momento, ainda sob o efeito devastador do resultado da eleição presidencial, marcada por posturas autoritárias, expressões de preconceitos de todas as ordens e inúmeras cenas de violência, com a trágica culminância sendo o assassinato de Mestre Moa do Katendê, ativista negro e líder cultural da cidade de Salvador, demarcou-se, mais uma vez, no cenário brasileiro, quais corpos são passíveis de morte, seja pela agência do Estado ou nas relações "cidadãs". Esse tipo de morte significa a vontade de exterminar uma cultura da vida de um povo.

A forma brutalizada como ocorreu o assassinato de um homem negro, agente crítico e produtor da cultura negra, por outro homem negro, é um sintoma do adoecimento secular produzido pela colonialidade exercida pelo Estado brasileiro, sobretudo contra a comunidade negra. O jogo sádico da hegemonia branca, perpetrado na potência destrutiva de uma masculinidade hegemônica, que comporta em sua existência um sistema objetivo material e concreto de dominação, transfigurado no plano simbólico/subjetivo, introjeta no psiquismo fantasmagórico do negro a distorção do seu verdadeiro algoz e, assim, concretiza-se o projeto de extermínio coletivo na interioridade da comunidade negra.

"Eu sou caçado", afirmou um jovem estudante negro, atuante no movimento hip-hop regional do curso de Letras, a certa altura do debate. Ao relatar sua experiência de sujeito negro, vivendo no recôncavo baiano, a violência apresentava-se como elemento que atravessava o exercício cotidiano da sua existência, da sua cidadania. Durante sua fala, o estudante relatou as várias revistas pelas quais passou, pelas mãos da polícia. Muitas vezes eram policiais negros que jogavam seu corpo no chão, trazendo-lhe o sentimento de humilhação social. Relatou como ele sentia-se desumanizado e deprimido, frente ao tratamento que a sociedade brasileira impunha a ele como homem negro.

O relato do estudante é mais uma expressão que se repete a cada minuto do Brasil, com seu projeto contra o futuro do homem negro, atingindo sua alma, seu espírito, sua juventude. Conforme discutiu a pesquisadora Ana Flauzina:

2. RAÇA E MASCULINIDADES

deve-se garantir a existência de uma identidade negra, sempre fraturada como alicerce do pacto social que nos preside. É preciso minar diuturnamente as possibilidades da elaboração de uma imagem positiva associada ao segmento negro, a fim de evitar identificações. Os negros devem repelir-se, nunca se reconhecer uns nos outros ou dialogar como sujeitos de uma herança histórica em comum[22].

Pensar a produção das masculinidades negras acionadas no hip-hop nacional requer olhar para o movimento da construção da "nação" e para as marcas colonialistas que o sustentam e como, principalmente, a partir de um ideal de povo, o homem negro oscila na representação da dimensão do escravo, fantasma, e performatiza possibilidades de devir. São muitas as complexidades que produzem os discursos éticos e estéticos que emergem da cultura hip-hop. Entre resistência e assimilação de discursos hegemônicos, o homem negro sobrevive a contrapelo das estratégias de genocídio no Brasil, desde seu sequestro, praticado no período colonial. O exercício da vida acontece a partir de uma força prática, ético-estética, na produção de humanidade que se inscreve contra sua representação, produzida pelo outro. Ou seja, distorcida, deformada e institucionalizada.

O movimento hip-hop é uma expressão concreta onde a masculinidade negra se produz. Ao longo de sua história, majoritariamente formado por homens negros, configurado como movimento de minoria, ele expõe as tensões de uma sociedade patriarcal e machista, racista e capitalista. O homem negro, por meio do hip-hop, inscreve-se no mundo, afetando e sendo afetado a partir de sua experiência vivida. Observemos os versos do grupo brasileiro Racionais MC's:

Minha intenção é ruim
Esvazia o lugar
Eu tô em cima, eu tô a fim
Um, dois pra atirar
Eu sou bem pior do que você tá vendo
O preto aqui não tem dó

---

22 A.L.P. Flauzina, *Corpo Negro Caído no Chão*, p. 110.

EXPERIÊNCIAS PERIFÉRICAS E O HOMEM NEGRO NA POÉTICA DO RACIONAIS MC'S

É 100% veneno
A primeira faz bum, a segunda faz tá
Eu tenho uma missão e não vou parar
Meu estilo é pesado e faz tremer o chão
Minha palavra vale um tiro e eu tenho muita munição
Na queda ou na ascensão, minha atitude vai além
E tenho disposição pro mal e pro bem

("Capítulo 4, Versículo 3", *Sobrevivendo no Inferno*)

Rosa, em sua pesquisa acerca da masculinidade negra no hip-hop brasileiro, explica-nos que as imagens do homem negro no rap vão emergir como aquele que garante o "controle da situação e que não se permite, mesmo inserido em uma situação de desvantagem social, perder o controle". Manter o "poder" é uma das importantes dimensões da masculinidade[23]. O discurso bélico, o enfrentamento e o uso da metafórico da violência para fazer-se audível constituem os versos do rap "Capítulo 4, Versículo 3", como um aviso, uma recomendação de agência do homem negro frente às opressões sociais. Na medida em que são absorvidos estereótipos raciais e múltiplos processos de abalo nas identidades dos homens negros, o gesto contrário também é figurado na poética do rap.

Observe-se a noção de afecção desenvolvida por Spinoza: "por afeto entendo as afecções do corpo, [...], assim como as ideias dessas afecções"[24]. O filósofo explica-nos que o corpo humano pode ser afetado das mais variadas formas. Nesse movimento de afeto, a "sua potência de agir é aumentada ou diminuída"[25]. Os estados de afecção constituem processos de corpos afetados entre si, pois, ao sermos afetados uns pelos outros, podemos aumentar ou diminuir nossa potência de agir. Diante do exposto, questiono: o que afeta o homem negro da diáspora? Como a poética do Racionais MC's contribui para aumentar a potência de agir da periferia em uma sociedade antinegra como a brasileira?

---

23 W. Rosa, *Homem Preto do Gueto*, p. 60.
24 B. Spinoza, *Ética*, III, definição 3.
25 Ibidem.

2. RAÇA E MASCULINIDADES

O Homem Negro
e a Palavra da Periferia

Gênesis, o primeiro livro da *Bíblia,* narra o processo de criação do mundo. É compreendido pelo ambiente judaico-cristão como a "semente-enredo" que orienta ideologicamente toda a narrativa. É desse marco de origem que surge o mito da criação da humanidade, o da queda do homem e a promessa da redenção, a imputação do pecado, os papéis sociais de homens e mulheres, a formação familiar, o primeiro caso de homicídio no processo de construção da humanidade – os irmãos Caim e Abel –, assim como o ideal da graça, entre outros. Ao se apropriar do conjunto simbólico que orienta a ideologia judaico-cristã, sustentado pela narrativa bíblica, Mano Brown inscreve outro começo de produção da humanidade, dirigido ao homem negro favelado no Brasil:

> Deus fez o mar, as árvores, as criança, o amor
> O homem me deu a favela, o crack, a trairagem, as arma, as bebida, as puta
> Eu?! Eu tenho uma Bíblia velha, uma pistola automática e um sentimento de revolta
> Eu tô tentando sobreviver no inferno
>
> ("Gênesis", *Sobrevivendo no Inferno*)

Se Deus, na concepção judaico-cristã, no ato da "divina criação" da humanidade, fez "o mar, as árvore, as criança, o amor", o homem hegemônico branco, diga-se de passagem, sustentáculo da lógica cristã no Ocidente, delimitou ao homem negro a criação de um mundo reverso, forjado em perversidades várias, mortes psíquicas, aniquilamento de desejos, alicerçado na subjugação e violência, ou seja, o "inferno". A gênesis do álbum *Sobrevivendo no Inferno* conta-nos muito da formação das masculinidades negras no Brasil e suas estruturas de sentimento. A velha *Bíblia* já não dá conta de suas angústias. Sua "pistola automática" e "sentimento de revolta" constituem a "promessa" deixada aos sobreviventes. É dessa violência generalizada que esse sujeito, forjado em complexas redes de tensão, inscreve seu contradiscurso e produz-se como diferença política.

66

EXPERIÊNCIAS PERIFÉRICAS E O HOMEM NEGRO NA POÉTICA DO RACIONAIS MC'S

Sobrevivendo no Inferno é uma obra que oferece uma interpretação do Brasil, que expõe a política de morte sustentáculo do racismo brasileiro, que ilustra o homem negro massacrado pelo Estado, assim como seus desejos, medos e possíveis produções de vida frente a um complexo de contradições. Em 2018, o álbum foi lançado como livro. O professor Acauam Silvério destaca no prefácio que "essa nova maneira de tematizar o cotidiano periférico teria impacto em vários segmentos artísticos, como a literatura, o teatro, o cinema e a televisão, tornando o grupo uma espécie de vetor para as mais diversas produções artísticas da periferia"[26].

Quem fala com Mano Brown e o grupo Racionais MC's é o homem encarcerado, é o jovem massacrado, é o pai, o irmão, construídos na falta e abandono. Acauam Silvério destaca que o rap "Diário de um Detento" "é resultado de um processo coletivo de construção, uma parceria entre Jocenir, um dos sobreviventes do 'massacre do Carandiru', e Mano Brown"[27]. A ação criativa de uma canção emblemática é marcada pelas vozes que sofreram extermínio. Foram 111 homens, de maioria negra, que tiveram a morte produzida pelo Estado brasileiro. A narrativa apresenta falas que são diuturnamente silenciadas.

A comunidade carcerária, em toda sua complexidade, oferece nessa construção estética, talhada com sangue, subjetividades que se encontram em múltiplos corpos e reinscrevem-se simbolicamente, expressando suas dores, medos, angústias, desejos, rompendo a estigmatização de "animal enjaulado". Questões como o encarceramento massivo da população negra; o ideal de família; as relações contraditórias entre masculinidades negras no interior da periferia, que constitui e oprime o negro favelado; as representações da mulher, ora como objeto, ora como possibilidade de amor e liberdade; e os níveis mais cruéis nos quais a violência pode operar e produzir barbárie na sociedade "civilizada" são evocadas pelo rap de Mano Brown. "Sobreviver no Inferno" não é metáfora para determinado tecido social no Brasil. É uma resposta violentamente produzida contra as políticas de morte da sociedade brasileira.

---

26 A. Silvério, Prefácio, em Racionais MC's, *Sobrevivendo no Inferno*, p. 22.
27 Ibidem.

2. RAÇA E MASCULINIDADES

A empreitada basilar do rapper passa a ser, portanto, propor novas formas de sobrevivência aos sujeitos negros e periféricos, posicionando-se coletivamente junto a essas vozes marginalizadas. Apesar de ter iniciado minhas reflexões com "Gênesis", composto em 1997, gostaria de voltar para o rap "Fim de Semana no Parque" (de Mano Brown), lançado no álbum *Raio x do Brasil*, de 1993. O rap é um retrato da construção de infâncias distintas, de famílias situadas diferenciadamente em lugares de raça e classe, de futuros interditados pelo racismo e pela exploração social. É o diálogo concreto daquilo que Fanon[28] tensionou nas relações entre o mundo branco e o mundo negro.

Esses "condenados da terra", produzidos para se odiar, são meninos talhados pela ausência, pela dor, e é na violência imposta à periferia que vai sendo construído um dos primeiros espaços de sociabilidade do homem negro. "Chegou o fim de semana todos querem diversão". A chegada do final de semana implica a utilização de um tempo para lazer, para o descanso, de partilhamento familiar. Para fornecer, em tese, alimento para o espírito e o corpo, atravessados pelas demandas de trabalho durante toda a semana. Mano Brown expõe o conflito de realidades e a morte do desejo de sujeitos que ocupam o espaço periférico.

A narrativa é um recado, expondo a construção subjetiva das crianças da periferia, tomando como exemplo a morte de um menino:

> Com seus filhos ao lado estão indo ao parque
> Eufóricos, brinquedos eletrônicos
> Automaticamente eu imagino
> A molecada lá da área como é que tá
> Provavelmente correndo pra lá e pra cá
> Jogando bola descalços nas ruas de terra
> É, brincam do jeito que dá
> Gritando palavrão é o jeito deles
> Eles não têm videogame e às vezes nem televisão
> Mas todos eles têm um dom São Cosme e São Damião
> A única proteção
>
> ("Fim de Semana no Parque", *Raio x do Brasil*)

---

[28] Ver F. Fanon, *Os Condenados da Terra*.

EXPERIÊNCIAS PERIFÉRICAS E O HOMEM NEGRO NA POÉTICA DO RACIONAIS MC'S

O rap propõe uma tensão comparativa entre grupos sociais/familiares, denunciando o estado de precariedade que se mantém nas periferias do Brasil. A falta de acesso às possibilidades de produção de vida e sociabilidade expõe a construção do sujeito negro a partir da infância: "Jogando bola descalços nas ruas de terra. É, brincam do jeito que dá". No tempo do "baba", a convivência coletiva, a suspensão do medo, da dor, ficam ali do lado de fora do jogo. É um agenciamento extremamente producente de afetos na periferia, principalmente entre os meninos: "Mas todos eles têm um dom São Cosme e São Damião".

A única proteção, os santos meninos, protetores das crianças, aparece como possibilidade simbólica de amparo, frente ao abandono do Estado. Sobre esse "dom", proveniente da partir da assistência dos santos católicos, sincretizados na religião afrobrasileira do candomblé na figura dos ibejis, é interessante fazer um destaque, acerca de sua relação com a sociabilidade das crianças da periferia.

Em Salvador, na Bahia, por exemplo, no bairro do Pero Vaz, onde morei por 24 anos, experienciei, quando criança, juntamente com meus irmãos e amigos, comer o caruru de São Cosme e Damião. Era um momento em que as crianças da comunidade se sentiam homenageadas. Com o riso, a leveza e a felicidade das balas, dos doces e da comida farta, colocavam-nos em um xirê (roda), produzindo em nós alegria e estima na vida. Muitas vezes, a feitura do caruru ficava ameaçada por causa da violência, do medo de abrir as portas, decorrente de notícias anteriores sobre toques de recolher seguidos de tiros. Mas em setembro havia uma pausa naquela infância dura. Os meninos, protagonistas da festa, pelo menos naquela noite, eram todos crianças e jovens, eram sim o dom, eram os próprios Cosme e Damião.

> No último natal papai Noel escondeu um brinquedo prateado
> Brilhava no meio do mato um menininho de 10 anos achou o presente
> Era de ferro com 12 balas no pente
> O fim de ano foi melhor pra muita gente
> Eles também gostariam de ter bicicletas
> De ver seu pai fazendo cooper tipo atleta

2. RAÇA E MASCULINIDADES

> Gostam de ir ao parque e se divertir
> E que alguém os ensinasse a dirigir
> Mas eles só querem paz e mesmo assim é um sonho
>
> ("Fim de Semana no Parque", *Raio x do Brasil*)

O descaso aparece juntamente com a cena da morte, seguida de alívio da sociedade com relação a esses corpos descartáveis. Para um menino de apenas dez anos de idade, o presente deixado era a morte. Essa morte, que se traduz no genocídio contra o negro, multiplica-se no extermínio do corpo físico e psíquico. Muitas vezes, fatores como a falta de uma referência que produza positividade – pois "tem bebida e cocaína sempre por perto" – são elementos significativos para gerar nas crianças negras sentimentos de autorrejeição. "Tô cansado dessa porra, de toda essa bobagem / Alcoolismo, vingança, treta, malandragem / Mãe angustiada, filho problemático" ("Fim de Semana no Parque", *Raio x do Brasil*). Esse sujeito compreende o que é a falta, a dor, a fome e a injustiça, e tem consciência do motivo de essas perversidades sociais marcarem sua existência. A falta de possibilidade de utilizar o espaço público, as praças, de circular pelas cidades e os privilégios de um corpo social são temáticas discutidas que narram um Brasil perverso e desigual.

O rap estabelece um diálogo produzido pela tensão da relação de classe social e raça, discutindo a construção da infância de crianças negras periféricas e brancas de classe média e alta, levantando questões como o acesso, a realidade social e cultural, o corpo despido, erguido pela delimitação de expectativas, fracasso, subserviência, ausência de bem-estar.

A violência verbal, a subjetivação agressiva e a precariedade das crianças pobres aparecem em paralelo com as que possuem acessos localizados na representação da cidade, a partir do "asfalto e da favela". A narrativa expõe o modo como o poder da morte opera, principalmente no controle do fluxo urbano e, mais tarde, a negação da cidadania.

> A configuração da espacialidade urbana, que lançou a população negra desde o pós-abolição para as periferias de todo o país, dá uma

boa dimensão da precariedade e dos instrumentos de aniquilação física e simbólica que diuturnamente trabalharam para extinguir o contingente negro brasileiro.[29]

Essa relação entre centro e periferia, demarcada desde a divisão do espaço na ocupação colonial, envolve a definição de limites e fronteiras internas. Justamente, uma questão fundamental que atravessa a poética de Mano Brown é a relação com o espaço, violência e produção de consciência dos sujeitos negros. Sobre seu processo criativo, o autor argumenta:

> necessidade, sobrevivência. Precisava sobreviver, estudei pouco, não tenho uma profissão definida. Era isso ou partir para o crime, virar estatística. Isso aí eu peguei com as dez. Eu nunca tive pai pra me defender e nem irmão. Fui criado na rua e tive que me defender sozinho. Fui para o colégio interno, conheço as dificuldades. Eu sei o que é fome, sei o que é humilhação, sei o que é racismo, sei o que é injustiça, eu sei[30].

Autor e líder do Racionais MC's, crescido na zona sul de São Paulo, na região dos bairros Capão Redondo e Parque Santo Antônio, Mano Brown destaca-se como principal compositor e autor dos clássicos que marcam cada fase dos Racionais: "Pânico na Zona Sul", "Fim de Semana no Parque", "Capítulo 4, Versículo 3", "Diário de um Detento", "Negro Drama", entre outros.

"A Vida é Desafio" (de Mano Brown, do álbum *Nada Como um Dia Após o Outro Dia*), título de uma das criações mais populares cantadas pelo rapper, sobretudo na favela, narra o esmagamento do sonho na existência do homem negro: "Sempre fui sonhador, é isso que me mantém vivo / Quando pivete, meu sonho era ser jogador de futebol / Vai vendo / Mas o sistema limita nossa vida de tal forma / Que tive que fazer minha escolha, sonhar ou sobreviver". A reflexão exposta na narrativa torna evidente a consciência de um projeto

---

29 A.L.P. Flauzina, *op. cit.*, p. 101.

30 Mandrake e Toni C, "Mano Brown, Mil Faces de um Homem Leal", Rap Nacional, n. 6, p. 56.

2. RAÇA E MASCULINIDADES

destrutivo, imputado ao homem negro. Aparece, aí, um conjunto de atitudes e expectativas que definem sua masculinidade. Na sequência: "Os anos se passaram e eu fui me esquivando do círculo vicioso / Porém, o capitalismo me obrigou a ser bem-sucedido / Acredito que o sonho de todo pobre é ser rico".

Ao examinar sua vida, o sujeito poético projeta desejos atravessados pela imposição do capital e máscara branca que forma sua consciência por meio da lógica da exploração capitalista. Em continuidade: "que a sua família precisa de você / Lado a lado se ganhar, pra te apoiar se perder / Falo do amor entre homem, filho e mulher". A necessidade do afeto e de uma construção familiar, dimensionados pelo impacto negativo da falta de amor e da perda da capacidade de amar, produzem o homem negro, como nos versos que seguem: "Vejo egoísmo, preconceito de irmão pra irmão / A vida não é o problema, é batalha, desafio / 500 anos de Brasil e o Brasil aqui nada mudou… / Esse é o espelho derradeiro da realidade".

Essa constatação da inveja, de desesperança e, ao mesmo tempo, constituir forças para seguir lutando, sobrevivendo em um jogo cruel cujos códigos são produzidos por quem domina seu próprio corpo: "Será instinto ou consciência / Viver entre o sonho e a merda da sobrevivência".

O rap "Tô Ouvindo Alguém me Chamar" (do álbum *Sobrevivendo no Inferno*) serve-nos para refletir sobre algumas questões que desenham, entre estereótipos e fetiches, as masculinidades negras no Brasil: "[Guina] foi professor do crime / Puta aquele mano era foda / Mas sem essa de sermão, mano / Eu também quero ser assim / Vida de ladrão não é tão ruim". A partir da trajetória de dois irmãos que percorreram caminhos diferentes, o rap problematiza questões como concepção de herói do homem negro, medo, angústia, anti- -intelectualismo negro e possibilidade de mudança de consciência.

O tom inicial é, justamente, a descrição de um modelo de força, coragem e poder conquistado pelo homem negro, a partir do mundo do crime: "Aquele é o quadro do terror, e eu que fui o autor / Me olhei no espelho e não reconheci / Estava enlouquecido, não podia mais dormir". O rap revela uma crise de consciência, a partir do questionamento sobre o que pode um homem negro e a perspectiva de ruptura

EXPERIÊNCIAS PERIFÉRICAS E O HOMEM NEGRO NA POÉTICA DO RACIONAIS MC'S

com a violência produzida pela institucionalização das políticas de morte. A figura do irmão que conseguiu estudar aparece no rap como outra possibilidade de ser do homem negro, esbarrando no estereótipo que o fixa como incapaz intelectualmente: "Meu irmão merece ser feliz / Deve estar a essa altura / Bem perto de fazer formatura / Acho que é direito, advocacia / Acho que era isso que ele queria / Sinceramente eu me sinto feliz / Graças a Deus, não fez o que eu fiz".

Essa comparação de caminhos perseguidos por homens negros é de fundamental importância, pois tensiona os lugares deliberados a eles pela violência racista. Ao colocar em tensão essa comparação de lugares sociais, o rapper dá um recado à comunidade periférica, reposicionando o homem negro para um lugar de poder, de conhecimento. Não à toa, a formatura mencionada é em Direito, um lugar ocupado historicamente por uma elite branca, que gere a vida negra, instituindo-lhe privações diversas. Uma questão importante na poética de Mano Brown é a investida na construção de um self crítico para o homem negro e periférico.

Diante de todas as contradições que comportam suas subjetividades, há na inscrição dessa masculinidade uma potência política e forte investida em autocrítica, escapando assim ao que bell hooks alertou sobre o olhar lançado a partir da visão estereotipada do racismo e do sexismo, que interpreta os homens negros mais corpo do que mente, e os coloca para serem recebidos pela sociedade da supremacia branca capitalista, imperialista e patriarcal como sujeitos que parecem ser idiotas[31].

A luta e a resistência para não ceder à criminalidade, à marginalidade imposta ao homem negro são traçadas na sua existência. Não são novidades as diversas barreiras que a pessoa negra precisa romper para conseguir seguir caminhos avessos ao destino fixado pelo racismo. Nesse sentido, um caminho árduo é travado para conseguir ter acesso à educação: "E mesmo quando se obtinha este direito, a imediata necessidade por bens para sobrevivência frequentemente interrompia os esforços dos homens negros em adquirir educação"[32].

---

31 Escolarizando Homens Negros, *Estudos Feministas*, v. 23, n. 3, p. 678.
32 Ibidem.

2. RAÇA E MASCULINIDADES

Nos versos de Mano Brown: "Não, não, não / Tô a fim de parar / Mudar de vida, ir pra outro lugar / Um emprego decente, sei lá / Talvez eu volte a estudar / Dormir era difícil pra mim / Medo, pensamento ruim" ("Tô Ouvindo Alguém me Chamar", *Sobrevivendo no Inferno*).

O final da narrativa que retoma o próprio título – "tou ouvindo alguém me chamar" – é concretizado no nascimento de outro menino negro: "Meu sobrinho nasceu / Diz que o rosto dele é parecido com o meu". Então, surge outra possibilidade de realização do homem negro: "Sinto a roupa grudada no corpo / Eu quero viver / Não posso estar morto! / Mas se eu sair daqui eu vou mudar / Tou ouvindo alguém me chamar." A chegada do sobrinho, parecido com ele, surge como possibilidade de uma outra forma de vida, o caminho de liberdade e produção de outra humanidade, perseguidos por meio de um fluxo de consciência acerca de sua vida.

A escritora bell hooks destaca como a socialização do homem negro tem a força física e resistência como fatores determinantes. Existe toda uma arquitetura para mantê-lo como inferiorizado, para não ter escolhas e, inclusive, matar em nome do Estado. Do mesmo modo, há a investida em representá-lo como ser não pensante e a compreensão de que isso não pode ser uma possibilidade na vida[33].

Ao expor as angústias, medos e desejos que forjam os homens negros, Mano Brown, em seu percurso, dentro de suas contradições, também os desrepresenta. Nas palavras de Osmundo Pinho, o homem negro tem sido representado, hiper representado e construído a partir de relações agressivas, marginalizadas e violentas. A desrepresentação dessas fixações estereotipadas opera como um modo prático de desalienação e de reconstrução de possibilidades políticas e culturais[34].

Outro movimento importante foi a retomada sobre as narrativas produzidas sobre a mulher e, mais especificamente, a mulher negra. Não foram poucas as canções de sua autoria ou em parcerias em que os estereótipos impostos à mulher foram reafirmados pelo rapper. Exemplos como "O que não falta é mina filha da puta / A noite tá boa, a noite tá de barato / Mas outra gambé, pilantra

---

33 Escolarizando Homens Negros, *Estudos Feministas*, v. 23, n. 3, p. 678.
34 O.A. Pinho, Qual é a Identidade do Homem Negro? *Democracia Viva*, n. 22, p. 66.

é mato" (Edi Rock; Mano Brown, "Qual Mentira Vou Acreditar", *Sobrevivendo no Inferno*), ou "Sendo assim, sem chance, sem mulher / Você sabe muito bem o que ela quer / Encontre uma de caráter se você puder"(Mano Brown, "Fórmula Mágica da Paz", *Sobrevivendo no Inferno*), e, também, "As pretas, as brancas, as frias, as quentes / Loira tingida, preta sensual / Índia do Amazonas até flor oriental / No meio das vadias / Daquelas modelo que descansa durante o dia, tá ligado?" (Edi Rock; Mano Brown, "Estilo Cachorro", *Nada Como um Dia Após o Outro Dia*), expressam como, ao longo de sua produção, a mulher foi acionada majoritariamente.

Sueli Carneiro chamou atenção para pensar a construção das masculinidades negras no Brasil, acionando as produções do feminismo negro. Ao refletir sobre a condição histórica das mulheres negras e os atravessamentos que constituem a racialização do gênero, destaca a necessidade do olhar relacional, pois a raça e o gênero dominantes produzem estigmas, operam contra os corpos de mulheres e homens negros[35]. Nas palavras da autora: "Existe uma maneira muito bem delimitada que produz violência, sobretudo relacionada à imagem da mulher, limitando sua representação positiva, fator que produz baixa autoestima e compromete sua vida"[36].

O comprometimento da vida da mulher negra no Brasil possui dados alarmantes. De acordo com o *Atlas da Violência*[37], a taxa de homicídios de mulheres negras cresceu 29,9%. Em comparação com não negras o crescimento é de 1,7%, e entre mulheres negras, de 60,5%. A proporção de mulheres negras entre as 101 vítimas da violência letal corresponde a 66% de todas as mulheres assassinadas no país em 2017. As mulheres negras no Brasil têm, ao longo da história, experienciado múltiplas formas de violências.

A cultura racista, capitalista, de ordem patriarcal vem produzindo, sistematicamente, o genocídio da mulher negra, a violência

---

[35] Ver S. Carneiro, Mulheres Negras, Violência e Pobreza, em BRASIL. Secretaria Especial de Políticas para as Mulheres, *Programa de Prevenção, Assistência e Combate à Violência Contra a Mulher: Plano Nacional – Diálogos Sobre Violência Doméstica e de Gênero; Construindo Políticas Públicas.*

[36] Ibidem, p. 122.

[37] Ver IPEA, *Atlas da Violência.*

2. RAÇA E MASCULINIDADES

obstétrica[38], a falta de empregos, o aumento da violência doméstica, entre outros. Urge a construção de um diálogo entre homens e mulheres negrxs que vise a alterar essas relações de desigualdade.

Em entrevista ao jornal *Le Monde Diplomatique Brasil*, o rapper afirma que precisa pedir perdão e discutir o amor, pois o amor para o homem negro é uma potência que precisa ser pensada[39]. No projeto *Boogie Naipe*, na canção "Flor do Gueto", com uma musicalidade marcada pelo soul, ele destaca: "Como pude te tratar assim / Prisão perpétua pra mim / Flor do gueto é estrela do meu show / Todo gueto é meu amor / Com você eu vou, baby / Amor, amor, amor / Te amo / Perdão, perdão / Flor do gueto é a estrela do meu show" (Mano Brown, "Flor do Gueto", *Boogie Naipe*).

A necessidade de desmontar a masculinidade violenta, que reproduz comportamentos opressivos e estabelece relações afetivas construídas por sofrimento, sobretudo direcionados às mulheres, aparece como força de outro modo de afecção acionado nas narrativas de Mano Brown, fundamentalmente em virtude dos debates levantados pelo feminismo negro no Brasil, do crescimento das mulheres negras no hip-hop e, principalmente, das falas de sua esposa Eliane Dias, atuante na luta por direitos de mulheres negras e enfrentamento à violência contra a mulher, que começa a produzir debates sobre as relações afetivas entre negros, principalmente oriundos da periferia.

Nas palavras de Fanon, ser responsável em um país subdesenvolvido é saber que tudo repousa, definitivamente, na educação das massas, na elevação do pensamento, naquilo que se chama politização. Mas essa politização significa ir além de fazer um grande discurso político. "Politizar é abrir o espírito, fazer nascer o espírito."[40] As culturas negras produziram, em seu processo constitutivo, possibilidades emancipatórias para o povo negro. Mobilizou, por dentro das relações sociais desiguais, alicerçadas na exploração capitalista e cooptação do que produzimos, transformações políticas importantes para a comunidade negra. As culturas de resistência não são acabadas, estão em constante devir. O desafio é justamente

---

38 Ver A.L.P. Flauzina, op. cit.
39 Ver Referências, infra.
40 F. Fanon, *Os Condenados da Terra*, p. 227.

movimentar-se por dentro da brutalidade assassina do capitalismo mundial, figurado, sobretudo, nas mãos brancas, masculinas e heteronormativas dos poderes locais e ou mundiais.

Por Fim

O movimento hip-hop constitui-se como forma de ser da cultura negra transnacional e expressa diversas maneiras de existir das comunidades negras da África e da diáspora negra. Nos contextos específicos, há uma memória traumática que nos une e que, ao mesmo tempo, em cada lugar, produz uma revisão crítica e proposição emancipatória. Essas proposições não se dão livres dos complexos históricos que forjam as masculinidades negras. No entanto, nesse conjunto de violências impostas e internalizadas, o homem negro toma a palavra para si e movimenta-se em devir.

A produção de Mano Brown no hip-hop brasileiro é um marco para essa expressão da cultura negra no Brasil. Muitos meninos, jovens e rappers formaram-se e identificaram-se com sua contribuição na ético/estética, a partir do rap. Sua prática política, atravessada por complexidades e contradições diversas, explicita a dinâmica das relações masculinas negras localizadas, sobretudo, nas periferias. É nesse jogo violento entre o Estado masculino branco e os vários eus negros, que se produz contraditoriamente uma inscrição crítica.

Assim, ao tornar a palavra possível a partir da periferia, a poética do Racionais MC's expressa não só a resistência histórica do povo negro e interpretação crítica da sociedade brasileira, como também gestos de amor à existência humanizante do homem negro, aquela que, nos termos de Fanon[41], está na destruição de um mundo cindido, compartimentado. Essa vontade libertária e de construção de humanidade vai na contramão do desejo universal eurocêntrico e racista.

Essa "Gramática da Ira"[42] responde aos empalamentos produzidos contra a comunidade negra, sistematicamente, em sua história. Da relação do homem negro com a palavra, da luta pelo direito à

---

41 Ver F. Fanon, *Os Condenados da Terra*.
42 Ver N. Maca, *Gramática da Ira*.

2. RAÇA E MASCULINIDADES

palavra em um mundo que reafirma seu silenciamento, são forjadas novas éticas, estéticas, resistências, "reexistências"[43], que, no campo da cultura, na relação entre experiência histórica e estética, a arte produz libertações psíquicas, exposição de traumas e medos, e possibilidades de superação.

A tomada da consciência concreta de existência do ser humano negro, explicitada por Fanon[44], é a possibilidade de mover a vontade efetiva, que conduz à liberdade. Esse caminho, esse uso político do corpo na busca pela liberdade do ser negro, deve ser perseguido tanto na superação de uma consciência destrutiva de si mesmo quanto na apropriação real da materialidade concreta da vida. Afinal, a fome, a violência sentida no estômago pela falta do alimento, independe da consciência de processos de opressão.

A fome é orgânica, faz morrer, causa inanição. A proposição defendida aqui, em acordo com Fanon[45], é que esse ser social atue de forma crítica e consciente no mundo, sendo ele mesmo seu motor e afastando de si qualquer marca de servilidade em seu processo histórico social. Tal empreitada não é tarefa fácil, tendo em vista a brutalidade esmagadora de um sistema desigual que faz morrer milhões de seres humanos no mundo.

Contra a perversidade subalternizante, o corpo negro ético, político, econômico urge em articular pensamento e ação concreta, material, no sentido de superar um projeto político mundial destrutivo. Assim, a poética do Racionais MC's como expressão da diáspora negra inscreve-se juntamente com uma coletividade que se manifesta, constituindo possibilidades de falas diversas manifestarem-se como "minorias". Esses usos biopolíticos dos corpos operam e ganham força tal qual o "quilombismo", complexa rede de práticas libertadoras pensada por Abdias Nascimento[46].

---

43 Ver A.L.S. Souza, *Letramentos de Reexistência*.
44 Ver F. Fanon, *Peles Negras, Máscaras Brancas*.
45 Ver F. Fanon, *Os Condenados da Terra*.
46 Ver A. Nascimento, *O Quilombismo*.

Referências

BALBINO, Jéssica. *Traficando Conhecimento*. Rio de Janeiro: Aeroplano, 2010.

CARNEIRO, Sueli. *Racismo, Sexismo e Desigualdade no Brasil*. São Paulo: Selo Negro, 2011.

____. *Enegrecer o Feminismo: a Situação da Mulher Negra na América Latina a Partir de uma Perspectiva de Gênero*. 2011. Disponível em: <https://edisciplinas.usp.br/pluginfile.php/375003/mod_resource/content/0/Carneiro_Fem inismo%20negro.pdf>. Acesso em: 18 jan. 2016.

____. *A Construção do Outro Como Não-Ser Como Fundamento do Ser*. Tese (Doutorado em Educação), USP, São Paulo, 2005.

____. Mulheres Negras, Violência e Pobreza. In: BRASIL. Secretaria Especial de Políticas para as Mulheres. *Programa de Prevenção, Assistência e Combate à Violência Contra a Mulher – Plano Nacional: Diálogos Sobre Violência Doméstica e de Gênero; Construindo Políticas Públicas*. Brasília: Secretaria Especial de Políticas para as Mulheres, 2003.

____. Gênero, Raça e Ascensão Social. *Estudos Feministas*, v. 3, n. 2, 2. sem. 1995. Disponível em: <https://periodicos.ufsc.br/index.php/ref/article/view/16472>. Acesso em: 31 jan. 2022.

D'ANDREA, Tiaraju Pablo. *A Formação dos Sujeitos Periféricos: Cultura e Política na Periferia de São Paulo*. Tese (Doutorado em Sociologia), USP, São Paulo, 2013.

DOS SANTOS, Daniel. *Como Fabricar um Gangsta: Masculinidades Negras nos Videoclipes dos Rappers Jay-z e 50 Cent*. Dissertação (Mestrado em Cultura e Sociedade), UFBA, Salvador, 2017.

FANON, Frantz. *Os Condenados da Terra*. Trad. Eunilce Albergaria Rocha; Lucy Magalhães. Juiz de Fora: Editora UFJF, 2010.

____. *Peles Negras, Máscaras Brancas*. Trad. Renato da Silveira. Salvador: Editora UFBA, 2008.

____. *Em Defesa da Revolução Africana*. Lisboa: Livraria Sá da Costa, 1969.

FELIX, João Batista de Jesus. *Hip-Hop: Cultura e Política no Contexto Paulistano*. Tese (doutorado em Antropologia Social), USP, São Paulo, 2006

FLAUZINA, Ana Luiza Pinheiro. *Corpo Negro Caído no Chão: O Sistema Penal e o Projeto Genocida do Estado Brasileiro*. Dissertação (Mestrado em Direito), UNB, 2006.

FONSECA, Silvana Carvalho da. *O Escravo, o Fantasma, o Homem Negro: Experiências Estéticas e Históricas no Movimento Hip Hop Entre Brasil, Angola e Portugal*. Tese (Doutorado em Letras e Linguística), UFBA, Salvador, 2019.

HERSCHMANN, Micael. *O Funk e o Hip-Hop Invadem a Cena*. 2. ed. Rio de Janeiro: Ed. UFRJ, 2005.

hooks, bell. *Olhares Negros: Raça e Representação*. Trad. Stephanie Borges. Ed. Tadeu Breda. São Paulo: Elefante, 2019.

____. Escolarizando Homens Negros. *Estudos Feministas*, v. 23, n. 3, 2015. Disponível em: <https://periodicos.ufsc.br/index.php/ref/article/view/41784/30373>. Acesso em: 5 jan. 2017.

____. *Não Sou Eu uma Mulher: Mulheres Negras e Feminismo*. Disponível em: <https://plataformagueto.files.wordpress.com/2014/12/nc3a3o>. Acesso em: 29 maio 2016.

____. *Vivendo de Amor*. Disponível em: <http://www.geledes.org.br/vivendodeamor>. Acesso em: 29 maio 2016.

____. *Ensinando a Transgredir: a Educação como Prática de Liberdade*. Trad. Marcelo Brandão Cipolla. São Paulo: Martins Fontes, 2013.

____. Intelectuais Negras. *Estudos Feministas*, v. 3, n. 2, 2. sem. 1995.

IPEA. *Atlas da Violência*. Disponível em: <http://www.ipea.gov.br/portal/images/stories/pdfs/relatorio_institucional/190605_atlas_da_violencia_2019.pdf>. Acesso em: jun. 2019.

2. RAÇA E MASCULINIDADES

MALDONADO-TORRES, Nelson; Grosfoguel, Ramón (orgs.). *Decolonialidade e Pensamento Afrodiaspórico*. Belo Horizonte: Autêntica, 2018.

MACA, Nelson. *Gramática da Ira*. Salvador: Blackitude, 2015.

MANDRAKE; TONI C, Mano Brown, Mil Faces de um Homem Leal. Entrevista. *Rap Nacional*, n. 6, 2012.

MESSIAS, Ivan dos Santos. *Hip Hop, Educação e Poder: O Rap Como Instrumento de Educação*. Salvador: Editora UFBA, 2015.

NASCIMENTO, Abdias. *O Genocídio do Negro Brasileiro. Processo de um Racismo Mascarado*. 2. ed. São Paulo: Perspecitva, 2016.

_____. *O Quilombismo: Documentos de uma Militância Pan-Africanista*. 3. ed. São Paulo: Perspectiva, 2019.

NEGRI, Antonio; COCCO, Giuseppe. *Glob(AL): Biopoder e Luta em uma América Latina Globalizada*. Rio de Janeiro: Record, 2005.

PIMENTEL, Spence. *O Livro Vermelho do Hip Hop*. Trabalho de Conclusão de Curso (Graduação em Jornalismo). USP, São Paulo, 1997.

PINHO, Osmundo de Araújo. Voz Ativa: Rap – Notas Para Leitura de um Discurso Contra-Hegemônico. *Revista Sociedade e Cultura*, v. 4, n. 2, 2007. Disponível em: <https://www.revistas.ufg.br/fcs/article/view/528>. Acesso em: 30 jan. 2022.

_____. Etnografias do Brau: Corpo, Masculinidade e Raça na Reafricanização em Salvador. *Estudos Feministas*, v. 13, n. 1, jan./abr. 2005.

_____. *O Mundo Negro: Hermenêutica Crítica da Reafricanização em Salvador*. Curitiba: Progressiva, 2010.

_____. Qual é a Identidade do Homem Negro? *Democracia Viva*, n. 22, jun./jul. 2004.

_____. O Efeito do Sexo: Políticas de Raça, Gênero e Miscigenação. *Cadernos PAGU*, Campinas, 2004.

_____. O Sacrifício de Orfeu: Masculinidades Negras no Contexto da Antinegritude em Salvador. In: CAETANO, Marcio; SILVA JUNIOR, Paulo Melgaço da (Org.). *De Guri a Cabra-macho: Masculinidades no Brasil*. Salvador: Lamparina, 2018.

PINHO, Osmundo de Araújo; ROCHA, Eduardo. Racionais MC's: Cultura Afro-Brasileira Contemporânea como Política Cultural. *Afro-Hispanic Review*, v. 30, n. 2, 2012.

ROSA, Waldemir. *Homem Preto do Gueto: Um Estudo Sobre a Masculinidade no Rap Brasileiro*. Dissertação (Mestrado em Antropologia Social), UNB, Brasília, 2006.

SANTOS, Jaqueline Lima. *Negro, Jovem e Hip Hopper: História, Narrativa e Identidade em Sorocaba*. Dissertação (Mestrado em Ciências Sociais), Unesp, Marília, 2011.

SOUZA, Ana Lúcia Silva. *Letramentos de Reexistência: Poesia, Grafite, Música, Dança: Hip Hop*. São Paulo: Parábola, 2011.

PIMENTEL, Spence. *O Livro Vermelho do Hip Hop*. Trabalho de Conclusão de Curso (Graduação em Jornalismo), USP, São Paulo, 1997.

Internet

LE MONDE DIPLOMATIQUE Brasil. MANO Brown, um Sobrevivente do Inferno. Entrevista. Disponível em: <https://www.youtube.com/watch?v=U_OsF4y4zuY>. Acesso em: 4 out. 2022.

OPERA MUNDI. Afrodescendentes de Quilombos 'Não Servem Nem Para Procriar', diz Bolsonaro na Hebraica do Rio. Disponível em: < https://www.youtube.com/watch?v=lcxJNGHUQy8 >. Acesso em 4 out 2022.

AÍ, O RAP FEZ EU SER O QUE SOU
ICE BLUE, EDY ROCK E KL JAY
E TODA A FAMÍLIA, E TODA
GERAÇÃO QUE FAZ O RAP

AÍ, VOCÊ SAI DO GUETO
MAS O GUETO NUNCA SAI
DE VOCÊ, MORÔ IRMÃO?

Notas Pessoais de um Aprendiz Sobre Intelectualidade Afro-Periférica Insurgente e Masculinidades

Waldemir Rosa

No final dos anos 1990, tornou-se comum entre os estudos acadêmicos sobre o rap a perspectiva de abordá-lo sob a ótica da violência como fenômeno social vinculado ao universo da juventude[1]. Posteriormente, já nos anos 2000, o enfoque nos estudos universitários sobre o rap voltou-se para sua abordagem com cultura e literatura marginal[2] e, mais recentemente, os estudos passaram por um giro epistêmico ao considerar o rap e o hip-hop como movimento artístico-político-cultural, manifestações de uma intelectualidade periférica e subalterna[3] e uma das principais formas de mobilização política da periferia[4]. Aqui, tem-se a compreensão de que o rap compõe um instrumental de produção de representações que possuem como objetivo exercer controle sobre a realidade representada e a construção de alternativas de enfrentamento ao racismo, preconceito e discriminação.

Edward W. Said, intelectual palestino, insere em sua proposta de análise de obras literárias dois dispositivos metodológicos para compreender a relação entre o mundo social e a obra literária. O primeiro desses dispositivos é a localização estratégica, o modo de descrever a

---

1 Ver M. Herschmann, *O Funk e o Hip Hop Invadem a Cena*; G. Diógenes, *Cartografias da Cultura: Gangues, Galeras e Movimento Hip Hop*; M. Abramovay et. al., *Gangues, Galeras, Chegados e Rappers*.
2 Ver E. Salles, *Poesia Revoltada*.
3 Ver C.J. Oliveira, *Rap: O Discurso Subversivo do Intelectual Marginal*.
4 Ver F.O. Campos, *Rap, Cultura e Política*.

2. RAÇA E MASCULINIDADES

posição do autor em um texto com relação ao material sobre o qual ele escreve. Esse dispositivo busca garantir que se reconheça em uma obra literária a posição de fala do autor, o que, segundo Said, revela aspectos sociológicos da produção de seu discurso e nos permite identificar os atributos da autoridade do autor. Outro dispositivo metodológico que ele indica como necessário é a formação estratégica, "uma maneira de analisar a relação existente entre textos e o modo pelo qual grupos de textos, tipos de textos e até gêneros textuais adquirem massa, densidade e poder referencial entre si e depois na cultura mais geral"[5].

A preocupação de Said é construir uma abordagem que permita identificar o engajamento do autor e desmistificar qualquer possibilidade de uma obra literária com o ideário de neutralidade. Segundo sua abordagem, todos os textos são produzidos a partir de um referencial social ao qual o autor se vincula e que busca exercer diversas formas de controle sobre a realidade social abordada. Assim, ao analisar uma obra, o crítico deve encará-la como uma representação do real, que mantém com esta diversas correlações. Said compreende que toda representação é fundamentada em relações de poder e que, por esse motivo, os grupos sociais investem materialmente para sustentar as representações.

Racionais MC's foram, e em certa medida ainda continuam a ser, os intelectuais que produziram essa representação do Brasil a partir da fala do jovem negro da periferia das grandes cidades brasileiras. Eles são parte de um poderoso discurso insurgente que representa o Brasil de uma forma alternativa às imagens veiculadas nos meios de comunicação de massa com seu apreço pelo grotesco escatológico habitual que movimenta a indústria do entretenimento[6]. Alimentei-me desse discurso e dessa intelectualidade. Assim, ao contribuir com a reflexão das três décadas do grupo, faço uma espécie de trânsito pessoal, não linear, observando, pelo retrovisor de minha experiência, os intelectuais que contribuíram para minha formação como militante negro e professor universitário.

---

5 E.W. Said, *Orientalismo*, p. 11.
6 Ver M. Sodré; R. PAIVA, *O Império do Grotesco*.

NOTAS PESSOAIS DE UM APRENDIZ SOBRE INTELECTUALIDADE AFRO-PERIFÉRICA INSURGENTE E MASCULINIDADES

I

O Racionais MC's é um dos principais grupos brasileiros que apresenta, desde o início de sua formação, o discurso ativista negro em suas letras. Em "Negro Drama" do álbum *Nada Como um Dia Após o Outro Dia*), o grupo faz referência à historicidade profunda do problema racial brasileiro. A música é dividida em duas partes. Na primeira, tem-se a crítica da realidade social a partir da posição do autor. A segunda é de cunho autobiográfico, em que um dos autores da letra pensa a posição do negro com base em sua história de vida. A ideia contida na letra é a de que, independentemente do que se faça ou do que se conquiste em termos financeiros, a condição racial é mantida, vinculando a figura do negro às descontinuidades geradas pela persistência da estrutura colonial e escravista na realidade brasileira.

> Desde o início, por ouro e prata
> Olha quem morre, então veja você quem mata
> Recebe o mérito a farda que pratica o mal
> Me vê, pobre, preso ou morto, já é cultural
> Histórias, registros, escritos
> Não é conto, nem fábula, lenda ou mito
> Não foi sempre dito, que preto não tem vez então?

A narrativa transfigura o colonizador português como o policial, fazendo com que a dominação e a estrutura de poder em que vivemos sejam apresentadas como contínuas desde o tempo do colonialismo e escravismo. Na letra, o estado colonial e escravista não se extinguiu com a Proclamação da Independência, uma vez que as mesmas regras jurídicas permaneceram, mesmo que o texto jurídico tenha sido alterado. A continuidade do domínio colonial e escravista aliado ao genocídio da população negra é retratada na introdução da música "Capítulo 4, Versículo 3" (de *Sobrevivendo no Inferno*), também do grupo Racionais MC's.

> 60% dos jovens de periferia sem antecedentes criminais
> Já sofreram violência policial

2. RAÇA E MASCULINIDADES

> A cada quatro pessoas mortas pela polícia, três são negras
> Nas universidades brasileiras, apenas 2% dos alunos são negros
> A cada quatro horas, um jovem negro morre violentamente em
> São Paulo
> Aqui quem fala é Primo Preto, mais um sobrevivente

A apresentação de dados numéricos sobre a exclusão e o genocídio da população negra na introdução da música visa conferir legitimidade à tese apresentada de que o país é racista e a violência é um dos elementos centrais da constituição da ordem social brasileira. O Estado nacional é representado como fundamentado em uma prática violenta e racista que produz, como resultado, uma ação sistemática, no campo da justiça e da ação policial, de extermínio e exclusão. Assim, a tese do caráter cordial da colonização portuguesa nos trópicos é remetida ao plano da narrativa mítica e da lenda associados à perpetuação das relações de dominação.

Como salienta Mario Rufer, a genealogia do Estado-nação que surge das revoluções burguesas é reconstruir a historicização da produção das nações. Segundo ele,

> si hacemos una genealogía del concepto de nación podríamos entrever las diferentes formas de aglutinar comunidades bajo varios criterios (lengua, raza, "cultura", pasado común). Estos criterios fueron priorizados ya sea por las perspectivas sustancialistas (como un sustrato de comunidad que siempre habría estado ahí pero tenía que ser "descubierto" por una forma específica de constitución política) o constructivistas (la propia producción de las naciones es un hecho histórico con formaciones más o menos estables cuyo proceso de culminación es la construcción del Estado moderno). En este caso el Estado moderno post Revolución Francesa cumple ese rol siempre ambivalente en los discursos hegemónicos como el reconocedor/legitimador/velador de esos valores históricos.[7]

No entanto, ele salienta que no caso latino-americano tem-se uma inversão desse processo. Os Estados nacionais são estabelecidos antes da

---

[7] M. Rufer, Introducción: Nación, Diferencia, Poscolonialismo, em M. Rufer (Coord.), *Nación y Diferencia*, p. 12.

NOTAS PESSOAIS DE UM APRENDIZ SOBRE INTELECTUALIDADE AFRO-PERIFÉRICA INSURGENTE E MASCULINIDADES

nação e tornam-se responsáveis, até certa medida, por sua construção. A nação aqui torna-se a narrativa do desafio e da desobediência ao Estado. Na América Latina, ao contrário do que se preconiza na teoria eurocentrada do Estado-Nação formulada para explicar o modelo europeu, os movimentos nacionalistas desafiam em certa medida o Estado. A nação é uma "comunidad imaginada que desconoce al Estado"[8].

Esse é o contexto de produção da intelectualidade afro-periférica urbana e insurgente do Racionais MC's, que pode ser apresentada como decolonial, uma vez que questiona a colonialidade como matriz estrutural do poder no Brasil, e antiescravista e abolicionista, pois, como observa Frantz Fanon[9], na experiência colonial o corpo negro é definido a partir do exterior, e o negro não possui qualquer agência sobre essa determinação. É negada a possibilidade de existência plena ao ser negro, que sempre é apreendido entre dois sistemas de referência, a cultura tradicional e a cultura colonial, sem poder ter acesso integralmente a nenhum deles.

Um de meus primeiros contatos com o hip-hop se dá em meados dos anos 1990, quando já me encontrava envolvido com o tema da militância nas pastorais sociais da Igreja Católica. Nesse período, entrei em contato com o rap que tinha como tema o "poder negro" e o discurso antirracista. O grupo paulistano Racionais MC's figurava entre as as principais referências nesse período. Entre primeiros raps que ouvi destaco "Voz Ativa", do álbum *Escolha o Seu Caminho*, de 1992, que já tinha começado anos antes a partir das atividades culturais e sociais de organizações do Movimento Negro em meu bairro na periferia de Goiânia. Considero que essa música iniciou uma nova fase de minha ligação com a militância negra. Edi Rock, um dos vocalistas do grupo, canta em um dos trechos:

> Precisamos de um líder de crédito popular
> Como Malcolm X em outros tempos foi na América
> Que seja negro até os ossos, um dos nossos
> E reconstrua nosso orgulho que foi feito em destroços

---

8 Ibidem, p. 15.
9 Ver F. Fanon, *Em Defesa da Revolução Africana* e *Peles Negras, Máscaras Brancas*.

2. RAÇA E MASCULINIDADES

> Nossos irmãos estão desnorteados
> Entre o prazer e o dinheiro desorientados
> Brigando por quase nada
> Migalhas coisas banais
> Prestigiando a mentira
> As falas desinformadas demais.

Mano Brown, outro integrante do grupo, continua no trecho seguinte:

> Chega de festejar a desvantagem
> E permitir que desgastem a nossa imagem
> Descendente negro atual meu nome é Brown
> Não sou complexado e tal
> Apenas Racional.
> É a verdade mais pura
> Postura definitiva
> A juventude negra
> Agora tem voz ativa.

Não seria um exagero dizer que, em certa medida, o rap foi uma das primeiras escolas de militância negra com que tive contato. Os Racionais não me ensinaram apenas sobre raça e racismo, mas também transmitiram uma gama de valores que me acompanhariam por anos. Assim, o rap constitui um "campo moral" que referenda comportamentos específicos em relação à sociedade. Confrontando com minha história pessoal de aproximações e distanciamento com o hip-hop, comecei a considerar que esse "campo" tem implicações para além dos limites do movimento, e dimensões maiores que as preconizadas pelo movimento social negro brasileiro. Efetivamente, durante os anos 1990 e 2000 o rap foi uma escola de pensamento político para muitos jovens negros da periferia, e a projeção do Racionais mc's é uma parte importante da constituição dessa escola.

Existe no interior da militância negra brasileira um debate que remete à relação entre classe e raça. Algumas perspectivas fazem referência à dificuldade de articulação entre essas duas categorias na constituição de uma identidade política que seja racializada, classista e antirracista. No contexto do hip-hop, essa não parece ser uma

NOTAS PESSOAIS DE UM APRENDIZ SOBRE INTELECTUALIDADE AFRO-PERIFÉRICA INSURGENTE E MASCULINIDADES

questão muito relevante como é para a classe média baixa urbana e universitária, que em larga medida protagonizou os debates mais acalorados sobre a tensão entre raça e classe no interior do movimento negro. Nesse sentido, hip-hop tornou-se um "sonho de classe" para o movimento social negro que almejava, nos anos 2000, falar para os negros empobrecidos da periferia, mas que em muitos contextos não consegue se desvencilhar de sua forma de expressão característica da classe média universitária. Esse "sonho de classe" representa um espelho que reflete seu maior desejo, mas também seu maior medo, o de se tornar elitista e assumir uma fala "cientificista" e burguesa.

> Coisas do Brasil, super-herói, mulato
> Defensor dos fracos, assaltante nato
> Ouçam, é foto e é fato a planos cruéis
> Tramam 30 fariseus contra Moisés, morô
> Reaja ao revés, seja alvo de inveja, irmão
> Esquinas revelam a sina de um rebelde, óh meu
> Que ousou lutar, honrou a raça
> Honrou a causa que adotou
> Aplauso é pra poucos
> Revolução no Brasil tem um nome
> Vejam o homem
> Sei o que é ser um homem também
> A imagem e o gesto
> Lutar por amor
> Indigesto como o sequestro do embaixador
> ("Mil Faces de um Homem Leal [Marighella]", single)

Para além das referências a masculinidade, tema que será tratado mais adiante, e a racialidade da luta revolucionária contra o Regime de 1964, o trecho destacado opera em uma lógica muito similar a outras letras, sobrepondo camadas históricas com décadas de diferença como recurso estilístico para indicar que "as coisas mudam, mas não mudam tanto assim", uma vez que as estruturas de poder permanecem contíguas à branquidade e à opressão estatal.

Mano Brown, um dos integrantes do Racionais MC's, foi convidado a participar, junto com diversas outras personalidades da

2. RAÇA E MASCULINIDADES

música e das artes brasileiras, de um ato em favor da campanha de Fernando Haddad na eleição presidencial de 2018. Entre todos que estavam ali, ele foi uma das poucas pessoas a tomar a palavra e apresentar críticas ao Partido dos Trabalhadores – PT, dizendo que "era necessário voltar às bases".

Devido ao contexto tenso das campanhas presidenciais daquele ano e à polarização política, de imediato a fala de Mano Brown estabeleceu uma polêmica questionando se aquele era o momento de críticas externas à candidatura do PT, apresentada como alternativa à coalização de centro e extrema-direita que apontava à frente nas pesquisas de intenção de voto com o nome de Jair Bolsonaro, então no PSL.

De forma mais ou menos difusa, Mano Brown argumentou que ele não tinha filiação partidária, seu compromisso era com a verdade que precisava ser dita. Ou como diz a letra, citada anteriormente, sobre Marighella: "Revolução no Brasil tem um nome / Vejam o homem / Sei o que é ser um homem também / A imagem e o gesto / Lutar por amor / Indigesto como o sequestro do embaixador" ("Mil Faces de um Homem Leal"). "A filiação política do rap é com a verdade, doa a quem doer", disse-me certa vez um amigo ligado ao movimento hip-hop, sendo evidente a preferência dos seguidores e militantes do movimento pelo campo da esquerda.

II

Nos últimos anos os estudos sobre masculinidade avançaram bastante no Brasil. De um campo de estudos das relações de gênero pouco explorado no início dos anos 2000, passou a figurar entre os temas recorrentes nos encontros acadêmicos e a constituir objeto constante de reflexão dos movimentos sociais.

Existem inúmeras definições de gênero. Particularmente as perspectivas que compreendem o gênero não apenas como uma relação entre masculinos e femininos, ou a relação antagônica entre ambos, mas como um grande campo intersecional onde diversos fenômenos sociais ocorrem, me exercem maior agrado. Gênero refere-se a um amplo conjunto de fatores que indicam a configuração de papéis sociais historicamente constituídos, ao mesmo tempo que definem, normatizam e hierarquizam as diferenças corporais entre os indivíduos.

Raewyn Connell define gênero com "a forma pela qual as capacidades reprodutivas e as diferenças sexuais dos corpos humanos são trazidas para a prática social e tornadas parte do processo histórico"[10]. Ela afirma também que o gênero funciona como uma estrutura complexa que engloba a economia, o estado, a família, a sexualidade etc. O gênero, dessa forma, está ligado às dimensões mais amplas da existência humana e não só à relação diante da fala e das práticas sexuais dos indivíduos[11]. Por tal característica, as oposições binárias entre masculino e feminino mostram-se incapazes de corresponder às diversas configurações dos comportamentos humanos abrangidas pelo gênero.

Fátima Regina Cecchetto utiliza o termo "gênero" para referir-se a uma estrutura de relações sociais e psicológicas que se impõem sobre as diferenças biológicas sem, no entanto, desprezar as conexões que essas diferenças possuem na vida dos indivíduos[12]. No plano das práticas sociais, o gênero não se relaciona estritamente com as diferenças anatômicas ou com a sexualidade, mas basicamente com as formas como os indivíduos se relacionam com estas.

O gênero é um dos elementos que influenciam na constituição da identidade individual na sociedade. Gênero, raça e classe social compõem a tríade necessária para se pensar os mecanismos da distribuição do poder[13]. Como nos indica Rita Segato, nas relações de gênero,

> o que pode ser observado é o maior ou menor grau de opressão da mulher, ou menor ou maior grau de sofrimento, o maior ou menor grau de autodeterminação, o maior ou menor grau de oportunidades, de liberdade, etc., mas não a igualdade, pois é do domínio

---

10 R.W. Connell, Políticas da Masculinidade, *Educação e Realidade*, v. 20, n. 2, p. 189. Nos anos 1990, ela ainda assinava seus textos com o nome anterior à transição de gênero, Robert W. Connell. No texto, sempre será referida como Raewyn Connell.

11 Ibidem.

12 Ver F.R. Cecchetto, O Debate Contemporâneo sobre Masculinidade, *Violência e Estilos de Masculinidade*.

13 Ver P.P. Oliveira, Discursos Sobre a Masculinidade, *Estudos Feministas*, v. 6, n. 1.

2. RAÇA E MASCULINIDADES

da estrutura que organiza os símbolos, lhes conferindo sentido, não é da ordem do visível. O poder se revela, às vezes, com infinita sutileza.[14]

Em outro trecho de seu artigo, Segato afirma que "a matriz heterossexual é a primeira matriz de poder, o primeiro registro ou inscrição do poder na experiência social da vida do sujeito"[15] que marca sua constituição e as possibilidades desse de se relacionar. As proposições de Segato apontam para a necessidade de atentar-se à capacidade do gênero em moldar a vida social. A fala dos indivíduos é marcada pelas categorias de gênero, e a narrativa que compõem sobre a vida social é transpassada em todas as suas dimensões por essas categorias.

Patricia Hill Collins[16], ao traçar uma genealogia do pensamento das mulheres afro-estadunidenses a partir da produção social e histórica de sua subalternização em decorrência do escravismo, mapeia a economia política da dominação e apresenta uma alternativa humanista de gestão da sociedade considerando a autonomia e a autodeterminação feminina como elementos centrais. A cultura é identificada pela autora com o campo onde os processos de dominação são produzidos e reproduzidos; por essa razão, é fundamental a reconstrução da experiência cultural das mulheres negras e a pluralidade de formas de seu ativismo ante o racismo e o sexismo, e os impactos na vida de homens negros e mulheres negras. Em outras palavras, racismo e sexismo oprimem e restringem as oportunidades de mulheres negras e homens negros, mas o fazem de forma distinta. Sem considerar tais especificidades não seria possível construir uma alternativa emancipadora.

A masculinidade é algo plural e ligado à contingência das práticas masculinas, por isso seria mais correto falar de masculinidades. Nesses termos, como nos indica Cecchetto sobre o pensamento de Raewyn Connell, as masculinidades devem ser vistas como um "projeto de gênero" que se vincula a outras estruturas sociais como

---

14 R.L. Segato, *Os Percursos de Gênero na Antropologia e Para Além Dela*, p. 3.
15 Ibidem, p. 8.
16 Ver P.H. Collins, Aprendendo com a "Outside Within", *Sociedade e Estado*, v. 31, n. 1.

NOTAS PESSOAIS DE UM APRENDIZ SOBRE INTELECTUALIDADE AFRO-PERIFÉRICA INSURGENTE E MASCULINIDADES

raça, classe, etnia, nacionalidade e posição na ordem internacional[17], e a partir de tais vinculações estabelece um plano cognitivo, a partir do qual pode-se compreender a produção de narrativas sobre a vida social e sobre as estratégias e possibilidades de exercer controle sobre uma dada realidade.

Os valores sociais vinculados às masculinidades apontam para a centralidade da categoria da autonomia como definidora da condição masculina. Chegamos a essa centralidade ao percebermos como o "ser homem" se diferencia do "não ser homem", por sua capacidade de definir-se pelos próprios termos e pela própria fala. Esse "definir-se pelos próprios termos e pela própria fala" não remete apenas ao direito de narrar, mas também à capacidade de manter sua narrativa como verdadeira na arena do enfrentamento discursivo. Dessa forma a autonomia emerge como categoria central para a articulação dos valores das masculinidades na obra do Racionais MC's, uma vez que é a prova factual da vitória no enfrentamento discursivo. Assim, podemos retornar ao trecho "Revolução no Brasil tem um nome / Vejam o homem / Sei o que é ser um homem também / A imagem e o gesto / Lutar por amor / Indigesto como o sequestro do embaixador" ("Mil Faces de um Homem Leal [Marighella]"), e compreender a dimensão das categorias de gênero vislumbradas ao se apresentar a revolução como um assunto masculino na letra.

III

Quando se propõe a pensar o tema das masculinidades no rap e no hip-hop, o caminho comumente mais traçado é o de identificar os exemplos de sexismo e de opressão às mulheres e a homofobia nas letras e, a partir dessa genealogia, construir as críticas ao poder masculino e seus mecanismos de opressão no interior do campo do rap. Gostaria de propor aqui um caminho um pouco distinto. Considero o rap como um movimento intelectual afro-periférico e urbano no Brasil, como já tinha dito. Assim, mais que buscar identificar os equívocos de seus intelectuais, proponho apreender sua

---

17 Ver F.R. Cecchetto, op. cit.

2. RAÇA E MASCULINIDADES

teoria como uma tentativa de produzir uma explicação da realidade e exercer sobre essa realidade alguma forma de controle, nos termos já discutidos anteriormente. Não se trata de ser permissivo em relação ao sexismo do rap brasileiro, mas de compreender a questão para além da construção de estratégias de "flagelação pública" dos rappers para demonstrar a necessidade de seu arrependimento por terem "se comportado tão mal".

Asad Haider[18], ao analisar o "chauvinismo branco norte-americano no final dos anos 1960", salienta que a política da culpa branca produziu um esvaziamento da historicidade das lutas da esquerda naquele país. Segundo ele,

> à medida que essa linguagem [da culpa branca] foi incorporada pela New Left, ela passou por consideráveis transformações ideológicas. O manifesto "You don't need a weatherman to know which way the wind blows" circulou na turbulenta conferência da Students for a Democratic Society (SDS) de 1969, propondo uma política centrada na culpa branca em vez de uma que defendesse a unidade proletária. [...] Na prática, isso significou que o Wather Underground reduziu a luta política a grupos de vanguarda como ele próprio, que atacava seus próprios privilégios adotando um estilo de vida revolucionário. Isso significou na prática a autoflagelação [...] de radicais brancos, que se colocavam no lugar das massas e narcisicamente centravam a atenção em si mesmos, em vez de centrarem nos movimentos negros e do Terceiro Mundo que eles diziam estar apoiando.[19]

Penso que qualquer tentativa de discutir os temas correlatos ao sexismo no universo do rap deve evitar a reivindicação da "autoflagelação" dos homens, sob o risco de que os homens sejam o centro da análise e, assim, acabe-se por desconsiderar os processos necessários à superação do sexo, da raça e da classe como elementos estruturantes da desigualdade e da hierarquia. Haider compreende que não é possível desvincular raça e classe no contexto das estratégias de

---

18 Ver A. Haider, *Armadilha da Identidade*.
19 Ibidem, p. 78.

superação das iniquidades, assim como Angela Davis[20] já indicava, décadas antes, a intersecção de sexo, raça e classe como central nos processos de dominação no modo de produção capitalista. Ambos, Haider e Davis, assim como Collins[21] e Raewyn Connell[22], também destacam a necessidade de que as estratégias de enfrentamento ao sexismo devem ser historicizadas e tidas como estratégias coletivas, mesmo que a linguagem assumida e/ou reivindicada seja do pragmatismo individualista. Tal aspecto deve ser ressaltado porque, mesmo quando o rap dos Racionais apresenta uma narrativa pessoal e autobiográfica, remete a processos históricos e a estratégias coletivas de existência no mundo social.

O discurso da autonomia no rap brasileiro refere-se à busca de alternativas aos processos de subalternização aos quais a "periferia", ao mesmo tempo uma unidade moral e um fragmento da paisagem urbana, está submetida. A rua, como metáfora da esfera pública, representa o lugar da busca dessas alternativas, e é ocupada pelos homens e pelos valores morais ligados ao masculino. Essa observação se faz importante porque, mesmo quando o rap composto por homens trata da subalternização feminina, ele se refere às suas mulheres e não à condição generalizada das mulheres. Em diversas letras, a perda da autonomia representa um projeto frustrado de existência.

Na música "Capítulo 4, Versículo 3", o Racionais MC's apresenta uma referência representativa das ideias contidas na maioria das composições sobre a perda da autonomia. A letra remete a uma conversa entre dois dos integrantes do grupo, Mano Brown e Ice Blue, sobre uma terceira personagem, não identificada, que foi vista consumindo drogas na noite anterior ao diálogo. Ice Blue alerta o amigo para não se envolver com essa terceira personagem, pois morrerá sem buscar um "lugar de destaque", referindo-se à passividade diante da vida. Mano Brown, como resposta, argumenta que essa terceira personagem é um "irmão também" e que por isso deve se preocupar com ele. O termo "irmão" refere-se ao fato de esse personagem

---

20 Ver A. Davis, *Mulheres, Raça e Classe*.
21 Ver P.H. Collins, op. cit.
22 Ver R.W. Connell, op. cit.

2. RAÇA E MASCULINIDADES

compartilhar as mesmas condições de vida dos autores da letra. Após esse primeiro momento, a narrativa deixa de ser dirigida ao parceiro integrante do grupo e passa a ser direcionada aos ouvintes da música, assumindo características de "manifesto" pelos valores morais da vida na periferia.

> Você fuma o que vem, entope o nariz
> Bebe tudo que vê, faça o diabo feliz
> Você vai terminar tipo o outro mano lá
> Que era um Preto Tipo A, ninguém entrava numa
> Mó estilo de calça Calvin Klein, tênis Puma é
> Um jeito humilde de ser, no trampo e no rolê
> Curtia um funk, jogava uma bola
> Buscava a preta dele no portão da escola
> Exemplo pra nóis, mó moral, mó ibope
> Mais começo colá com os branquinho do shopping
> Ai já era... e mano outra vida outro pique
> Só mina de elite, balada vários drinque,
> Puta de butique, toda aquela porra, sexo sem limite
> Sodoma e Gomorra....
> Hã, faz uns nove anos,
> Tem uns quinze dias atrás eu vi o mano
> Cê tem que ver, pedindo cigarro pros tiozinho no ponto
> Dente tudo zuado, bolso sem nenhum conto
> O cara cheira mal, azia sente medo
> Muito loco de sei lá o que logo cedo
> Agora não oferece mais perigo
> Viciado, doente, fudido, inofensivo.

("Capítulo 4, Versículo 3", *Sobrevivendo no Inferno*)

O trecho remete a duas situações distintas. Numa primeira a personagem é descrita como integrada ao cotidiano dos autores da letra. O principal adjetivo empregado para defini-lo é "humilde". A humildade é reconhecida como um valor e está associada a viver em condições similares aos seus "iguais". Percebe-se que esses são marcados por gostos musicais, pelo hábito de jogar bola e de namorar pessoas negras. A racialização é utilizada na letra como definidora de posições estruturais no sistema de relações sociais na sociedade brasileira.

NOTAS PESSOAIS DE UM APRENDIZ SOBRE INTELECTUALIDADE AFRO-PERIFÉRICA INSURGENTE E MASCULINIDADES

A transição dessa fase de um sujeito autônomo e respeitado para o de dependente e deslegitimado diante de seus "iguais" é marcada pela narrativa da transposição das barreiras raciais e sociais das relações da personagem. Os valores que antes eram compartilhados com seus "iguais" são substituídos por aqueles da elite nomeada como "branquinhos do shopping". A primeira e última fase do trecho selecionado da letra expressam a avaliação do autor da letra sobre essa transição da redução de um "Preto Tipo A" a um "neguinho". A oposição entre os termos pode ser interpretada como a indicação de um processo de infantilização daqueles identificados pelo segundo termo.

Em outro trecho da música "Capítulo 4, Versículo 3", temos a submissão voluntária como a busca de dinheiro a qualquer preço.

> Em troca de dinheiro e um carro bom
> Tem mano que rebola e usa até batom
> Vários patrícios falam merda pra todo mundo rir
> Ha, ha... pra ver branquinho aplaudir.

A submissão voluntária em troca de bens materiais é representada, de forma categórica, pela atribuição de atitudes femininas como "rebolar e usar batom" àquele a quem o eu narrativo se opõe. A "homossexualização" do adversário moral é um recurso metafórico para retratar uma submissão voluntária à hierarquia racial, como se percebe nas duas últimas linhas do trecho acima. O substantivo "patrício", utilizado para definir seus "iguais", se opõe ao termo "branquinho", aquele que possuei o "dinheiro" e o "carro bom", racializando as diferenças de classe social existentes na sociedade brasileira, ao mesmo tempo que se propõe uma leitura da sociedade a partir de categorias de gênero.

O trecho acima é quase sempre apontado como uma "prova cabal e definitiva" do caráter homofóbico das composições do Racionais MC's, levando a uma reivindicação de retratação pública. Como já foi salientado anteriormente, buscar a retratação dos autores de suas declarações não é a intenção aqui, mas compreender a forma como suas narrativas figuram como discurso que compõe uma intelectualidade

2. RAÇA E MASCULINIDADES

afro-periférica insurgente. A emasculação dos homens como processo de afirmação de sua subalternização não é uma invenção do Racionais MC's, mas uma estratégia recorrente e amplamente utilizada na sociedade.

IV

Faz algum tempo que argumento que a intersecionalidade não é a qualidade de um objeto em análise sociológica. Minha controvérsia com muitas pessoas é que não existiria um movimento intersecional, uma metodologia intersecional, ou mesmo um feminismo intersecional, mas estratégias de como viver a diferença colocada em contato que remete ao campo do feminismo. O feminismo negro, assim, não seria uma sorte de feminismo que, por um acaso, tem sua substância no fato de suas gestoras serem mulheres que também são negras. Ele seria, ao contrário, um compromisso ético de existência diferenciada que luta pela superação de uma condição de desigualdade de poder no interior do campo das relações sociais. A historicidade do feminismo negro recairia na existência de mulheres negras que, em uma academia racista e sexista, reivindicam suas especificidades e experiência como ponto de partida de estratégias de (re)existência e de transformação da realidade. Ou, como indica Patricia Hill Collins,

> a interseccionalidade conecta dois lados de produção de conhecimento, a saber, a produção intelectual de indivíduos com menos poder, que estão fora do ensino superior, da mídia de instituições similares de produção de conhecimento, e o conhecimento que emana primariamente de instituições cujo propósito é criar saber legitimado.[23]

Voltando à composição do Racionais MC's, trata-se desse modo de um movimento intelectual de encontro como uma estratégia de lidar e viver a diferença no que diz respeito não apenas sobre o Brasil,

---

23 Se Perdeu na Tradução? Feminismo Negro, Interseccionalidade e Política Emancipatória, *Parágrafo*, p. 7.

mas da forma como nos localizamos no contexto mundial, inter-mediado pelas categorias de gênero e pela raça.

Paul Gilroy, ao discutir a constituição de uma identidade negra transnacional, argumenta que o homem negro norte-americano, em sua luta antirracista, cria um modelo de relações sociais baseado na noção de virilidade. Segundo ele, o nacionalismo negro norte-ameri-cano, difundido mundialmente a partir da autobiografia de Malcolm x e, posteriormente, do filme baseado na mesma obra, transnacio-naliza esse modelo, que se contrapõe ao padrão da superioridade branca[24]. Segundo esse autor, a supremacia branca e o modelo de nacionalismo negro baseado na noção de virilidade se assemelham à medida que ambos têm no patriarcado seu principal elemento estru-turante, o que faz com que o sexismo inerente à supremacia branca permaneça intacto diante da luta antirracista. No paradigma da viri-lidade, o homem negro não tem, ou pelo menos assim o expressa em seu discurso político, a intenção de se integrar à estrutura social do patriarcado branco, mas a de criar "outra possibilidade patriar-cal" à qual Gilroy dá o nome de "esquema da virilidade".

O sexismo é um dos principais temas de crítica ao rap. A obje-tificação da mulher e atribuição a ela de uma gama de estereótipos vinculados à superioridade moral do masculino é uma realidade. Isso ocorre uma vez que o potencial de deslocamento das posições estruturais do sistema hierárquico sexista não acompanha o movi-mento de deslocamento das posições do sistema hierárquico de relações raciais no interior do campo de atuação da intelectuali-dade afro-periférica urbana existente no rap. Em outras palavras, do ponto de vista da contestação antirracista, o rap dos Racionais apresenta-se com uma das manifestações artísticas mais radical-mente engajadas com a superação do racismo, mas, no que se refere à crítica antissexista, seu discurso militante assume posturas mui-tas vezes conservadoras.

A mulher é associada à posição de comando principalmente na esfera do lar. A vida familiar é sempre comandada por uma figura feminina reconhecida como referência de força e proteção. Como já

---

24 Ver P. Gilroy, *The Black Atlantic*.

2. RAÇA E MASCULINIDADES

foi dito anteriormente, a vida masculina, identificada com os valores da vida pública, afasta os homens da esfera doméstica, criando a representação de uma vida familiar composta de mulheres e crianças. Quando se rompe essa normatização do lugar da mulher, emergem narrativas que a enfocam como parte do problema. A relação entre poder e prazer é corriqueira no rap brasileiro, e a mulher muitas vezes é o elemento que melhor encarna essa dimensão. "Mulher e dinheiro, dinheiro e mulher / Quanto mais você tem muito mais você quer / Mesmo que isso um dia traga problema / Viver na solidão, não, não vale a pena" ("Estilo Cachorro", *Nada Como um Dia Após o Outro Dia*).

Em outra letra do grupo, mais antiga, a mulher é apresentada nessa lógica dualista: ou se encontra vinculada ao contexto familiar, tornando-se digna de respeito e admiração, ou se projeta no espaço público disputando junto aos homens a posição de hegemonia social, e assim passa a estar subordinada às mesmas regras que testam a lealdade de outros homens.

> Derivada de uma sociedade feminista
> Que consideram e dizem que somos todos machistas
> Não quer ser considerada símbolo sexual
> Lutam pra chegar ao poder, provar a sua moral
> Numa relação a qual não admite ser subjugada, passada pra trás
> Exigem direitos iguais, certo mano?
> E do outro lado da moeda, como é que é?
>
> Pode crê! Pra ela, dinheiro é o mais importante (pode crê)
> Sujeito vulgar, suas ideias são repugnantes
> É uma cretina que se mostra nua como objeto
> É uma inútil que ganha dinheiro fazendo sexo
> No quarto, motel, ou telas de cinema
> Ela é mais uma figura viva, obscena
> Luta por um lugar ao sol
> Fama e dinheiro com rei de futebol
> No qual quer se encostar em um magnata
> Que comande seus passos de terno e gravata (otária)
> Ela quer ser a peça central em qualquer local
> Que a julgue total, quer ser manchete de jornal

NOTAS PESSOAIS DE UM APRENDIZ SOBRE INTELECTUALIDADE AFRO-PERIFÉRICA INSURGENTE E MASCULINIDADES

> Somos Racionais, diferentes, e não iguais
> Mulheres vulgares, uma noite e nada mais
> ("Mulheres Vulgares", *Holocausto Urbano*)

A música "Mulheres Vulgares" é uma das canções do Racionais MC's que é resgatada para demonstrar o caráter sexista das letras do grupo. No trecho selecionado, percebe-se nitidamente uma dualidade entre aquelas que "lutam por direitos iguais e não aceitam ser passadas pra trás" e as que optam pela subordinação voluntária por status, dinheiro e fama. As que compõem o primeiro grupo não querem ser valorizadas pelo corpo, uma vez que recusam o papel de "símbolo sexual" ao mesmo tempo que lutam para provar seu valor. Tais mulheres não toleram ser subjugadas ou enganadas, e são uma representação do protagonismo feminino, sendo a luta pelos direitos uma constante.

Por outro lado, o segundo grupo de mulheres é descrito como composto daquelas que assumem a posição de subordinação voluntária, e assim estão sujeitas ao tratamento dispensado, anteriormente, ao homem que assume a subordinação voluntária. O que se destaca é que tanto o "mano" quanto a "mulher" que assumem a submissão voluntária como estratégia de lidar e viver com a diferença de classe e raça na sociedade recebem tratamentos similares nas duas letras. Questionam-se as razões pelas quais isso ocorre: a "homossexualização" do mano, assim como a "masculinização" da mulher, são a natureza de um pensamento sexista e homofóbico ou reflexo de uma estrutura mais profunda, visceralmente vinculada às disputas pelo poder existente na sociedade?

V

Tal estrutura mais profunda é parte da historicidade que localiza o discurso pronunciado desta epistemologia racializada e "generificada", como o indicado pela teoria feminista e pelo feminismo negro apresentados anteriormente. Três décadas de Racionais MC's ensinaram muitas coisas, uma delas é que, assim como diversos autores e autoras do rap brasileiro, eles são produtores de uma teoria social sobre o Brasil que tem as masculinidades negras como ponto de enraizamento histórico. Não é possível excluir esse enraizamento sem mutilar essa intelectualidade em seu centro articulador de sentidos. Não é possível evocar o "reconhecimento de culpa" e a "autoflagelação pública" como prova do compromisso com a transformação da realizada sem arrancar dessa intelectualidade seu desprezo pelo centro e sua fidelidade à condição periférica.

A masculinidade e branquidade são os idiomas de poder na sociedade brasileira que garantem, entre outras coisas, a referência ao acesso à riqueza e ao poder político. Racionais MC's, ao se pronunciarem em termos de uma masculinidade negra e periférica, fracionam a unicidade da vocalização sobre os idiomas de poder e inserem outras temporalidades na narrativa da nação. A pluralidade de masculinidades nas letras anuncia a pluralidade de estratégias de poder, em enfrentamentos pelo direito de narrar e sobre a representação como estratégia de controle da realidade. Eles não são exemplos que corroboram as teorias sociais sobre raça e gênero; ao contrário, são produtores de teorias sobre o mundo social e que, nas próximas três décadas, devem ser compreendidos como tal em uma perspectiva de diálogo interepistêmico.

Referências

ABRAMOVAY, Mirian et. al. *Gangues, Galeras, Chegados e Rappers: Juventude, Violência e Cidadania nas Cidades da Periferia de Brasília*. Rio de Janeiro: Garamond, 1999.

CAMPOS, Felipe Oliveira. *Rap, Cultura e Política: Batalha da Matrix e a Estética da Superação Empreendedora*. São Paulo: Hucitec, 2020.

CECCHETTO, Fátima Regina. O Debate Contemporâneo Sobre Masculinidade. *Violência e Estilos de Masculinidade*. Rio de Janeiro: Editora FGV. 2005.

COLLINS, Patricia H. Aprendendo Com a "Outside Within": A Significação Sociológica do Pensamento Feminista Negro. *Sociedade e Estado*, v. 31, n. 1, jan.-abr. 2016.

_____. Se Perdeu na Tradução? Feminismo Negro, Interseccionalidade e Política Emancipatória. *Parágrafo*, jan.-jun, v. 5, n. 1, 2017.

CONNELL, Robert W. Políticas da Masculinidade. *Educação e Realidade*, v. 20, n. 2, jul.-dez. 1995.

DAVIS, Angela. *Mulheres, Raça e Classe*. São Paulo: Boitempo, 2016.

DIÓGENES, Glória. *Cartografias da Cultura: Gangues, Galeras e Movimento Hip Hop*. São Paulo: Annablume, 1998.

FANON, Frantz. *Pele Negra, Máscaras Brancas*. Salvador: Editora UFBA, 2008.

_____. *Os Condenados da Terra*. Rio de Janeiro: Civilização Brasileira, 1979.

NOTAS PESSOAIS DE UM APRENDIZ SOBRE INTELECTUALIDADE AFRO-PERIFÉRICA INSURGENTE E MASCULINIDADES

GILROY, Paul. *The Black Atlantic: Modernity and Double-Consciousness*. Cambridg: Harvard University Press, 1995.

HAIDER, Asad. *Armadilha da Identidade: Raça e Classe nos Dias de Hoje*. São Paulo: Veneta, 2019.

HERSCHMANN, Micael. *O Funk e o Hip Hop Invadem a Cena*. Rio de Janeiro: EDUFRJ, 2000.

OLIVEIRA, Cleber José de. *Rap: O Discurso Subversivo do Intelectual Marginal*. Dissertação (Mestrado em Letras), UFGD, Dourados, 2012.

OLIVEIRA, Pedro Paulo. Discursos Sobre a Masculinidade. *Estudos Feministas*, v. 6, n. 1, 1998.

RUFER, Mario. Introducción: Nación, Diferencia, Poscolonialismo. In: RUFER, Mario. (Coord.) *Nación y Diferencia: Procesos de Identificación y Formaciones de Otreidad en Contextos Poscoloniales*. Cidade do México: Itaca, 2012.

SAID, Edward W. *Orientalismo: O Oriente como Invenção do Ocidente*. São Paulo: Companhia das Letras, 2001.

SALLES, Ecio. *Poesia Revoltada*. Rio de Janeiro: Aeroplano, 2007.

SEGATO, Rita Laura. *Os Percursos de Gênero na Antropologia e Para Além Dela*. Brasília: Dep. de Antropologia UNB, 1998. (Série Antropologia n. 236.)

SODRÉ, Muniz; PAIVA, Raquel. *O Império do Grotesco*. Rio de Janeiro: Mauad, 2002.

Parte 3

ESTÉTICA E POÉTICA

Rimo, Logo Penso

Janaína Machado

*Um triplex pra coroa é o que o malandro quer.
Não só desfilar de Nike no pé.*

RACIONAIS MC's, "Da Ponte Pra Cá",
Nada Como um Dia Após o Outro Dia

Historicamente, as populações negras têm utilizado variados recursos político-estéticos para elaborar sua experiência social num mundo hostil à sua existência. Dentre os vários recursos e dispositivos disponíveis, pontuo a linguagem da música como ferramenta privilegiada de potencialidade criativa e de comunicação fundamentada nas e pelas diásporas negras.

No célebre ensaio *O Atlântico Negro*, Paul Gilroy enfatiza o fundamento do lugar da música no mundo do Atlântico negro. Para ele, a música constitui uma espécie de dispositivo comunicacional afrodiaspórico não apartado da dimensão ético-política. Ao propor reflexões a partir do título deste texto, abro o diálogo com a proposição "Rimo, logo penso" na pretensão de chamar a atenção para o aspecto epistemológico do pensamento do Racionais MC's.

É importante frisar que o Racionais MC's se constitui como o grupo de maior contundência na história do rap nacional. Num plano mais amplo, sua produção artística é considerada uma das obras mais relevantes na cena da música popular brasileira na contemporaneidade. Nesse sentido, esta reflexão crítica busca focalizar o pensamento do Racionais MC's a partir de uma radiografia poético-política inscrita em suas composições.

Compreende-se que o pensamento expressado na obra dos "quatro pretos mais perigosos do Brasil" produz um referencial teórico frutífero, com base na experiência da negritude, para se meditar a respeito das complexidades que atravessam de forma estrutural as

3. ESTÉTICA E POÉTICA

relações sociais na sociedade brasileira.

Os Racionais, assim como outros artistas afro-identificados, assentam suas produções musicais num repertório ético-político a partir da experiência negra. Quero dizer que se constituem como produtores de conhecimento, de saberes operacionalizados por suas pertenças étnico-raciais situadas.

Desse modo, a máxima "Rimo, logo penso", alinhada à epígrafe "Um triplex pra coroa é o que o malandro quer. Não só desfilar de Nike no pé." ("Da Ponte Pra Cá", *Nada Como um Dia Após o Outro Dia*), evidencia os valores e a atitude crítica de interpretação da realidade. Nesse enunciado, os Racionais abrem diálogo com seu ouvinte: convidam-no a pensar para além da crítica pautada na cultura do consumo, direcionando reflexões sobre o direito à moradia, ou seja, disparam provocações profundas a partir do campo da ética reivindicatória. Diante de tudo isso, por que não pensar a ética e as poéticas políticas pela óptica dos Racionais?

Segundo Abdias Nascimento, em *O Genocídio do Negro Brasileiro*, a partir da incursão no eixo de uma prática de pensamento e da poética política interessada, não há interesse no exercício de qualquer tipo de ginástica teórica imparcial e descomprometida. Por esse viés, o autor salienta que não compete transcender a si mesmo, como em geral os cientistas sociais declaram supostamente fazer em relação às suas investigações. Para o autor, produzir conhecimento é considerar-se parte da matéria investigada, ou seja, somente com base na própria experiência e situação no grupo étnico-cultural a que se pertence, interagindo no contexto global da sociedade brasileira, é que se pode surpreender a realidade que condiciona e define o ser, o sujeito.

Dito isso, vislumbrar o pensamento ético do Racionais MC's nos cerca de um referencial instigante para refletirmos sobre a elaboração de uma gramática política referenciada na experiência negra brasileira que se dá a partir das margens, reposicionando e alargando o *locus* de produção de conhecimento e de saber com base em um local específico de enunciação. É o dito, a enunciação da potência, que se produz no espaço da periferia da maior cidade do país. Assim, o pensamento ético do Racionais MC's potencializa, literalmente, o exercício da poética do pensamento da ponte pra cá. Em termos de sua poética política inflamada, nos é apresentado o cenário da enunciação: "na periferia a alegria é igual. [...] É lá que moram meus irmãos, meus amigos. E a maioria por aqui se parece comigo" ("Fim de Semana no Parque", *Raio x do Brasil*).

Outro ponto interessante a ser ressaltado diz respeito à focalização do pensamento do Racionais MC's na arena da prática discursiva do debate crítico racial. Os saberes produzidos pelo grupo no âmbito das relações étnico-raciais e das dinâmicas espaciais, considerando sua geo-grafia[1] de produção de conhecimento, reposicionam a identidade entre sujeito e objeto numa perspectiva de autoridade da fala como interlocutores reais no debate social, uma vez que essa condição de sujeito reflexivo pleno sobre racialidade é historicamente negada aos sujeitos negros, como assinala Sueli Carneiro: "Os ativistas negros, por sua vez, com honrosas exceções, são tratados, pelos especialistas da questão racial, como *fontes de saber*, mas não de autoridade sobre o tema. Os pesquisadores negros em geral são reduzidos também à condição de fonte e não de interlocutores reais no diálogo acadêmico, quando não são aprisionados exclusivamente ao tema do negro."[2]

Em consonância a esse apontamento, a partir da poética política dos Racionais podemos exercitar a reflexão a respeito da posição de interlocução do grupo na cena do debate das relações-raciais. Assim, recorrendo aos enunciados de "Voz Ativa", percebemos a marcação de posicionamento de interlocução do grupo:

> 1992. A juventude negra agora tem voz ativa
> Viemos mostrar que a sabedoria de rua vale muito
> E não se aprende nas escolas e tal
> Das ruas de São Paulo pro mundo
> Racionais.
> [...]

---

1 Aqui as geo-grafias, grafias ou marcas (geografias negras) são interpretadas como as escritas espaciais a partir de vivências socioespaciais próprias de pensar o mundo e a sociedade.

2 S.A. Carneiro, *A Construção do Outro Como Não-Ser Como Fundamento do Ser*, p. 60.

3. ESTÉTICA E POÉTICA

> Afrodinamicamente manter nossa honra viva
> Sabedoria de rua, o rap mais expressiva (E aí)
> A juventude negra agora tem voz ativa. Pode crer.
>
> ("Voz Ativa", *Escolha o Seu Caminho*)

Ademais, nos primeiros versos de "Voz Ativa", temos a marcação inscrita da condição de sujeito político que se dispõe a refletir sobre a dinâmica racial, como podemos observar:

> Eu tenho algo a dizer e explicar pra você
> Mas não garanto, porém, que engraçado eu serei dessa vez
> Para os manos daqui
> Para os manos de lá
> Se você se considera um negro
> Um negro será
> Mano

Essa construção discursiva revela a representação do dizer, tendo a experiência social negra como ponto de partida para se compreender o mundo e a dinâmica das relações sociais inscritas na sociedade brasileira. É o agenciamento. Como diz a artista e intelectual Grada Kilomba, em *Memórias da Plantação*, tornar-se sujeito expressa a passagem de objeto a sujeito, marcando a escrita como um ato político, ou seja, ter condição de ser o sujeito que descreve a própria história e não quem é descrito, ou falado por outro. Nesse caso, a poética política dos Racionais promove a possibilidade de agenciamento e ruptura com a política colonial que sequestra a condição de sujeito do Outro subalternizado.

Falar dessa quebra na relação sujeito-objeto e a maneira com que os Racionais cavam o espaço de sujeito do conhecimento dialoga com a provocação que lançamos a partir do título "Rimo, logo penso", no sentido de reconhecimento da autoridade desses sujeitos na produção da prática discursiva, especificamente se considerarmos que os sujeitos negros e subalternizados foram confinados numa ordem do discurso na condição de objeto, ou seja, como temática e assunto, como mero conteúdo da rima na condição do outro subalternizado no campo das ciências sociais e humanas.

110

Nesse sentido, é possível afirmar que a instauração da voz qualitativa e ativa na poética dos Racionais institui a possibilidade de falar, enunciar e tornar visível todo um espectro de complexidades que estão em disputa. Além disso, consideramos que a inscrição desses discursos na esfera política de engajamento social a partir da linguagem artística do texto cria espaços onde vozes diversificadas podem falar usando outras palavras ou expressões artísticas que não as das práticas discursivas hegemônicas especializadas e viciadas na produção de conhecimento sobre o Outro, conforme a já citada obra de Sueli Carneiro e o livro *Ensinando a Transgredir*, de bell hooks, nos indicam.

Sendo assim, o escopo dessa reflexão circunscreve o pensamento ético do Racionais MC's em diálogo com outros intelectuais, trazendo a análise da poética política inscrita na gramática discursiva do grupo como procedimento metodológico. Contudo, tomo aqui a música, a composição rap, como texto a partir das noções de polifonia e dialogismo de acordo com a concepção bakhtiniana. Nesse sentido, o texto rap é entendido como constitutivamente dialógico, isto é, definido pelo diálogo entre interlocutores e pelo diálogo com outros textos, e apenas dialogicamente constrói sua significação.

Vale situar também que, em contextos socioculturais pautados em desigualdades, seja de ordem socioeconômica, gênero ou étnico-racial, discursos responsivos surgem para se contrapor à ordem vigente. É nesse âmbito que a poética política dos Racionais articula a síntese da episteme inflamada da radiografia poética da negritude. No texto "Negro Limitado", temos:

> Racionais declaram guerra.
> Contra aqueles que querem ver os pretos na merda.
> E os manos que nos ouvem irão entender que a informação é uma grande arma.
> Mais poderosa que qualquer PT carregada.
>
> ("Negro Limitado", *Escolha o Seu Caminho*)

Retomando o clássico ensaio *Ensinando a Transgredir*, encontramos reflexões de bell hooks acerca do uso da linguagem pela população negra. A autora alerta sobre a importância de se pensar a esse

3. ESTÉTICA E POÉTICA

respeito não apenas no aspecto de resistência, mas também quanto à possibilidade de se forjar um espaço para a produção cultural alternativa e para epistemologias alternativas. Para ela, tal uso relaciona-se às diferentes maneiras de pensar e saber que foram cruciais à criação de uma visão de mundo contra-hegemônica.

Ao verticalizar o texto rap como texto dialógico, citativo e de caráter intertextual em relação a outros discursos sociais, alinho-me à afirmação da semioticista Diana Luz Pessoa de Barros, que concebe os termos "dialogismo" e "polifonia" não como sinônimos, como comumente são definidos, mas de forma diferenciada. Para ela, dialogismo é compreendido como o princípio dialógico constitutivo da linguagem e de todo discurso. Por sua vez, a polifonia caracteriza certo tipo de texto, aquele em que o dialogismo se deixa ver, em que são percebidas as muitas vozes, por oposição aos textos monofônicos, que escondem os diálogos que os constituem.

Por todas essas considerações, Barros define por dialogismo e polifonia os efeitos de sentido decorrentes de procedimentos discursivos dialógicos – por definição e constituição. Nesses termos, nos textos polifônicos escutam-se várias vozes, nos monofônicos, uma apenas, pois as demais são abafadas. Para a autora: "O dialogismo é o princípio constitutivo da linguagem e a condição do sentido do discurso. Desse modo, o discurso não é individual porque se constrói entre pelo menos dois interlocutores que, por sua vez, são seres sociais, não é individual porque se constrói entre discursos, ou seja, porque mantém relações com outros discursos."[3]

Em consonância à perspectiva dialógica, o pensamento ético do Racionais MC's é permeado por encruzilhadas discursivas que dão sustentação à sua poética política musical. Tais encruzilhadas estabelecem relação dialógica com outros discursos, artistas, ativistas e interlocutores do tecido social, e seu teor polifônico se constitui por evidenciar o embate de várias vozes que ora se ocultam e ora são reveladas no texto, procedimentos discursivos que podem ser percebidos no texto "Voz Ativa" e em passagens de "Racistas Otários". Assim, temos:

---

3 D.L.P. Barros, *Dialogismo, Polifonia, Intertextualidade*, p. 2.

RIMO, LOGO PENSO

Precisamos de nós mesmos essa é a questão
DMN, meus irmãos, descrevem com perfeição então
[...]
Precisamos de um líder de crédito popular
Como Malcolm x (Martin Luther King[4]) em outros tempos foi na
América
Que seja negro até os ossos, um dos nossos
E reconstrua nosso orgulho que foi feito em destroços
("Voz Ativa", *Escolha o Seu Caminho*)

O sistema é racista, cruel
Levam cada vez mais irmãos aos bancos dos réus
Os sociólogos preferem ser imparciais
E dizem ser financeiro nosso dilema
Mas, se analisarmos bem mais, você descobre
Que negro e branco pobre se parecem, mas não são iguais
[...]
O Brasil é um país de clima tropical
Onde as raças se misturam naturalmente
E não há preconceito racial

("Racistas Otários", *Holocausto Urbano*)

Temos aqui um enunciador que expressa discordância com o discurso ainda vigente e difundido no senso comum brasileiro que nega a existência da tensão racial no país, ocultando as expressões concretas do racismo antinegro gerador das desigualdades sociais, sustentado pela pregação insistente do discurso falacioso da democracia racial, que prega ausência de conflitos entre brancos e negros e ancora-se no discurso da mestiçagem. Nesse enunciado, o grupo projeta a representação do dizer de estudiosos brancos que alegavam estar a problemática pautada na classe e não na raça. Na passagem desse enunciado, os Racionais articulam um discurso desafiador à ordem estabelecida em termos de percepções sobre raça e racismo no país, como também trazem para a superfície da reflexão a categoria racial branco.

---

4 A música "Voz Ativa" tem três versões. A versão rádio, baile e capela. Na versão rádio, é utilizada a referência a Martin Luther King, na versão baile e capela, a referência é Malcolm x.

3. ESTÉTICA E POÉTICA

Assim, compreende-se que o pensamento poético político dos Racionais expressa o que denomino de episteme radiográfica minuciosa sobre as relações sociais na sociedade brasileira. Vale ressaltar que essas relações são marcadas pela relação racial, conforme a definição de Muniz Sodré em *Claros e Escuros*.

No enunciado extraído do texto "Qual Mentira Vou Acreditar", esse enquadro radiográfico sobre a dinâmica racial brasileira é construído pelo *riso*. Ao funcionar como uma estratégia argumentativa, o riso reforça a enunciação do grupo, é instrumentalizado para corroborar ou refutar outros discursos, enunciados e risos que circulam socialmente. Assim, temos:

> Quem é preto como eu já tá ligado qual é
> Nota fiscal, RG, polícia no pé. Escuta aqui...
> O primo do cunhado do meu genro é mestiço
> Racismo não existe, comigo não tem disso
> É pra sua segurança
> Falô, falô, deixa pra lá
> Vou escolher em qual mentira vou acreditar
>
> ("Qual Mentira Vou Acreditar", *Sobrevivendo no Inferno*)

Nesse enunciado, a partir da radiografia do riso, os Racionais sintetizam a faceta da expressão do racismo à brasileira que se dá violentamente pela negação com pretensões ambíguas, ao mesmo tempo que se acentua pelo racismo de marca ("Quem é preto como eu já tá ligado qual é. Nota fiscal, RG, polícia no pé"). Nas palavras do sociólogo Florestan Fernandes, em *O Negro no Mundo dos Brancos*, trata-se do preconceito de ter preconceito.

Assim como os Racionais recorrem à estratégia argumentativa do riso a fim de evidenciar o confronto entre diferentes dizeres sociais na análise das relações raciais, Frantz Fanon também operacionaliza o recurso linguístico do riso e da ironia para demonstrar esse aspecto tenso e contraditório da relação racial entre brancos e negros: "Quando me amam, dizem que o fazem apesar da minha cor. Quando me detestam, acrescentam que não é pela minha cor... Aqui ou ali, sou prisioneiro do círculo infernal."[5]

---

5 F. Fanon, *Peles Negras, Máscaras Brancas*, p. 109.

RIMO, LOGO PENSO

Cumpre ainda atentar ao fato de que, tradicionalmente, a linguagem musical tem sido utilizada pela população como forma privilegiada de embate político-discursivo engajado em diálogo com o mundo. Nessa perspectiva, o texto rap do Racionais MC's opera como instrumento de comunicação ético-político que fornece elementos para o exercício do pensamento crítico sobre a experiência racial na dinâmica social contemporânea. Temos essa marcação nas palavras dos Racionais:

> É isso aí. 1992
> A juventude negra agora tem voz ativa
> Através do nosso rap nacional
> maior veículo de comunicação entre nossos irmãos e tal
> Pode crer, sempre em frente
> Vamo, vamo

Para Frantz Fanon, falar é existir absolutamente para o outro, ou seja, falar é estar em condições de empregar certa sintaxe, possuir a morfologia de tal ou tal língua, mas é sobretudo assumir uma cultura, suportar o peso de uma civilização. Acrescento que falar por meio da poética política do texto rap é lançar-se na arena discursiva na condição de sujeito com competência enunciativa e interpretativa sobre o mundo.

O Racionais MC's fortalece a elaboração de vozes sociais críticas, presenças, gramáticas propositivas, cruzamentos e encruzilhadas mediadas pela linguagem da música rap. Do outro lado, pensar essa produção poética, vislumbrando a análise do texto artístico dos Racionais, leva-nos a indagar sobre sua gramática. Sendo assim, o que a gramática do texto rap dos Racionais diz? A quais encruzilhadas discursivas seu pensamento responde?

Com intuito de promover aberturas e provocações no contexto da reflexão sobre a proposição de uma radiografia das relações raciais no Brasil a partir da produção artística da negritude, aciono nesse corre dialógico o pensamento do acadêmico e performer Stênio Soares:

> Quando percebemos que existe uma produção de artistas negros de diferentes linguagens, com um discurso que denuncia e confronta

115

3. ESTÉTICA E POÉTICA

as formas de opressão, entendemos que a produção desses artistas cerca um fenômeno social e macropolítico, mas que é percebido e expresso sob o ponto de vista dos indivíduos. E como esse discurso se reaproxima e reafirma um debate exposto e argumentado coletivamente, e as mais organizações sociais do movimento negro constatam isso, torna-se importante também compreender essas poéticas como saberes, formas de pensamento e conhecimento sobre a resistência das pessoas negras.[6]

Nesse âmbito, os Racionais apresentam uma gramática discursiva que sistematiza questões pertinentes à agenda da política da população negra. Trata-se de uma poética política que desvela denúncias a partir da análise sobre os processos sociopolíticos permeados pelo racismo que restringem as cidadanias negras no país. Em termos do geógrafo Milton Santos, os Racionais sistematizam criticamente aspectos da *cidadania mutilada*[7] imposta, historicamente, aos sujeitos negros no país.

Conforme proposto por Soares:

essas poéticas se instauram como depoimentos, no sentido de apresentar elementos, argumentos ou indícios de uma experiência. Ao depor sobre o fenômeno vivido, a linguagem se manifesta como um testemunho do próprio artista negro como um sujeito social, e sua linguagem é um comprometimento do seu corpo. Essas criações se apresentam como depoimentos do corpo-testemunha, e, portanto, elas são formas de conhecimento e formas de empoderamento dos artistas negros, que comprometem e empregam, a partir do seu próprio corpo, as impressões coletivas sob um ponto de vista da experiência vivida por si[8].

Dessa maneira, na abertura da obra *Sobrevivendo no Inferno*, de 1997, temos o enunciado introdutório do texto "Capítulo 4, Versículo 3":

60% dos jovens de periferia sem antecedentes criminais já sofreram violência policial

---

6 S.J.P. Soares, As Poéticas da Negritude e as Encruzilhadas Identitárias, *Revista Rascunhos: Caminhos da Pesquisa em Artes Cênicas*, v. 7, n. 1, p. 12.
7 Ver M. Santos, As Cidadanias Mutiladas, em R. Cardoso et al., *O Preconceito*, p. 133-144.
8 S.J.P. Soares, op. cit., p. 13.

> A cada quatro pessoas mortas pela polícia, três são negras
> Nas universidades brasileiras, apenas 2% dos alunos são negros
> A cada quatro horas um jovem negro morre violentamente em São Paulo
> Aqui quem fala é Primo Preto, mais um sobrevivente

Contudo, a encruzilhada discursiva dos Racionais em termos *da síntese de sua radiografia inflamada* pode ser compreendida a partir das confluências de gramáticas e discursos que circulam socialmente. Nesse enunciado, percebemos as marcas de passagens dialógicas e polifônicas, compreendendo que o enunciador lança mão de argumentos estatísticos, mostrando dados sobre a desigualdade racial e também pautando-se pelos indicadores sociais de escolaridade e violência a fim de reforçar seu argumento.

Segundo Marco Aurélio Paz Tella, "o rap ganha destaque em virtude do fato de ser um veículo no qual o discurso possui o papel central, e por intermédio dele o rapper transmite suas lamentações, inquietações, angústias, medos, revoltas, ou seja, as experiências vividas pelos jovens negros nos bairros periféricos de São Paulo"[9]. Em tal cenário, destaca o autor, o tema do preconceito social e, principalmente, do racial ganha destaque. Há que se considerar também que a música rap se constitui como uma das formas de contestação às desigualdades étnico-raciais mais contundentes da contemporaneidade. Nesse contexto, os Racionais, no prólogo da obra *Raio x do Brasil*, apresentam o tom da seriedade de sua radiografia:

> 1993 fudidamente voltando. Racionais
> Usando e abusando da nossa liberdade de expressão
> Um dos poucos direitos que o jovem negro ainda tem nesse país
> Você está entrando no mundo da informação
> Autoconhecimento, denúncia e diversão
> Esse é o Raio x do Brasil
> Seja bem-vindo

Sendo assim, a poética política a partir do pensamento do Racionais MC's evidencia uma *radiografia crítica inflamada* em que a

---

[9] Rap, Memória e Identidade, em E.N. Andrade, *Rap e Educação, Rap é Educação*, p. 59.

3. ESTÉTICA E POÉTICA

representação da voz evoca uma enunciação combativa e propositiva, configurando o que o comunicólogo Muniz Sodré, em obra já citada aqui, situa como a possibilidade de uma voz qualitativa, e o que a escritora Audre Lorde, no texto "A Transformação do Silêncio em Linguagem e Ação", apreende como autodeterminação e autor-revelação, que diz respeito à decisão do sujeito de definir-se em seus próprios termos, de falar por si de modo a operar outra lógica de visibilidade e posicionamento diante do mundo, transformando o silêncio em linguagem e em ação, como um ato de autorrevelação.

Conforme a poética política apresentada pelos Racionais, temos no texto "Negro Drama" a expressão que sintetiza a experiência da negritude que reflete e analisa suas experiências:

> Nego drama. Entre o sucesso e a lama. Dinheiro, problemas, invejas, luxo, fama. Nego drama. Cabelo crespo e a pele escura. A ferida, a chaga, à procura da cura. Nego drama. Tenta ver e não vê nada. A não ser uma estrela. Longe, meio ofuscada. Sente o drama. O preço, a cobrança. No amor, no ódio, a insana vingança. Nego drama. Eu sei quem trama e quem tá comigo. O trauma que eu carrego. Pra não ser mais um preto fodido. O drama da cadeia e favela, túmulo, sangue, sirene, choros e velas. Passageiro do Brasil, São Paulo, agonia. Que sobrevivem em meio às honras e covardias. Periferias, vielas, cortiços. Você deve tá pensando o que você tem a ver com isso? Desde o início, por ouro e prata. Olha quem morre, então. Veja você quem mata. Recebe o mérito a farda que pratica o mal. Me ver pobre, preso ou morto já é cultural. Histórias, registros e escritos. Não é conto nem fábula, lenda ou mito. Não foi sempre dito que preto não tem vez? Então olha o castelo e não. Foi você quem fez, cuzão. Eu sou irmão dos meus truta de batalha. Eu era a carne, agora sou a própria navalha. Tim-tim, um brinde pra mim. Sou exemplo de vitórias, trajetos e glórias. O dinheiro tira um homem da miséria. Mas não pode arrancar de dentro dele a favela. São poucos que entram em campo pra vencer. A alma guarda o que a mente tenta esquecer. Olho pra trás, vejo a estrada que eu trilhei, mó cota. Quem teve lado a lado e quem só ficou na bota. Entre as frases, fases e várias etapas. Do quem é quem, dos mano e das mina fraca. Hum, nego drama de estilo. Pra ser, se for tem que ser. Se temer é milho. Entre o gatilho e a tempestade. Sempre

RIMO, LOGO PENSO

a provar que sou homem e não um covarde. Que Deus me guarde, pois eu sei que ele não é neutro. Vigia os rico, mas ama os que vem do gueto. Eu visto preto por dentro e por fora. Guerreiro, poeta, entre o tempo e a memória. Ora, nessa história vejo dólar e vários quilates Falo pro mano que não morra e também não mate. O tic--tac não espera, veja o ponteiro. Essa estrada é venenosa e cheia de morteiro. Pesadelo, hum, é um elogio. Pra quem vive na guerra, a paz nunca existiu. No clima quente, a minha gente sua frio. Vi um pretinho, seu caderno era um fuzil, fuzil. Nego drama. Crime, futebol, música, carai... Eu também não consegui fugir disso aí. Eu sou mais um. Forrest Gump é mato. Eu prefiro contar uma história real. Vou contar a minha. Daria um filme. Uma negra e uma criança nos braços. Solitária na floresta de concreto e aço. Veja, olha outra vez o rosto na multidão. A multidão é um monstro sem rosto e coração. Hei, São Paulo, terra de arranha-céu. A garoa rasga a carne, é a Torre de Babel. Família brasileira, dois contra o mundo. Mãe solteira de um promissor vagabundo. Luz, câmera e ação, gravando a cena vai. Um bastardo, mais um filho pardo sem pai. Hei, senhor de engenho, eu sei bem quem você é. Sozinho cê num guenta, sozinho cê num entra a pé. Cê disse que era bom e as favela ouviu. Lá também tem uísque, Red Bull, tênis Nike e fuzil. Admito, seus carro é bonito, é, e eu não sei fazer Internet, videocassete, os carro loco. Atrasado, eu tô um pouco sim, tô, eu acho. Só que tem que. Seu jogo é sujo e eu não me encaixo. Eu sou problema de montão, de Carnaval a Carnaval. Eu vim da selva, sou leão, sou demais pro seu quintal. Problema com escola eu tenho mil, mil fita. Inacreditável, mas seu filho me imita. No meio de vocês ele é o mais esperto. Ginga e fala gíria; gíria não, dialeto. Esse não é mais seu, oh, subiu. Entrei pelo seu rádio, tomei, cê nem viu. Nóis é isso ou aquilo, o quê? Cê não dizia? Seu filho quer ser preto, ah, que ironia. Cola o pôster do 2Pac aí, que tal? Que cê diz? Sente o negro drama, vai, tenta ser feliz. Ei bacana, quem te fez tão bom assim? O que cê deu, o que cê faz, o que cê fez por mim? Eu recebi seu ticket, quer dizer kit de esgoto a céu aberto e parede madeirite. De vergonha eu não morri, tô firmão, eis-me aqui. Você não, cê não passa quando o mar vermelho abrir. Eu sou o mano, homem duro, do gueto, Brown, oba. Aquele loco que não pode errá. Aquele que você odeia amar nesse instante. Pele parda e ouço funk. E de onde vem os diamante? Da lama. Valeu mãe, negro drama (drama, drama, drama). Aí, na época dos barraco de

119

3. ESTÉTICA E POÉTICA

pau lá na Pedreira Onde cês tavam? Que que cês deram por mim? Que que cês fizeram por mim? Agora tá de olho no dinheiro que eu ganho? Agora tá de olho no carro que eu dirijo? Demorou, eu quero é mais, eu quero até sua alma. Aí, o rap fez eu ser o que sou. Ice Blue, Edi Rock e KL Jay. E toda a família, e toda geração que faz o rap. A geração que revolucionou, a geração que vai revolucionar. Anos 90, século 21, é desse jeito. Aí, você sai do gueto. Mas o gueto nunca sai de você, morô irmão? Cê tá dirigindo um carro. O mundo todo tá de olho ni você, morô? Sabe por quê? Pela sua origem, morô irmão? É desse jeito que você vive, é o negro drama. Eu num li, eu não assisti. Eu vivo o negro drama. Eu sou o negro drama. Eu sou o fruto do negro drama. Aí Dona Ana, sem palavra. A senhora é uma rainha, rainha. Mas aí, se tiver que voltar pra favela. Eu vou voltar de cabeça erguida. Porque assim é que é, renascendo das cinzas. Firme e forte, guerreiro de fé. Vagabundo nato

("Negro Drama", *Nada Como um Dia Após o Outro Dia*)

Em suma, a *síntese da radiografia inflamada* dos Racionais nos ajuda a vislumbrar encruzilhadas discursivas no campo do debate racial, flertando com diferentes áreas do conhecimento. Trata-se de um modo de focalizar o pensamento dos Racionais em termos de uma intelectualidade negra insurgente. Assim, ao olhar a poética política inscrita no texto "Capítulo 4, Versículo 3", verificamos que o enunciado "A fúria negra ressuscita outra vez" potencializa a voz e a presença em termos próprios a partir da negritude, operando a emergência de uma outra lógica de produção de conhecimento.

Sueli Carneiro, em *A Construção do Outro Como Não-Ser Como Fundamento do Ser*, traz essa reflexão de modo magistral ao pontuar que o saber construído sobre o negro foi forjado, na maior parte do tempo, sem conexão alguma com o negro e suas reivindicações. Para ela, a ausência do negro nas práticas discursivas é um fenômeno que vem se alterando com a emergência de uma inteligência negra. A autora também salienta que os saberes insurgentes emergem do campo de resistência a fim de disputarem a produção da verdade sobre a racialidade dominada.

Nessa confluência reflexiva, pensando na produção de saberes emergentes, pode-se dizer que a poética política do Racionais MC's colabora para uma práxis efetiva da prática discursiva que se constitui como uma radiografia poética da negritude. Assim, temos na obra *Holocausto Urbano* a radiografia do saber sobre injustiças e o funcionamento do setor da Segurança Pública em bairros periféricos, expresso no texto "Pânico na Zona Sul":

> Então, quando o dia escurece
> Só quem é de lá sabe o que acontece
> Ao que me parece, prevalece a ignorância
> E nós estamos sós
> Ninguém quer ouvir a nossa voz
> [...]
> Racionais vão contar a realidade das ruas
> Que não media outras vidas
> A minha e a sua
> Viemos falar que pra mudar
> Temos que parar de se acomodar
> E acatar o que nos prejudica
> [...]
> Não somos donos da verdade
> Porém não mentimos
> Sentimos a necessidade de uma melhoria
> A nossa filosofia é sempre transmitir
> A realidade em si
> Racionais MC's

Nessa poética, a *síntese da radiografia inflamada* dos Racionais esmiúça as violências no cotidiano periférico, demonstrando práticas da presença do Estado. Essa radiografia exposta pelos Racionais abre diálogo com o repertório crítico delineado pela antropóloga Lélia Gonzalez e Carlos Hasenbalg em *Lugar de Negro*. Por meio de sua radiografia afiada, Lélia aponta que a população negra, desde o final da década de 1970, já figurava como a principal vítima do sistema de segurança social. De acordo com a autora, os linchamentos se sucediam, e a pena de morte já era vista como "natural" pelos vários setores da classe média.

Se os Racionais nomeiam a presença do Estado via ação da Segurança Pública nos espaços periféricos pela síntese do pânico, Lélia

3. ESTÉTICA E POÉTICA

Gonzalez apresenta a análise dessa práxis da violência denominando-a terror cotidiano. Para a autora, a presença policial nas periferias se dá não para proteger, mas para reprimir, violentar e amedrontar; é o caráter racista da sistemática da repressão policial que tem por objetivo a imposição de uma submissão psicológica através do medo. Assim, em termos da poética política dos Racionais, temos:

> O medo.
> Sentimento em comum num lugar.
> Que parece sempre estar esquecido.
> Desconfiança insegurança, mano.
> Pois já se tem a consciência do perigo.
> E aí?
>
> ("Pânico na Zona Sul", *Holocausto Urbano*)

No que toca aos procedimentos de dessilenciamento do sujeito negro, o texto "Racistas Otários" apresenta enunciados que revelam traços do racismo à brasileira:

> Então eu digo meu rapaz, esteja constante
> Ou abrirão o seu bolso e jogarão um flagrante
> Num presídio qualquer será um irmão a mais
> [...]
> Assistimos a tudo de braços cruzados
> Até parece que nem somos nós os prejudicados
> Enquanto você sossegado foge da questão
> Eles circulam na rua com uma descrição
> Que é parecida com a sua, cabelo, cor e feição
> Será que eles veem em nós um marginal padrão?
> ("Racistas Otários", *Holocausto Urbano*)

Nesse enunciado, percebemos traços da operação do racismo mediado pela raça. Achille Mbembe, em *Crítica da Razão Negra*, traz com precisão o raciocínio sobre a raça como uma espécie de operação do imaginário. Para ele, a raça é a verdade das aparências, é um espaço de estigmatização sistemática. O autor segue definindo a raça como aquilo que autoriza localizar, entre categorias abstratas, aqueles que

122

tentamos estigmatizar, desqualificar moralmente e, quiçá, internar ou expulsar.

Para o professor Kabengele Munanga[10], essa suspeição generalizada conforma a preponderante geografia dos corpos. Isso quer dizer que, num país estruturado pelo racismo antinegro, o corpo, a aparência física, é o repositório da significação.

Conforme demonstro no texto "Marcador de Stênio Soares: Um Corpo-Denúncia", a música também tem dispensado atenção às problemáticas enfrentadas pela população afro-brasileira no que toca ao abuso de poder e às práticas racistas empreendidas pela polícia. Essa dor marcada nesse segmento da sociedade tem sido desmascarada em poéticas inquietantes, por meio de diversos autores da Música Popular Brasileira, como o Racionais MC's, quando enuncia que "a cada quatro pessoas mortas pela polícia, três são negras, e a cada quatro horas um jovem negro morre violentamente em São Paulo" ("Capítulo 4, Versículo 3", *Sobrevivendo no Inferno*).

Contudo, é a partir dessa radiografia autorrevelada e salientada neste texto que a poética política do Racionais MC's pode ser compreendida como uma gramática discursiva que evidencia uma *síntese da radiografia inflamada* da negritude atravessada por uma intencionalidade ética. Essa gramática é embasada por meio de projeção de vozes e de consciências. Sendo assim, podemos referendar a proposição sob o mote "rimo, logo penso" com a poética política introdutória "Tem Que Acreditar":

> Tem que acreditar
> Desde cedo a mãe da gente fala assim
> filho, por você ser preto
> você tem que ser duas vezes melhor
> Aí passado alguns anos eu pensei
> como fazer duas vezes melhor
> se você está pelo menos cem vezes atrasado
> Pela escravidão, pelo preconceito
> pela história, pelos traumas, pelas psicoses

---

10 Ver K. Munanga, A Preponderante Geografia dos Corpos. Entrevista cedida ao Instituto Humanitas Unisinos, 2015, sobre o racismo à brasileira.

3. ESTÉTICA E POÉTICA

por tudo que aconteceu?
Ser duas vezes melhor como?
Você é o melhor ou o pior de uma vez
Sempre foi assim
Se você vai escolher o que estiver mais perto de você
 ou o que estiver dentro da sua realidade
Você vai ser duas vezes melhor como?
Quem inventou isso aí?
Quem foi o pilantra que inventou isso aí?
Acorda pra vida rapaz[11]

Referências

ANDRADE, Eliane Nunes (org). *Rap e Educação, Rap É Educação*. São Paulo: Summus, 1999.

BARROS, Diana Luz Pessoa de. *Dialogismo, Polifonia, Intertextualidade*. São Paulo: Edusp, 1994.

BARROS, Diana Luz Pessoa de; FIORIN, José Luiz (orgs.). *Dialogismo, Polifonia, Intertextualidade: Em Torno de Bakhtin*. São Paulo: Edusp, 1994.

CARNEIRO, Sueli Aparecida. *A Construção do Outro Como Não-Ser Como Fundamento do Ser*. Tese (Doutorado em Educação), USP, São Paulo, 2005.

DAVIS, Angela. *Mulheres, Cultura e Política*. Trad. Heci Regina Candiani. São Paulo: Boitempo, 2017.

FANON, Frantz. *Peles Negras, Máscaras Brancas*. Bahia: Editora Ufba, 2008.

FERNANDES, Florestan. *O Negro no Mundo dos Brancos*. São Paulo: Difel, 1972.

FIORIN, José Luiz. *Introdução ao Pensamento de Bakhtin*. São Paulo: Ática. 2008.

GILROY, Paul. *O Atlântico Negro: Modernidade e Dupla Consciência*. Rio de Janeiro: Editora 34/Ucam – Centro de Estudos Afro-Asiáticos, 2001.

GONZALEZ, Lélia; HASENBALG, Carlos. *Lugar de Negro*. São Paulo: Marco Zero, 1982.

hooks, bell. *Ensinando a Transgredir: A Educação Como Prática da Liberdade*. 2. ed. Trad. Marcelo Brandão Cipolla. São Paulo: Martins Fontes, 2017.

KELLNER, Douglas. A Voz Negra: de Spike Lee ao Rap. *A Cultura da Mídia – Estudos Culturais: Identidade e Política Entre o Moderno e o Pós-Moderno*. Bauru: Edusc, 2001.

KILOMBA, Grada. *Memórias da Plantação: Episódios de Racismo Cotidiano*. Trad. Jess Oliveira. Rio de Janeiro: Cobogó, 2019.

LORDE, Audre. "A Transformação do Silêncio em Linguagem e Ação". Comunicação da autora no Painel Lésbicas e Literatura" da Associação de Línguas Modernas, 1977. Disponível em: <https://www.geledes.org.br/a-transformacao-do-silencio-em-linguagem-e-acao/>. Acesso em: 5 fev. 2022.

MACHADO, Janaína. Marcador de Stênio Soares: Um Corpo-Denúncia. *Correio das Artes João Pessoa*, ano LXVII, n. 1, mar. 2016.

MBEMBE, Achille. *Crítica da Razão Negra*. 2. ed. Lisboa: Antígona, 2017.

---

11 Esse texto está registrado em *1000 Trutas 1000 Tretas*, DVD gravado ao vivo em 2006.

MUNANGA, Kabengele. A Preponderante Geografia dos Corpos. Entrevista cedida ao Instituto Humanitas Unisinos, 2015. Disponível em: <https://www.geledes.org.br/a--preponderante-geografia-dos-corpos/>. Acesso em: 8 fev. 2022.

NASCIMENTO, Abdias. *O Genocídio do Negro Brasileiro: Processo de um Racismo Mascarado*. São Paulo: Perspectiva, 2016.

SANTOS, Milton. As Cidadanias Mutiladas. In: CARDOSO, Ruth et al. *O Preconceito*. São Paulo: Imesp, 1997.

SOARES, Stênio José Paulino. As Poéticas da Negritude e as Encruzilhadas Identitárias: Uma Abordagem a Partir da Noção de Corpo-Testemunha. *Revista Rascunhos: Caminhos da Pesquisa em Artes Cênicas*, Uberlândia, v. 7, n. 1, jan.-jun. 2020. Disponível em: <http://www.seer.ufu.br/index.php/rascunhos/article/view/55518/29276>. Acesso em: 5 fev. 2022.

SODRÉ, Muniz. *Claros e Escuros: Identidade, Povo, Mídia e Cotas no Brasil*. 3. ed. Petrópolis: Vozes, 2005.

TELLA, Marco Aurélio O. Rap, Memória e Identidade. In: ANDRADE, Eliane Nunes (org). *Rap e Educação, Rap É Educação*. São Paulo: Summus, 1999.

"O Preto Vê Mil Chances de Morrer, Morô?"
o ponto de vista de um sobrevivente em um rap de mano brown

Walter Garcia

O grupo Racionais MC's lançou o disco *Cores & Valores* em 2014. "Quanto Vale o Show", de autoria de Mano Brown, é a décima terceira faixa, a antepenúltima. Na introdução, escutamos um pandeiro tocando o ritmo que hegemonicamente é chamado "samba", acompanhado pela voz de Mano Brown, que cantarola uma onomatopeia como se estivesse reconhecendo aquela batida ou com ela se divertindo[1]. Sobre essa base, Mano Brown fala: "Primeira coisa que eu aprendi a fazer na minha vida foi isso aqui, ó! Rá... É isso". Corte rápido, já não ouvimos o pandeiro, e sim os versos "It's so hard now / Trying hard now", de "Gonna Fly Now"[2], tema do lutador de boxe Rocky Balboa desde o filme *Rocky*, lançado em 1976. A canção parece estar tocando na tevê ou no rádio, e sobre esse fundo musical o rapper diz: "Só eu sei os desertos que cruzei até aqui", paráfrase dos

---

1 Explicando com mais detalhes: acompanhado pela percussão vocal de Mano Brown (a qual constrói, com base na verossimilhança, uma situação pautada pela informalidade), o pandeiro executa duas fórmulas rítmicas que agregam, cada qual a seu modo, células unárias, binárias e ternárias em um grupo de nove pulsações seguido por outro de sete; cada uma das fórmulas rítmicas, portanto, descreve um ciclo de dezesseis pulsações; esse ciclo de dezesseis pulsações (construído pela soma de dois grupos ímpares, um de nove, outro de sete pulsações) é uma das versões do "paradigma do Estácio", conforme denominação de Carlos Sandroni (*Feitiço Decente*, p. 34-39); dentre as diversas modalidades de samba, as versões desse paradigma, a partir da década de 1930, passaram a ser reconhecidas hegemonicamente como "o samba" e se tornaram um dos principais símbolos da brasilidade, por uma série de fatores que aqui não cabe discutir.
2 De Bill Conti, Ayn Robbins e Carol Connors. No encarte de *Cores & Valores*, o crédito é atribuído apenas a Bill Conti, autor da parte musical.

3. ESTÉTICA E POÉTICA

versos "Só eu sei / Os desertos que atravessei", da balada "Esquinas", de Djavan; e "Tá lançada a sorte!". Então a narrativa tem início, cantada com acompanhamento de bateria eletrônica e sample da parte instrumental de "Gonna Fly Now", com solo de guitarra.

A partir daí, em vez do aprendizado musical do samba, encena-se a identificação do sujeito com produtos da mídia hegemônica, processo que se desdobrará no refrão, quando escutaremos o sample da voz do apresentador e empresário Silvio Santos. E, no lugar do sentimento nostálgico, positivo, evocado pelo pandeiro, passará a vigorar a tensão de um combate. Esse será o principal sentimento que sustentará o rap "Quanto Vale o Show": a canção nos fará partilhar da sensação de uma luta; as estrofes serão alegorias dos *rounds*, e o refrão, do intervalo; a violência crescente da luta terminará em nocaute no terceiro *round*, mas, como espero demonstrar, quem será nocauteado seremos nós, que escutamos a narrativa, caso adotemos o ponto de vista daqueles produtos de sucesso da mídia hegemônica.

Como ocorre com todos os raps produzidos pelo Racionais MC's, "Quanto Vale o Show" está radicado na cultura hip-hop. Portanto, sua composição e produção fonográfica tomam por princípio, de um lado, o trabalho de criar um personagem que reelabora as vivências do sujeito e que reflete sobre elas e, de outro, o pertencimento a uma comunidade periférica na qual as técnicas e a "consciência social coletiva"[3] das musicalidades negras estão presentes nos eventos de lazer – entre outros, "jogos de futebol", "festas de aniversário ou casamento", "churrascos combinados nos fundos de quintal"[4]. A soma desses dois compromissos constrói a identidade do rapper, permitindo que ele compreenda a si mesmo e ao mundo e ainda possibilitando que seja reconhecido socialmente[5].

Seria um erro, portanto, tomar "Quanto Vale o Show" como um relato fidedigno de quatro anos da formação de Pedro Paulo, entre

---

3 Toni C., *O Hip-Hop Está Morto!*, p. 44.

4 A.M. Azevedo; S.J. Silva, Um Raio x do Movimento Hip-Hop, *Revista da Associação Brasileira de Pesquisadores/as Negros/as* (ABPN), v. 7, n. 15, p. 222.

5 GOG, O Hip Hop Brasileiro Assume a Paternidade. Entrevista concedida a Spensy Pimentel, *Cultura e Pensamento*, n. 3, p. 118-119, 121, 123-124; W. Garcia, Ouvindo Racionais MC's, *Teresa*, n. 4-5, p. 174.

128

"O PRETO VÊ MIL CHANCES DE MORRER, MORÔ?"

1983 e 1986, antes que Mano Brown iniciasse a carreira artística. Insiste-se muito nos vínculos entre Pedro Paulo Soares Pereira e Mano Brown, Paulo Eduardo Salvador e Ice Blue, Edivaldo Pereira Alves e Edi Rock, Kléber Geraldo Lélis Simões e KL Jay. De fato, como recordei, esses vínculos são uma exigência do rap radicado no hip-hop. Mas "os quatro pretos mais perigosos do Brasil" combatem no plano da arte. E sua arte é perigosa porque sensibiliza, informa, promove o autoconhecimento, denuncia e diverte, sintetizando e potencializando experiências determinantes da vida brasileira que incluem e ultrapassam os próprios músicos. Disso o Racionais MC's tem tal consciência, que deixou registrado, como não terá escapado a quem conhece a obra dele, já na abertura do disco *Raio X do Brasil*, de 1993. E para não estender demasiadamente o assunto, fiquemos com três exemplos do disco *Sobrevivendo no Inferno*, de 1997, que, penso, são definitivos:

1. Pedro Paulo nunca foi presidiário, o que não impediu Mano Brown de compor, em parceria com Jocenir, "Diário de um Detento", e de cantá-la com autoridade.

2. Nem seria necessário dizer, então, serei irônico: ao trabalhar como MC e permanecer vivo, Pedro Paulo não prejudicou a representação da agonia ou, mais precisamente, do instante mortal de um bandido por Mano Brown em "Tô Ouvindo Alguém me Chamar".

3. A mesma observação vale para Edivaldo Pereira Alves em relação à morte violenta e prematura de um "Rapaz Comum", recriada e interpretada por Edi Rock.

Levando adiante o pensamento: os corpos e as trajetórias pessoais não bastaram, por si só, para que o Racionais alcançasse o resultado estético que alcançou em seus discos – a contraprova é a dificuldade que encontramos para citar trabalhos à altura; ao mesmo tempo, os corpos negros e as vivências de cada um deles foram elementos fundamentais, sem os quais o resultado estético não teria sido o mesmo[6]. Em uma entrevista concedida entre o lançamento de *Sobrevivendo no Inferno* e o de *Nada Como um Dia Após o Outro Dia*, de

---

[6] Apresentei um argumento semelhante em relação ao espetáculo teatral *Gota D'Água {Preta}*. W. Garcia, Tragédia na Vila do Meio-Dia, *Da Discussão É Que Nasce a Luz*, p. 229.

3. ESTÉTICA E POÉTICA

2002, Mano Brown explicou por que o rap "não é realidade pura", mas uma recriação:

> É como tirar uma paisagem da vida real e fazer um desenho. Se você pega um quadro, pinta uma criança catando lixo, na vida real é feio pra caralho, mas todo mundo vai querer comprar. Entendeu a diferença? Aí é que tá o barato do rap. O rap é o retrato do barato. Se você quiser vender aquilo ali, ninguém compra, você vai ter que transformar. Por que o cara gosta e compra o rap? O bagulho rima, tem a batida, tem balanço... Fala umas palavras que no dia a dia o cara nunca imaginava que ia virar um rap. É tudo magia, truta.[7]

Quem faz a crítica da estética do Racionais MC's não compreenderá o que é a obra, a sua forma e os sentidos que tem se não considerar a "magia" de que falou Mano Brown, isto é, se não estudar como e por que os raps são criações estéticas que se dirigem ao corpo e à imaginação. Nos termos do pesquisador e músico Marcelo Segreto: "É preciso encontrar a força política do rap na própria linguagem cancional. [...] Um discurso sem preocupação musical ou artística não possui o mesmo tipo de expressividade alcançado pelos raps."[8]

Andamento, Camadas de Voz, Samples, "Flow"

Analisarei alguns dos principais elementos de construção de "Quanto Vale o Show", começando pela produção em estúdio. O andamento é 96 bpm, o mais acelerado de *Cores & Valores*. A aceleração contribui para que a dicção de Mano Brown expresse de modo bastante convincente a combatividade da letra, mas não prejudica o entendimento intelectual das palavras. Em outros termos, o andamento contribui para que a tensão da narrativa seja sentida na matéria de sua voz, confirmando e ampliando a escuta da letra.

Não se trata de um caso isolado. Estudando os cinco discos de estúdio lançados pelo Racionais MC's de 1990 a 2002, Marcelo Segreto

---

7 Ver M. Brown, Entrevista concedida a Spensy Pimentel, *Teoria e Debate*, n. 46.
8 *A Linguagem Cancional do Rap*, p. 34.

130

"O PRETO VÊ MIL CHANCES DE MORRER, MORÔ?"

observou que os andamentos das 46 faixas em que "há canto ritmado do rapper" se mantêm "predominantemente entre 73 e 96 batimentos por minuto". A partir da observação, considerou que tais andamentos estabeleceram o equilíbrio entre a compreensão do texto, que seria prejudicada caso a pulsação fosse muito acelerada, e "a agressividade do canto do rapper", que ficaria comprometida caso utilizasse durações mais longas, adequadas a andamentos mais desacelerados[9].

Além disso, o trabalho de produção em estúdio – por meio da equalização, do uso de *reverb* e *delay*, da distribuição das vozes no espaço – constrói mais de uma camada de voz em "Quanto Vale o Show?". Isso é explicitado no refrão, quando se utiliza o sample de um dos mais famosos bordões de Silvio Santos, mas a construção de mais de uma camada está presente na canção inteira, desde a introdução. Nas estrofes, o recurso tem pelo menos dois efeitos: ele faz com que o canto de Mano Brown se adense, sugerindo que a enunciação feita no presente é resultado de vozes que se depositaram formando a memória; ao mesmo tempo, as vozes em camadas evocam a pompa dos espetáculos de boxe ou de MMA. Já no refrão, o recurso sugere que escutamos algo tão grandioso quanto sinistro, dando ideia de quão assustadora é a espetacularização da vida para um rapaz negro, pobre, nascido e crescido em um bairro periférico

---

9 M. Segreto, op. cit., p. 26-27. Nesse trabalho (p. 25-27), o autor anotou os andamentos das 51 faixas dos discos *Holocausto Urbano* (1990), *Escolha o Seu Caminho* (1992), *Raio X do Brasil* (1993), *Sobrevivendo no Inferno* (1997) e *Nada Como um Dia Após o Outro Dia* (2002). Esclareça-se que o andamento de "Gonna Fly Now" coincide com o de "Quanto Vale o Show", 96 bpm. Não se trata de uma regra e, segundo Segreto, "é significativo notar que por vezes os DJs alteram os andamentos das bases *sampleadas* para adequar a velocidade da pulsação ao canto do MC". (M. Segreto, op. cit., p. 27.) Em relação aos trabalhos posteriores gravados em estúdio – não ao vivo – pelo Racionais MC's, o rap "Mil Faces de um Homem Leal (Marighella)" tem andamento de 96 bpm (Racionais, 2012). Já os andamentos das quinze faixas do disco *Cores & Valores* são os seguintes: 1. "Cores & Valores", 84 bpm; 2. "Somos o Que Somos", 84 bpm; 3. "C & V Preto e Amarelo", 84 bpm; 4. "C & V Trilha", 84 bpm; 5. "Eu Te Disse, Eu Te Disse", 84 bpm (notar que o mesmo andamento é utilizado nessas cinco primeiras faixas e que voltará em outras três, uma delas, a última); 6. "Um Preto Zica", 88 bpm; 7. "C & V Finado Neguim", 84 bpm; 8. "Eu Compro", 78 bpm; 9. "A Escolha Que Eu Fiz", 88 bpm; 10. "A Praça", 78 bpm; 11. "O Mal e o Bem", 84 bpm; 12. "Você me Deve", 90 bpm; 13. "Quanto Vale o Show", 96 bpm; 14. "Coração Barrabaz", 64 bpm; 15. "Eu Te Proponho", 84 bpm. (Racionais MC's, *Cores & Valores*, 2014.)

3. ESTÉTICA E POÉTICA

de São Paulo – mesmo que ele tenha cruzado a ponte para lutar e tenha chegado ao sucesso.

Como se sabe, os samples são uma das matérias-primas primordiais da base musical de um rap. Dentre outros aspectos, a utilização de um sample reforça ou acrescenta conteúdos aos versos. Ao longo de seus discos, o Racionais MC's se notabilizou por recortar samples de músicas que não eram extremamente conhecidas do grande público. Não é o caso, percebe-se, de "Gonna Fly Now". E, é óbvio, a exceção se estende a Silvio Santos perguntando "Quanto Vale o Show?". O tema musical dos êxitos hollywoodianos do lutador de boxe Rocky Balboa e o bordão do empresário da comunicação Silvio Santos são clichês do *self-made man*. Assim, os samples não deixam dúvida de que o rap trabalha com o sonho e a ideologia do sucesso obtido exclusivamente com o próprio suor, na chave do que hoje se divulga como empreendedorismo.

A incorporação dos valores ostentados nas figuras de Rocky Balboa e de Silvio Santos, todavia, entrará em choque com o ponto de vista do sujeito da canção, cuja história ensina a verdade concreta da busca por glamour quando se é um jovem negro em São Paulo – ainda quando, repito, esse jovem venha a se tornar um vencedor. Portanto, a canção nos faz escutar os samples para melhor assinalar sua distância em relação a eles, o que, espero, ficará mais evidente ao final deste ensaio.

Ainda em relação aos elementos sonoros do rap, alguns traços do *flow* de Mano Brown são decisivos para os sentidos da canção. Não custa dizer que o *flow* se refere, em síntese, à forma como os versos são entoados "em cima da batida" da base musical[10]. Do ponto de vista cancional, a técnica reúne "as qualidades de articulação, de inflexão e de dicção próprios de cada rapper"[11] e "é o meio pelo qual o sujeito manifesta a sua presença e afirma a sua identidade"[12]. No interior do processo dinâmico de resistência e transformação das culturas afro-diaspóricas, o *flow* assinala, assim como outros

---

10 G.M. Botelho, *Quanto Vale o Show? O Fino Rap de Athalyba-Man...*, p. 11.
11 C. Béthune, *Le Rap*, p. 235.
12 Idem, *Pour une esthétique du rap*, p. 82.

132

procedimentos, que "é imprescindível a presença física do corpo humano [...] junto com as palavras, junto com o som"[13].

A estruturação rítmica de "Quanto Vale o Show" se organiza, no plano da métrica, em compassos 4/4. Essa é a fórmula da levada da bateria que, simplificando bastante, se compõe de bumbo na cabeça do primeiro tempo e do terceiro, caixa na cabeça do segundo e do quarto tempo. Assim simplificada, trata-se de uma base "típica do rap (inspirada nos ritmos de funk e soul)"[14]. O *flow* de Mano Brown coloca os versos de diversas maneiras na batida da base musical, e utiliza pontualmente vários recursos, alguns dos quais destacarei a seguir. Contudo, a principal baliza para as acentuações dos versos e para as rimas é a caixa, ou seja, a cabeça do segundo e a do quarto tempo; e predominam os encaixes de quatro sílabas por unidade de tempo.

Entre parênteses: algum esforço já foi empregado na crítica de trabalhos que, como este, observam a métrica e o compasso 4/4 na estruturação rítmica de um rap, com a opinião de que procedimentos da música europeia não condizem com as especificidades das culturas afro-diaspóricas. Em que pese sua boa intenção e os fins que almeja, essa opinião é contrariada pelo exame da matéria musical. Se a questão que se discute é a de identificar as origens, quem se detenha com rigor, seja na linguagem musical, seja na linguagem cancional, nota recursos da África e da Europa nas músicas negras diaspóricas, e o "x da questão" é sempre compreender as formas e os valores que esses recursos assumem[15]. Para não escapar aos limites do que abordo, diga-se que o compasso 4/4 com acentos de caixa muito bem marcados nas cabeças do segundo e do quarto tempo, balizando as acentuações dos versos e as rimas, é um ótimo exemplo, e aliás conhecidíssimo, de procedimento da música europeia considerado e alterado em práticas artísticas afro-diaspóricas.

---

13 M. Sodré, *Samba, o Dono do Corpo*, p. 67. Aproprio-me livremente de uma afirmação de Muniz Sodré que, em seu ensaio, está se referindo à "dimensão de sentido gerada pelo samba tradicional". (Ibidem.)
14 R.I. Teperman, *Tem Que Ter Suingue*, p. 83.
15 M. Sodré, op. cit., p. 25.

3. ESTÉTICA E POÉTICA

Parêntese fechado, voltemos ao *flow*. Como expus no início, o rap criará, por verossimilhança, uma luta com três *rounds* e dois intervalos, terminando em nocaute. De modo extenso, o *flow* de Mano Brown dará corpo a um lutador que recorda os embates de sua juventude. Ao mesmo tempo, sua voz expressará conteúdos afetivos e intelectuais que, no âmbito da cultura hip-hop, se associam à "ideia da veracidade, do seja você mesmo", na formulação do rapper GOG[16]. Para tanto, quatro fatores atuam conjuntamente. Dois deles foram referidos acima: o andamento de 96 bpm, que favorece a tensão da narrativa, e o jogo da voz com a batida da bateria. O terceiro é o jogo que a voz também estabelece com o sample de "Gonna Fly Now" – de modo mais específico, com as frases da guitarra e do baixo. O quarto é a proximidade do *flow* de Mano Brown com as *punchlines* das batalhas de *freestyle*. Como explica Felipe Oliveira Campos, *punchlines* – "linhas de soco, em tradução literal e livre" – tiram vantagem de sua rapidez para impactar o/a oponente ou o/a ouvinte com o "autoengrandecimento" do sujeito que canta, e são um dos traços estilísticos que o rapper Emicida levou das batalhas para seus raps gravados[17].

Junto desses fatores, alguns dos recursos pontuais que Mano Brown utiliza em "Quanto Vale o Show", estabelecendo o elo fundamental entre os versos e a música, são:

1. O uso de respiração e de pausas. Escutem-se os versos "Sem pai nem parente, nem, sozinho entre as feras / Os malandro que era na miséria fizeram mal"; Mano Brown os escande em quatro segmentos: "Sem pai nem parente, nem, / sozinho entre as feras Os / malandro que era na / miséria fizeram mal."

---

16 GOG, op. cit., p. 119.

17 F.O. Campos, *Cultura, Espaço e Política*, p. 86. Já em "Mil Faces de um Homem Leal (Marighella)", o *flow* de Mano Brown se aproximava da fluência do *freestyle* nos versos "O resto é flor, se tem festa, eu vou / Eu peço, leia os meus versos, e o protesto é show" (Racionais, 2012). Para relações entre o videoclipe desse rap e o de "Dedo na Ferida", lançado por Emicida em 2012, consultar G. Botelho; W. Garcia; A. Rosa, Três Raps de São Paulo, em M. Lacerda (org.), *Música (Ensaios Brasileiros Contemporâneos)*, p. 192-193. Para relações entre o personagem de Mano Brown e o de Emicida na mídia, consultar R.I. Teperman, op. cit., p. 29-31; 63-64; 78-80.

2. A exploração de fonemas. É o que ocorre no verso "Sem livro e nem lápis, e o Brasil em colapso": a rima interna, preciosa ("lápis e o" e "colapso"), é valorizada pelo modo como os fonemas sibilantes são pronunciados[18].

3. Variações de altura, como as que constroem a dicção do verso "Quanto baixo eu pude ir, pobre muito mal, hê!"

4. A reiteração de um desenho rítmico e sua variação, como escutamos em "É que 'malandro é malandro mesmo', e várias fita / Era Bezerra o que tava tendo, 'Malandro rife' / Outros papo, outras gírias mais, outras grifes/ Christian Dior, Samira, Le Coq Sportif/ G-Shock, eu tive [...]"[19].

Em relação ao último item, vale registrar que a voz ganha relevo não só por sua reiteração sonora como também por uma modificação da base musical. Uma vez que os recursos quebram o fluxo regular da canção – ou seja, a sequência de *punchlines* em cima da base musical que ouvimos desde o início da narrativa –, nossa atenção é estimulada. O resultado é que a recordação dessa mudança na vida do personagem e no mundo à sua volta fica mais forte.

Versos, Corpo Negro

Os apontamentos a respeito da produção em estúdio e a sonoridade destacaram sobretudo elementos musicais de "Quanto Vale o Show". Passemos para a letra. Os versos não mantêm o mesmo número de sílabas, são livres e contribuem para a variedade do *flow*. Há grande ocorrência de rimas, o que faz com que se pense se os metros são guiados, como de regra, pelos compassos quaternários (p. ex., "O auge era o Natal, beijava a boca das minas/ Das favelas

---

18 Quem chamou minha atenção para a importância desse recurso na obra do Racionais MC's foi Rachel Sciré. Em sua análise de "Diário de um Detento", Sciré destacou que Mano Brown enuncia o verso "Sei lááá, tanto faaaz, os dias são iguaaais", com uma dicção arrastada que "condiz com a situação do presidiário e sua agonia". (R. Sciré, *Ginga no Asfalto*, p. 180).

19 Para uma boa análise da reiteração sonora, consultar o segundo capítulo de *A Linguagem Cancional do Rap*, de Marcelo Segreto (p. 46-79).

3. ESTÉTICA E POÉTICA

de cima, tinha um som e o clima bom"), ou se a letra se desenvolve com versos curtos (p. ex., "O auge era o Natal / Beijava a boca das minas / Das favelas de cima / Tinha um som e o clima bom"). Ainda que eu tenha ficado em dúvida mais de uma vez, optei pela divisão tradicional, adotando os compassos musicais como balizas para a determinação dos metros dos versos.

De todo modo, é certo que o texto se estrutura por frases curtas, justapostas, em uma organização que auxilia tanto a recriação de um depoimento sobre o passado do sujeito, no qual muita coisa fica subentendida ou simplesmente não é dita, quanto a verossimilhança dos movimentos de um lutador, seus deslocamentos, golpes, esquivas. Além disso, o emprego de gíria – "gíria não, dialeto" – e, conforme a sintaxe popular, o da concordância entre artigo definido no plural e substantivo no singular sinalizam o lugar social do sujeito da canção. Logo após Mano Brown dizer "Tá lançada a sorte!", se inicia o primeiro *round*:

> 83 era legal, 7ª série, eu tinha 13 e pá e tal
> Tudo era novo em um tempo brutal
> O auge era o Natal, beijava a boca das minas
> Das favelas de cima, tinha um som e o clima bom
> O kit era o Faroait, o quente era o Patchouli
> O pica era o Djavan, o hit era o "Billie Jean"
> Do rock ao black, as mais tops
> Nos dias de mais sorte, ouvia no *Som Pop*
> Moleque magro e fraco, invisível na esquina
> Planejava a chacina, da minha mente doente, hein
> Sem pai nem parente, nem, sozinho entre as feras
> Os malandro que era na miséria fizeram mal
> Meu primo resolve ter revólver
> Em volta outras revoltas, envolve-se fácil, era
> Guerra com a favela de baixo
> Sem livro e nem lápis, e o Brasil em colapso

As lembranças vão sendo desfiadas, com rapidez, em uma sequência muito sugestiva. A primeira delas traz a escola, cursada pelo sujeito com a idade certa, sem ter repetido nenhuma série. Mas logo

"O PRETO VÊ MIL CHANCES DE MORRER, MORÔ?"

ficamos sabendo que a euforia da adolescência, com suas descobertas, estava ameaçada pela brutalidade do tempo. Mesmo assim, a segunda lembrança é feliz: a possibilidade de andar livremente no Natal pelas favelas, de beijar na boca e ouvir música. Escola, liberdade, sexualidade, música. A elas se misturam, a seguir, a memória do consumo de marcas – tênis Faroait, perfume Patchouli – e a da televisão. A nota permanece eufórica, pois o modelo de masculinidade é um artista negro, Djavan, e a música de maior sucesso também é negra, "Billie Jean", de Michael Jackson. Contudo, a partir daí o relato muda. A violência entra em cena. Primeiro, o sujeito declara que, crescendo na favela sem o amparo e sem o exemplo de homens mais velhos, sentia que não teria lugar no mundo, sofria e imaginava vinganças. Segundo, ele assinala a vigência dos sistemas de resolução nas periferias. Terceiro, expressa a ruína de sua vida escolar, de par com a do país, por meio de uma construção poética requintada, entoada com virtuosismo, e a criatividade e o talento artístico sublinham a ironia da situação.

Então é como se soasse o gongo e viesse o intervalo com o seu show. O bordão de Silvio Santos explicita onde se luta e em busca do quê. O ringue, no fim das contas, é a mídia hegemônica. Quem a consome, não importam as chances reais de sucesso na coleção de espetáculos, passa a medir a própria vida por Hollywood e pela tevê. Daí o tom magnífico, sombrio e sádico do refrão: ele funciona como um bom tema de *thriller*[20].

No segundo *round*, um corte temporal de três anos. Não ficamos sabendo com precisão o que "aconteceu", mas ouvimos que o "tempo brutal" impera. O sujeito amplia muito seu conhecimento das periferias de São Paulo, relata o consumo de drogas, e a síntese de toda a violência que atravessa sua vida é entoada: "O preto vê mil chances de morrer, morô? / Com roupas ou tênis, sim, por que não?" O desfecho do rap foi antecipado, mas virá, no terceiro *round*, muito mais forte.

---

20 Há diferenças interessantes entre a primeira e a segunda vez em que o refrão aparece: a mixagem não é igual nas duas vezes.

3. ESTÉTICA E POÉTICA

> Quanto vale…
> Quanto vale o show?
>
> (Aconteceu)
> Já em 86, subi aos 16
> Ao time principal, via em São Paulo
> Tava mil graus já, favela pra carai, fi
> Bar em bar, baile em baile, degrau pós degrau, ia
> Quanto baixo eu pude ir, pobre muito mal, hê!
> O preto vê mil chances de morrer, morô?
> Com roupas ou tênis, sim, por que não?
> Pra muitos uns artemis, benzina ou optalidon, ué[21]
> Tudo pela preza irmão, olha pra mim
> E diga: vale quanto pesa ou não?[22]
>
> Quanto vale…
> Quanto vale o show?

O terceiro *round* acrescenta boas lembranças da música negra e o seu consumo, que não era barato, no Chic Show. O samba, a "primeira coisa" que o sujeito de "Quanto Vale o Show" aprendera a fazer na vida, reaparece duas vezes: quando Mano Brown menciona Bezerra da Silva e "Malandro Rife"[23], cujo primeiro verso é "Malandro é malandro mesmo", e como maneira que o sujeito encontrou para vencer a concorrência de outros jovens que, igualmente pobres e pardos, também habitavam as periferias e buscavam seu ganha-pão. É óbvio, porém, que escutamos um rap, não um samba. Tudo se passa, portanto, como se a forma do samba não comportasse a matéria-prima do que se canta. Em outras palavras, é como se as experiências carecessem da forma do rap para expressar seus componentes afetivos e para possibilitar a reflexão crítica.

---

21 Nos limites deste ensaio, não serão discutidas a produção e a circulação de drogas lícitas e/ou ilícitas, bem como seu consumo nos bairros periféricos de São Paulo, na década de 1980. Para uma introdução geral ao tema, consultar H. Carneiro, Drogas: Muito Além da Hipocrisia, *Outras Palavras*.

22 Também nos limites deste ensaio, as relações entre o rap de Mano Brown e o filme *Quanto Vale ou É Por Quilo?*, dirigido por Sérgio Bianchi e lançado em 2005, não serão analisadas.

23 Composição de Otacílio e Ary do Cavaco.

"O PRETO VÊ MIL CHANCES DE MORRER, MORÔ?"

O terceiro *round* também inclui aquela recordação de mudança que comentei quando da análise do *flow*. Não só o consumo da música negra, mas o de novas marcas, bem como o fascínio das lojas do centro expandido de São Paulo e a sedução da carreira no crime exigiam do sujeito decisões que possibilitassem sua ascensão econômica. Em meio ao impasse, o desfecho vem repentinamente, como um soco.

> A César o que é de César, primeira impressão
> Os moleque tinha pressa, mano
> Que funk louco, que onda é essa, mano?
> E assim meus parceirin virou ladrão
> É que "malandro é malandro mesmo", e várias fita
> Era Bezerra o que tava tendo, "Malandro rife"
> Outros papo, outras gírias mais, outras grifes
> Christian Dior, Samira, Le Coq Sportif
> G-Shock, eu tive (sim!), calça com pizza eu fiz
> Brasil é osso, a ideia fixa eu tinha porque
> Pardinho igual a eu assim era um monte, uma pá
> Fui garimpar, cruzei a ponte pra lá
> Hey zica, isso significa que
> Era naquele pique, eu portando repique de mão, jow
> No auge do Chic Show, nos traje
> Kurtis Blow era o cara, curtição da massa, era luxo só
> Viver pra dançar, fui ver Sandra Sá
> Whodini eu curti. A vitrine
> Pierre Cardin, Gucci, é, Fiorucci, hã
> Yves Saint Laurent, Indigo Blue
> Corpo negro seminu encontrado no lixão em São Paulo
> A última a abolir a escravidão
> Dezembro sangrento, SP, mundo cão promete
> Nuvens e valas, chuvas de balas em 87

Nocaute, e não se escuta mais Silvio Santos. É Mano Brown quem pergunta sozinho, ao final da canção: "Quanto vale? Quanto vale o show?" Aquele jovem negro, morto de forma tão absurdamente cruel na década de 1980, é o espelho do rapper que criou, junto com seus manos, uma forma de entretenimento com tudo o que o mercado hegemônico exige – música, dança, imagem, roupas. Rapper que

139

3. ESTÉTICA E POÉTICA

pode cobrar três décadas depois, com sarcasmo e amargura, a sua parte em dinheiro. E que mantém o sarcasmo e a amargura porque sabe que a cor da pele, em São Paulo, se sobrepõe às roupas, aos tênis, às marcas que ostentam o sucesso econômico e a ascensão social[24].

Nessa perspectiva, se o rap nos dá um conselho, qual seria? Como ocorre sempre que tentamos extrair uma "centelha de sabedoria" de uma narrativa oral, a resposta não há de ser uma só[25]. Poderíamos dizer que o aumento do poder de compra é enganoso em uma sociedade estruturalmente racista, que o preconceito e a segregação racial desmentem a propaganda do empreendedorismo e a ideologia do *self-made man*. Ou que a nova geração do rap não deveria se iludir com a mídia hegemônica[26]. Ou ainda que o acesso ao consumo não é o maior dos direitos sociais, que "o desprezo e o desrespeito pelos direitos humanos" resultam "em atos bárbaros" que deveriam ultrajar "a consciência da Humanidade"[27]... Do ponto de vista de um músico de classe média que toca violão na escola de João Gilberto, a cor da pele branca, que não esquece os desertos que cruzou até se tornar professor universitário e ser aprovado em concurso público na USP – fiquemos com esses poucos dados para dizer que, do meu ponto de vista, o conselho deve ser entendido a partir da reflexão sobre a substância do rap. Isto é, a partir da reflexão sobre as experiências fundamentais que inspiraram uma "narrativa triste"[28] que, pela "magia" musical e literária de sua forma artística, compramos no mercado de canções. Quanto vale a morte de um jovem negro

---

24 Devo muito da análise de "Quanto Vale o Show" a conversas informais que mantive, em diferentes ocasiões, com Salloma Salomão Jovino da Silva, Eduardo Brechó, Malu Rangel e Rachel Sciré, a quem agradeço com a advertência de que os equívocos e as imprecisões são logicamente de minha inteira responsabilidade.
25 Inspiro-me livremente em Walter Benjamin; ver "O Narrador", *Obras Escolhidas*, p. 201; 204.
26 Para um bom mapeamento de questões acerca da atuação de Emicida no mercado hegemônico, consultar D.V. dos Santos, "Sonho Brasileiro", *Nava*, v. 4, n. 1-2.
27 Como não terá escapado a algumas pessoas, as citações entre aspas são da *Declaração Universal dos Direitos Humanos*, adotada e proclamada pela Assembleia Geral das Nações Unidas em 1948. E não custa dizer com todas as letras que, à luz de "Quanto Vale o Show", estão em chave irônica.
28 M. Brown, Papo Reto: Hoje, Mano Brown é Paz e Amor. Entrevista concedida a Marcos Lauro, *Vip*, 21 ago. 2017.

140

que, despido das marcas que poderia estar vestindo, é descartado como qualquer sujeira?[29]

Referências

BENJAMIN, Walter. O Narrador: Considerações Sobre a Obra de Nikolai Leskov. *Obras Escolhidas: Magia e Técnica, Arte e Política*. 7. ed. Trad. Sérgio Paulo Rouanet. São Paulo: Brasiliense, 1996.

BÉTHUNE, Christian. *Le Rap: Une esthétique hors la loi*. Paris: Autrement, 2003.

_____. *Pour une esthétique du rap*. Paris: Klincksieck, 2004.

BOTELHO, Guilherme Machado. *Quanto Vale o Show? O Fino Rap de Athalyba-Man e a Inserção Social do Periférico Através do Mercado de Música Popular*. Dissertação (Mestrado em Culturas e Identidades Brasileiras), USP, São Paulo, 2018.

BOTELHO, Guilherme; GARCIA, Walter; ROSA, Alexandre. Três Raps de São Paulo: "Política", Athalyba-Man (1994); "O Menino do Morro", Facção Central (2003); "Mil Faces de um Homem Leal (Marighella)", Racionais MC's (2012). In: LACERDA, Marcos (org.). *Música (Ensaios Brasileiros Contemporâneos)*. Rio de Janeiro: Funarte, 2016.

CAMPOS, Felipe Oliveira. *Cultura, Espaço e Política: Um Estudo da Batalha da Matrix de São Bernardo do Campo*. Dissertação (Mestrado em Estudos Culturais), USP, São Paulo, 2019.

GARCIA, Walter. Tragédia na Vila do Meio-Dia: Uma Contribuição à Crítica de "Gota D'Água {Preta}". *"Da Discussão É Que Nasce a Luz": Canção, Teatro e Sociedade*. Belo Horizonte: Fino Traço, 2020.

SANDRONI, Carlos. *Feitiço Decente: Transformações do Samba no Rio de Janeiro (1917-1933)*. 2. ed. ampliada. Rio de Janeiro: Zahar, 2012.

SCIRÉ, Rachel D'Ipolitto de Oliveira. *Ginga no Asfalto: Figuras de Marginalidade nos Sambas de Germano Mathias e nos Raps do Racionais MC's*. Dissertação (Mestrado em Culturas e Identidades Brasileiras), USP, São Paulo, 2019.

SEGRETO, Marcelo. *A Linguagem Cancional do Rap*. Dissertação (Mestrado em Linguística), USP, São Paulo, 2015.

SODRÉ, Muniz. *Samba, o Dono do Corpo*. 2. ed. Rio de Janeiro: Mauad, 1998.

TEPERMAN, Ricardo Indig. *Tem Que Ter Suingue: Batalhas de Freestyle no Metrô Santa Cruz*. Dissertação (Mestrado em Antropologia Social), USP, São Paulo, 2011.

TONI C. *O Hip-Hop Está Morto!: A História do Hip-Hop no Brasil*. 2. ed. São Paulo: LiteraRUA, 2012.

---

29 Este ensaio é uma versão bastante modificada, no quadro de desenvolvimento do projeto de pesquisa *Passagens: Por uma Revisão Crítica Interdisciplinar da MPB (1958-2014)*, apoiado pelo CNPq (Bolsa Produtividade em Pesquisa), de uma palestra que apresentei no II Congresso Internacional Línguas, Culturas e Literaturas em Diálogo, na UnB, em agosto de 2018, a convite de Alexandre Pilati – a quem, uma vez mais, agradeço. Em outubro daquele ano, as anotações que eu levara a Brasília deveriam ter se transformado em texto escrito, mas o clima político e social impunha a revisão da análise.

3. ESTÉTICA E POÉTICA

Imprensa

AZEVEDO, Amailton Magno; SILVA, Salomão Jovino da. Um Raio x do Movimento Hip--Hop. *Revista da Associação Brasileira de Pesquisadores/as Negros/as* (ABPN), v. 7, n. 15, nov. 2014-fev. 2015.

BROWN, Mano. Papo Reto: Hoje, Mano Brown é Paz e Amor. Entrevista concedida a Marcos Lauro. *Vip*, 21 ago. 2017. Disponível em: <https://vip.abril.com.br/cultura/papo-reto-hoje-mano-brown-e-paz-e-amor/>. Acesso em: 6 fev. 2018.

____. Mano Brown. Entrevista concedida a Spensy Pimentel. *Teoria e Debate*, n. 46. São Paulo, 15 nov. 2001. Disponível em: <https://teoriaedebate.org.br/2000/11/15/mano--brown/>. Acesso em: 10 fev. 2021.

CARNEIRO, Henrique. Drogas: Muito Além da Hipocrisia. *Outras Palavras*, 25 maio 2011. Disponível em: <https://outraspalavras.net/posts/drogas-muito-alem-da-hipocrisia/>. Acesso em: 10 fev. 2021.

GARCIA, Walter. Ouvindo Racionais MC's. *Teresa: Revista de Literatura Brasileira*, n. 4-5, São Paulo, 2004 (http://dx.doi.org/10.11606/issn.2447-8997.teresa.2003.116377).

GOG (Genival Oliveira Gonçalves). O Hip Hop Brasileiro Assume a Paternidade. Entrevista concedida a Spensy Pimentel. *Cultura e Pensamento*, n. 3. Salvador/Brasília, dez. 2007.

SANTOS, Daniela Vieira dos. "Sonho Brasileiro": Emicida e o Novo Lugar Social do Rap. *Nava*, v. 4, n. 1-2. Juiz de Fora, UFJF, 2019. Disponível em: <https://periodicos.ufjf.br/index.php/nava/article/view/32093>. Acesso em: 10 fev. 2021.

Fonogramas

DJAVAN. *Lilás*. Rio de Janeiro: CBS, 1984. 1 LP, 138.262.

SILVA, Bezerra da. *Malandro Rife*. Rio de Janeiro: RCA, 1985. 1 LP, 109.0133.

É MUITO LOUCO OLHAR AS PESSOAS
A ATITUDE DO MAL INFLUENCIA
A MINORIA BOA
MORRER À TOA (E QUE MAIS?)
MATAR À TOA (E QUE MAIS?)
IR PRESO À TOA, SONHANDO
COM UMA FITA BOA

Letramentos de Reexistência no Rap do Racionais MC's

Ana Lúcia Silva Souza[1]

> Aí, o rap fez eu ser o que sou
> Ice Blue, Edy Rock e KL Jay e toda a família
> E toda geração que faz o rap
> A geração que revolucionou, a geração que vai revolucionar
> Anos 90, Século 21, é desse jeito.
>
> Negro Drama, *Nada Como um Dia Após o Outro Dia* (2002)

---

1 Agradeço muito a interlocução com Jaqueline Lima Santos, Jessica Teixeira Eugenio e Kassandra Muniz, intelectuais, parceiras com as quais sempre penso em voz alta e a Marcos Agostinho da Silva.

Em maio de 2018, o multiartista e poeta Ricardo Aleixo, com o "coração em festa", afirma que o álbum *Sobrevivendo no Inferno*, do Racionais MC's, lançado em 1997, é uma obra de arte que se compara em termos ético-estéticos com outras obras de arte: "*Os Sertões*, o conjunto arquitetônico da Pampulha, *Grande Sertão: Veredas*, as orquestrações de Pixinguinha, a poesia concreta, a discografia tropicalista, *Deus e o Diabo na Terra do Sol, Quarto de Despejo, Os Bichos* de Lygia [Clark], os parangolés [de Hélio Oiticica]". A alegria de Aleixo, autor de *Pesado Demais Para Ventania* e outras obras incríveis, se dava pelo fato do álbum ter sido indicado para integrar a lista de leitura obrigatória para candidatos a estudar em cursos da Universidade Estadual de Campinas – a Unicamp, uma das mais elitistas e conceituadas instituições de nível superior do Brasil.

Sim! *Sobrevivendo no Inferno*, na categoria poesia, entrava em um espaço altamente seletivo características dos vestibulares de universidades públicas com um diálogo afrontoso com setores da população que rechaçavam a produção do grupo, fazendo valer um dos versos da música "Negro Drama": "Entrei pelo seu rádio, tomei, cê nem viu".

A notícia reverberou fortemente em circuitos diversos provocando espanto, (des)confiança, euforia e, também, alegria como a de Ricardo Aleixo, para quem o ritmo e a poesia do álbum é "um dos monumentos da cultura brasileira". Nos circuitos educacionais, em especial na área do ensino de literatura e língua portuguesa, houve quem não quisesse ouvir falar do assunto, considerando a inserção

3. ESTÉTICA E POÉTICA

uma mácula ao chamado cânone literário. Ou ainda, temesse ter que enfrentar na sala de aula, entre outras questões, a do deslocamento da escrita para a oralidade como centro, afinal tratava-se de um produto sonoro com narrativa da vida cotidiana. Houve quem visse ali uma oportunidade de "dar voz aos alunos" das escolas públicas ou ainda aproximar as escolas particulares da realidade "não vivida" por aquela parcela da população – o que geralmente ocorre em projetos concentrados apenas no mês de novembro.

Os Racionais deslocam, provocam, inquietam, reescrevem em letras sobre periferias outras possibilidades de uso de linguagem no rap, ampliando e rompendo estereótipos e marcas de um imaginário cristalizado sobre hip-hop. Os Racionais, bem como autores e autoras negras e negros, fazem na literatura negra há séculos com uma leitura aguçada e complexa da realidade narrada e tratada em primeira pessoa, sempre no coletivo.

A partir do campo dos estudos da linguagem, entendendo-a como uso social, como discurso, como prática social de corpos que se movimentam na sociedade, com a alegria de Aleixo queremos sim celebrar os Racionais na academia, mas, sobretudo continuar a celebrar desde as periferias, como veremos mais adiante.

Hip-Hop, Marginalidades Conectadas e Transperiferias

De acordo com Halifu Osumare, a cultura hip-hop vem deslocando o centro e a margem ao passo que, ao mesmo tempo em que participa do capitalismo global, tem deslocado o poder com uma estética africanista que atrai jovens de contextos locais, onde subverte sistemas sociais, culturais e econômicos. Dessa forma, produz marginalidades conectadas descritas no Diagrama 1.

"Marginalidades conectadas" é conceito apresentado pela autora para descrever as várias esferas sociais e históricas que formam o contexto em que jovens se engajam na cultura hip-hop fora dos EUA: cultura, classe, opressão histórica e juventude. Essas esferas da experiência social se interconectam e se sobrepõem, o que facilita a explosão da cultura hip-hop pelo mundo.

Diagrama 1 Halifu Osumare, marginalidades conectadas do Hip-Hop Global, 1999.

A esfera da cultura ocorre apenas onde a estética africanista é predominante, ou seja, onde encontra-se uma identificação com a relação entre raça, classe e cultura associada às pessoas marginalizadas. A da classe representa a forma como os grupos são percebidos e relegados à cidadania de segunda classe, resultado em um status de marginalidade. Opressão histórica é o espaço de identificação com uma história comum que produziu desigualdades, marginalidades e estereótipos, questão crítica que cria uma importante ressonância para as comunidades jovens de hip-hop em todo o mapa. Juventude, a esfera com maior destaque, remete a um *status quo* marginal que representa uma construção discursiva de um grande segmento de qualquer sociedade para o qual o hip-hop é não apenas uma resposta à ansiedade da rebeldia social juvenil, mas uma plataforma social para revelar iniquidades sociopolíticas da opressão grupal histórica. Essas marginalidades conectadas aparecem em destaque na produção de narrativas, ou seja, nas linguagens dos jovens interlocutores deste trabalho.

3. ESTÉTICA E POÉTICA

O hip-hop surge nos guetos de Nova York e se espalha por territórios de todo globo potencializando expressões artísticas como práticas de leitura crítica da realidade, engajando seus ativistas em questões políticas e sociais, e colocando-os como autores de si próprios. As múltiplas realidades do hip-hop global desafiam ideias que estruturam e hierarquizam a vida em sociedade, realocando a linguagem de forma a produzir novas narrativas locais.

Como a cultura hip-hop se disseminou globalmente, suas vozes desafiadoras e autodefinidas foram multiplicadas e amplificadas à medida que desafiam também os conceitos convencionais de identidade e nacionalidade. O hip-hop emerge, encoraja e integra práticas inovadoras de expressão artística, produção de conhecimento, identificação social e mobilização política. Nesse aspecto, transcende e contesta noções estabilizadas de raça, nação, comunidade, estética e conhecimento[2].

A ideia de marginalidades conectadas proposta por Halifu Osumare (2007) instiga trazer para o adensamento da reflexão o paradigma transperiférico discutido no artigo escrito colaborativamente por um grupo de intelectuais[3] que adotam uma perspectiva aplicada dos estudos de linguagem, marcando seu caráter social, político, ético e compromissado, e suas pesquisas transitam pelas áreas de sociologia, antropologia, comunicação social, estudos culturais e literários.

Nesse mesmo artigo, a concepção de transperiferia é marcada pelo empenho em visibilizar a produção e circulação de conhecimento imerso em expressões culturais e sociais marginalizadas tomando-as como fundamentais para alargar fronteiras do que se entende

---

2 M. Morgan, D. Bennet, Hip-Hop & the Global Imprint of a Black Cultural Form, *Daedalus*, n. 140, p. 177.
3 "Por um Paradigma TransPeriférico: Uma Agenda Para Pesquisas Socialmente Engajadas", de autoria de Joel Windle (Universidade Federal Fluminenseb – UFF, Brasil; Faculty of Education at Monash University, Austrália); Ana Lúcia Silva Souza (Universidade Federal da Bahia – UFBA, Brasil); Daniel do Nascimento e Silva (Universidade Federal de Santa Catarina – UFSC, Brasil; Programa Interdisciplinar de Pós-Graduação em Linguística Aplicada, Universidade Federal do Rio de Janeiro – UFRJ); Junia Mattos Zaidan (Universidade Federal do Espírito Santo – UFES, Brasil); Junot de Oliveira Maia (Universidade Federal de Minas Gerais – UFMG, Brasil); Kassandra Muniz (Universidade Federal de Ouro Preto – UFOP, Brasil); Silvia Lorenso (Middlebury College, EUA).

148

por usos de linguagem e educação de espaços vernaculares. A ideia de transperiferia busca nomear ações acadêmicas, ou não, realizadas junto com grupos ou pessoas de acordo com as demandas por direitos. Mostra-se como uma concepção que tem por centralidade evidenciar a importância e a força gestada em redes e contatos nacionais e transnacionais que envolvem territórios periféricos.

Ao considerar transperiferia é fundamental destacar que o conceito de periferia é chave e está em diálogo com trabalhos que tratam de território e focam a produção cultural e urbana como em Éder Sader (2001 [1988]), Érica Peçanha do Nascimento (2009), Tiaraju D'Andrea (2013), Teresa Caldeira (2017) e Mariana Santos de Assis (2018) e Jorge Augusto. Este último defende que pensar o território periférico não se limita à dicotomia de centro x periferia. Antes de tudo, a periferia é múltipla em sua movimentação, a periferia se desloca em relação aos centros de poder, se desloca em relação a outras periferias a partir da própria relação para e com o território em disputa pela cidade, pelos direitos, em especial direito à vida. Ainda para Augusto, a movimentação periférica é um gesto radical de "retroagir a máquina do epistemicídio em seu funcionamento mais escroto: a produção da homogeneidade."[4]

Nesse sentido, transperiferias se constituem pelas movimentações das periferias, pelos diálogos tensos entre elas e suas agendas políticas, de forma que os próprios sujeitos se envolvem na produção de conhecimento sobre eles mesmos, rechaçando as posições cristalizadas quase sempre atribuídas "às margens". Ainda bastante recente em sua formulação é um conceito que encontra, se mescla, a outros conceitos afins. Pois transperiferia "constitui um espaço epistemológica e politicamente fértil para a construção de uma agenda socialmente engajada de pesquisa e de agência."[5]

O marco inaugural da ideia de transperiferia está no Seminário *A Periferia no Centro dos Encontros Transnacionais: Reexistência e Democracia*, organizado pelo Núcleo de Estudos Críticos em Linguagem, Educação e Sociedade (NECLES), realizado na Universidade

---

4 J. Augusto (org.), *Contemporaneidades Periféricas*, p. 62
5 J. Windle; A.L.S. Souza et al., op. cit., p. 1565.

3. ESTÉTICA E POÉTICA

Federal Fluminense, na cidade de Niterói, em meio a satisfação imensa e tensão na mesma dimensão[6].

Era maio de 2019, momento de muita tensão, meses depois do assassinato de Marielle Franco, vereadora filiada ao Partido Socialismo e Liberdade (PSOL), ativista nascida no complexo de favelas da Maré, fato que mobilizou, e ainda mobiliza, vozes de uma rede de solidariedade transperiférica, antes indagando "quem matou Marielle" e agora indagando, ainda sem resposta, "quem mandou matar Marielle". Uma rede que se posiciona a favor da vida e dos direitos, em especial das periferias, cujo trabalho se volta para fomentar "pautas de democratização da cultura e da participação cidadã além do "centro", dando visibilidade a novas formas de comunicação e organização comunitária, e trajetórias através das fronteiras sociais e geográficas nacionais e internacionais" como anunciado na chamada do Seminário.

Havia ali também imensa satisfação, pois estávamos artistas, ativistas da política e da cultura, intelectuais de diferentes áreas de atuação e campos epistêmicos. Corpos tão diversos que se entendem também às margens por diferentes razões, colocando em prática o conceito de transperiferia e chamando para si, desde o próprio corpo e experiências de vida, autoridade para a produção de conhecimento envolvendo questões de raça, classe social, gênero e sexualidade. Interessava ao grupo organizador enfatizar a importância de uma aproximação entre a produção de saber "sobre" as periferias com a produção de conhecimento "das" periferias, ao mesmo tempo em que se projetam espaços de diálogo e reflexão "entre" periferias, regionais, nacionais e globais. De 2019 para cá, há o esforço de sustentar o paradigma em uma agenda de pesquisa trazendo modos de pensar de modo implicado com conceitos vários que comportam uma mirada transperiférica.

Passemos agora a discutir dois dos conceitos que se filiam ao paradigma transperiferico e permitem pensar os usos de linguagem na cultura hip-hop, movimento que com suas práticas sociais

---

6 A ideia do evento nasceu de conversas informais entre Sílvia Lorenso, estudiosa e ativista comunitária brasileira, professora atuante na área de intercâmbio de uma universidade americana, e Joel Windle, estudioso australiano que atua em projetos de ensino de idiomas em escolas localizadas em periferias urbanas brasileiras.

evidencia a realidade de pessoas que não se limitam ao que dizem ou fazem com elas, mas agem no mundo por meio da linguagem

O Conceito de Mandinga em Diálogo Com Letramentos de Reexistência

Um dos conceitos que têm sustentado a noção de *transperiferia* é *mandinga* que vem sendo trabalhado por Muniz numa aproximação com a filosofia e os movimentos da capoeira, um conceito "que se refere às habilidades de surpreender e de enganar um oponente: praticada, ela desestabiliza e subverte a branquitude construída por enunciados que sustentam relações desiguais de poder[7].

Para a autora, agimos no mundo por meio das palavras, o nosso corpo e as nossas experiências nos dão essa linguagem. E considerando o histórico da população negra no Brasil, o conceito de mandinga materializa as manobras linguísticas feitas e ensinadas para estar, ocupar e ser em lugares de (in)visibilidade em um país que não só não quer ouvir a população negra, mas que ainda a silencia. Ao circularmos no mundo com nossos corpos, histórias e experiências, pessoas negras jogam linguística e politicamente com identidades estratégicas que nos auxiliam a pensar o mundo, bem como a linguagem na relação constante que exige avaliar o espaço, com quem estamos, onde estamos, qual jogo deve ou pode ser jogado com astúcia, com sabedoria, nos sabermos pertencentes, mas não aprisionados ou marcados permanentemente por questões de raça ou sexualidade, aceitando lugares e papéis que nos querem infligir de maneira cristalizada. Para viver gingamos – mandingamos.

> Linguagem como mandinga é literalmente você pensar e agir a partir do lugar da encruzilhada. É manipular a linguagem como a gente manipula a ginga. Quando a gente tem essa perspectiva de linguagem significa, a meu ver, pensar performatividade e estratégia como defendi no doutorado.[8]

---

7 J. Windle; A.L.S. Souza et al., op. cit., p. 1570.
8 K.S. Muniz, Linguagem Como Mandinga, em A.L.S. Souza (org.), *Cultura Política nas Periferias*, p. 282.

3. ESTÉTICA E POÉTICA

A *mandinga* é uma "teoria, um conceito negro-epistemológico que tem a ver com estilo, ginga, com as feitiçarias"[9]. Para ela, é a engenhosidade da existência da população negra, deslocando a própria linguagem que está no mandingar, repensando toda a ideia colonial que é construída sobre nossos corpos. Então, é necessário "saber a hora de desviar, saber a hora de ficar em pé e saber a hora de devolver o golpe"[10].

Quando pensamos nesse uso de linguagem como ato de coragem, como uma linguagem que transforma e subverte, questiona e propõe, muito do que sustenta a cultura das periferias cabe em mandinga, mas sem dúvida, o hip-hop é o que mais permite expressar essas ideias até aqui movimentadas. Aí está presente a ideia de linguagem como ação e os sujeitos que a movimentam como agentes. Trata-se, portanto, de um tipo de agência fundamental para seguirmos aqui com nossa discussão.

Outro conceito de interesse para a discussão é *letramentos de reexistência* que "[s]ão reinvenções linguísticas que necessariamente se reportam às matrizes sócio-históricas africanas e afrodiaspóricas, ao mesmo tempo em que se apropriam de outros usos que se pretendem legitimados, problematizando-os e desestabilizando-os"[11].

O conceito em foco é amplamente discutido no livro *Letramento de Resistência – Poesia, Grafite, Música, Dança: Hip-Hop*, defendendo que as e os ativistas, como todo movimento social negro, não apenas resistem no sentido de estar em pé, no sentido de responder a algo, a uma demanda, mas são sujeitos de agências e produtores de conhecimentos pois em práticas artísticas e formativas mobilizam as suas experiências de vida como fundamentais para questionar, propor, tensionar um processo de letramento que instaura mudanças nos discursos e práticas sociais, fomentando alteração nos posicionamentos identitários para dentro e para fora dos grupo nos quais aprendem e ensinam.

---

9 Ibidem, p. 281.
10 Ibidem, p. 282.
11 J. Windle; A.L.S. Souza et al., op. cit., p. 1568.

LETRAMENTOS DE REEXISTÊNCIA NO RAP DO RACIONAIS MC'S

A singularidade das práticas do hip-hop está nas microrresistências cotidianas ressignificadas na linguagem, na fala, nos gestos, nas roupas. Não apenas no conteúdo mas também nas formas de dizer, o que remete tanto à natureza dialógica da linguagem como também às proposições dos estudos culturais que revelam que as identidades sociais, sempre em construção, se dão de forma tensa e contraditória, própria de situações em que estão em disputa lugares legitimados[12].

As microreexistências e inventividades estão no *sample*, misturando – ou mixando – vários ritmos de músicas e referências, (re)criam um som diferente da produção original, sem pedir licença, mas fazendo reverência. Essa criatividade também é notada nas primeiras *pick-ups* e aparelhos sonoros do hip-hop improvisados com garimpagens de descarte eletrônico, ou ainda nas muitas estratégias para compor e decorar letras, buscar e trocar informações nos anos em que a internet não como hoje, e mesmo com toda essa possibilidade de acesso, permanece a expertise. Está na estética das roupas – não necessariamente em produção de larga escala, remetendo ao pertencimento e identidade local, regional e até global. A atitude em comum é a própria ação corporificada de inventar e reinventar, criar e recriar a partir do que – não necessariamente – está à disposição, mas principalmente do que amplia seu alcance e horizonte do (im)possível.

Podemos pensar na globalidade do hip-hop, em sua forma de agenciamento, interação e, por isso, de formação e transformação, devido à capacidade de mobilizar sujeitos que alteram os modos de viver política, econômica e identitariamente ao se inserirem em uma dinâmica de aprender, numa escola onde acreditamos que agimos no mundo por meio da linguagem.

Quando falamos em escola, estamos considerando as práticas de inúmeros grupos espalhados pelo Brasil, mostrando como podemos pensar, ler e lidar com a realidade não de forma estanque, mas na própria mandinga, como afirma Muniz. Mais ainda, como podemos usar a linguagem, de que jeito podemos ensinar uns aos outros

---

12 A.L.S Souza, *Letramentos de Reexistência*, p. 37.

3. ESTÉTICA E POÉTICA

e nos constituirmos, nos entendermos como agentes de letramentos. O fio condutor está na maneira pela qual o movimento cultural hip-hop tem reescrito sobre modos de educar, entrelaçando linguagem e literatura em performances que reverberam pelo mundo.

Uma das marcas da cultura hip-hop é a intimidade com que ela combina e recombina, sem hierarquizar, os multiletramentos em produções que mesclam mídias orais, verbais, imagéticas, analógicas e digitais, sendo fundamentais os letramentos vernaculares, os autogerados, sustentados por práticas práticas engendradas desde os núcleos familiares, espaços religiosos, a capoeira, o samba, as irmandades negras, dentre outras.

A cultura hip-hop trança uma complexa rede *transperiférica*, o que não se faz sem as *marginalidades conectadas* da qual fala Halifu. O encontro entre os dois conceitos mostra possibilidades de deslocamentos da ideia de centro num movimento que arrasta as marcas das experiências presentes no corpo, nas vivências de sujeitos em direção a um outro centro. O hip-hop pensado como prática transperiférica tenciona as noções fixas e rígidas por sua própria existência, nas relações com o território se movendo, nas múltiplas linguagens, como propõe o conceito de letramento de reexistência ao destacar as agências dos sujeitos como fundamental para compreendermos a complexidade da cultura afrodiaspórica.

Racionais MC's e Linguagem das Periferias

> Eu visto preto por dentro e por fora
> Guerreiro, poeta, entre o tempo e a memória
>
> Negro Drama,
> *Nada Como um Dia Após o Outro Dia.*

Nas suas mais de três décadas de existência, o Racionais MC's tornou-se uma das maiores referências da cultura hip-hop no Brasil. Para muitas pessoas, o grupo tem sido a ponte que liga corpos e mentes a universos de linguagens, verbos e práticas sociais importantes para a construção de identidades que sustentam vidas negras.

A narrativa ajudou a construir novos repertórios que se tornam verbetes antirracistas nas periferias.

Um dos princípios da cultura hip-hop reside em instituir ao uso da linguagem o poder de ação, de transformação, cujo manejo intencional e cuidadoso projeta difundir visões de mundo e posturas na disputa pelos sentidos que se constituem no intercruzamento das vozes sociais. É o que faz o Racionais MC's ao olhar atentamente as relações sociais dos contextos em que está inserido para narrar o cotidiano e se posicionar sobre o que acontece nele, difundindo perspectivas que concorrem com o imaginário social hegemônico a partir da experiência que o grupo carrega em sua própria pele e condição social.

Em "A Vida é Desafio", do álbum *Nada Como um Dia Após o Outro Dia*, o Racionais solta o verbo. O grupo escancara uma realidade, denunciando diversas mazelas de forma crítica e dura, e também, quase imperceptivelmente, trata do sonho "Ele sonha na direta com a liberdade/ Ele sonha em um dia voltar pra rua longe da maldade":

> Várias famílias, vários barracos/ Uma mina grávida/ E o mano 'tá lá trancafiado/ Ele sonha na direta com a liberdade/ Ele sonha em um dia voltar pra rua longe da maldade/ Na cidade grande é assim/ Você espera tempo bom e o que vem é só tempo ruim/ No esporte no boxe ou no futebol/ Alguém sonhando com uma medalha o seu lugar ao sol/ Porém fazer o quê se o maluco não estudou/ 500 anos de Brasil e o Brasil aqui nada mudou/ "Desespero aí, cena do louco Invadiu o mercado farinhado, armado e mais um pouco"/ Isso é reflexo da nossa atualidade/ Esse é o espelho derradeiro da realidade

Continuando o diálogo, o grupo chama a atenção para o movimento de aprendizado em meio à dinâmica do cotidiano. É o aprendizado aprendizado que pode sustentar o pensamento e ajudar a construir uma perspectiva diferente sobre a realidade. Vai acionar a ideia de mandinga como tecnologia ancestral da população negra[13], nos lem-

---

13 Ver K.S. Muniz, op. cit.

3. ESTÉTICA E POÉTICA

brando que para saber mandingar é necessário conhecer a própria história de vida e como ela se relaciona à realidade. Como se pode ler na letra de "A Vida É Desafio":

> A gente tá desprevenido né não?/ Errado/ É você que perdeu o controle da situação, sangue bom/ Perdeu a capacidade de controlar os desafios/ Principalmente quando a gente foge das lição/ Que a vida coloca na nossa frente, eu sei, 'tá ligado?/ Você se acha, você se acha sempre incapaz de resolver/ Se acovarda morô?/ O pensamento é a força criadora, irmão/ O amanhã é ilusório/ Porque ainda não existe/ O hoje é real/ É a realidade que você pode interferir/ As oportunidades de mudança/ 'Tá no presente/ Não espere o futuro mudar sua vida.

A música "Racistas Otários", do álbum *Holocausto Urbano*, é outro exemplo dessa colocação.

> Os poderosos são covardes desleais/ Espancam negros nas ruas por motivos banais/ E nossos ancestrais/ Por igualdade lutaram/ Se rebelaram morreram/ E hoje o que fazemos/ Assistimos a tudo de braços cruzados/ Até parece que nem somos nós os prejudicados/ Enquanto você sossegado foge da questão/ Eles circulam na rua com uma descrição/ Que é parecida com a sua/ Cabelo cor e feição/ Será que eles vêem em nós um marginal padrão/ 50 anos agoras se completam/ Da lei anti-racismo na constituição/ Infalível na teoria Inútil no dia a dia/ Então que fodam-se eles com sua demagogia/ No meu país o preconceito é eficaz/ Te cumprimentam na frente/ E te dão um tiro por trás.

O trecho anterior traz alguns temas fundamentais para compreender as relações raciais no Brasil: racismo é relações de poder e os "poderosos" têm consciência do que fazem; a luta negra é ancestral, muitas pessoas vieram antes das pessoas que denunciam o racismo por meio do rap, tendo como consequência até a morte; as pessoas que mais sofrem com o racismo não sabem como agir; a violência policial é uma constante na vida de jovens negros, já que a segurança pública age com base em estereótipos raciais; a legislação antirracista não funciona no país; no Brasil o racismo acontece como um

156

LETRAMENTOS DE REEXISTÊNCIA NO RAP DO RACIONAIS MC'S

ato covarde, as pessoas não assumem suas práticas racistas, mas violentam a população negra. Essa tomada de consciência reposiciona o sujeito negro na compreensão de sua condição social, além de mobilizá-lo para a luta antirracista.

No rap "Pânico na Zona Sul", do álbum *Consciência Black*, há incentivo à tomada de consciência sobre o lugar onde se vive, os problemas, a denúncia das precariedades, e também da necessidade de enfrentamento e compreensão dos próprios medos e incoerências

> Racionais vão contar/ A realidade das ruas/ Que não media outras vidas/ A minha e a sua / Viemos falar/ Que pra mudar Temos que parar de se acomodar/ E acatar o que nos prejudica/ O medo/ Sentimento em comum num lugar/ Que parece sempre estar esquecido/ Desconfiança insegurança mano/ Pois já se tem a consciência do perigo/ E ai?
> […] se nós querermos que as coisas mudem/ Ei Brown, qual será a nossa atitude?/ A mudança estará em nossa consciência/ Praticando nossos atos com coerência/ E a consequência será o fim do próprio medo/ Pois quem gosta de nós somos nós mesmos/".

A arte e a cultura para agentes culturais envolvidos em projetos diversos mostra-se uma importante agência de letramento político que ensina o que pensar, como pensar, fazer planos, almejar a inserção em outras esferas como a universidade. São professores e professoras que muito contribuem para o dialogo com outras expressões culturais dos, e nos, territórios, produzindo modos de vida, gestando participações sociais e politicas assinadas em primeira pessoa do singular e do plural.

Na trajetória do hip-hop no Brasil, a cultura dá o mote para sustentação de vozes, em diferentes modalidades que se iram no agir, reivindicar e fazer politica, e sonhar. O rap, a expressão mais conhecida do movimento, transborda, desloca, provoca desde sempre e, sim, revolucionou, revoluciona. A palavra já estava dada, disse Mano Brown, o "rap é o maior veículo de comunicação. Ele faz o que nenhum outro veículo faz: conta a verdade como ela é, e aponta soluções. É direcionado ao povo negro, apesar de muitos brancos ouvirem. Mas em sua essência é uma música negra, para negros. Diante do

3. ESTÉTICA E POÉTICA

contexto político, é a nossa história, é a nossa segunda escola, porque a escola conta a história parcial e nós contamos a real"[14].

Referências

AUGUSTO, Jorge (org.). J. *Contemporaneidades Periféricas*. Salvador: Segundo Selo, 2018.

BROWN, Mano. Entrevista. *Pode Crê*, fev.-mar. 1993.

MORGAN, Marcyliena H.; BENNETT, Dionne. Hip-Hop & the Global Imprint of a Black Cultural Form. *Daedalus*, n. 140, 2011.

MUNIZ, Kassandra da Silva. Linguagem Como Mandinga: População Negra e Periférica Reinventando Epistemologias. In: SOUZA, Ana Lúcia Silva (org.). *Cultura Política Nas Periferias: Estratégias de Reexistência*. São Paulo: Fundação Perseu Abramo, 2021.

OSUMARE, Halifu. Global Hip-Hop and the African Diaspora. In: by ELAM, Harry Justin; JACKSON Kennell (eds.). *Black Cultural Traffic: Crossroads in Global Performance and Popular Culture*. Chicago: University of Michigan Press, 2005.

SOUZA, Ana Lúcia Silva; *Letramentos de Reexistência – Poesia, Grafite, Música, Dança: Hip-Hop*. São Paulo: Parábola, 2011. (Letramentos de Reexistência: Culturas e Identidades no Movimento Hip-Hop. Tese (doutorado em Linguística Aplicada). Unicamp, Campinas, 2009.)

WINDLE, Joel; SOUZA, A.L.S. et al. Por um Paradigma TransPeriférico: Uma Agenda Para Pesquisas Socialmente Engajadas. *Trabalhos em Linguística Aplicada*, v. 59, n. 2, maio-ago. 2020 (https://doi.org/10.1590/01031813749651220200706).

---

14 Mano Brown, *Pode Crê*, fev.-mar. 1993, p. 13.

FILHO, POR VOCÊ SER PRETO
VOCÊ TEM QUE SER
DUAS VEZES MELHOR
COMO FAZER DUAS VEZES MELHOR
SE VOCÊ ESTÁ PELO MENOS
CEM VEZES ATRASADO
PELA ESCRAVIDÃO, PELO
PRECONCEITO PELA HISTÓRIA,
PELOS TRAUMAS, PELAS PSICOSES
POR TUDO QUE ACONTECEU?
SER DUAS VEZES MELHOR COMO?

Racionais MC's, Música Que o Olho Vê:
uma análise da cultura visual religiosa do rap

Bruno de Carvalho Rocha

Introdução

O campo dos estudos da religião no Brasil – de modo específico, as ciências da religião – vem se dedicando a refletir sobre as diversas linguagens pelas quais as religiões se comunicam, se desenvolvem e materializam-se nas culturas. Além das já conhecidas teorias sociológicas, antropológicas e psicológicas que historicamente conceituam e tematizam a religião desde a modernidade, o estudo das linguagens da religião[1] compreendem uma recente área multidisciplinar responsável por dimensionar os diversos modos (gestuais, textuais, rituais, materiais, sonoros, imagéticos etc.) pelos quais as religiões se expressam e são produzidas[2]. Nesse campo das linguagens religiosas, ou das ciências da linguagem religiosa, a imagem se apresenta como expressão privilegiada na compreensão das religiões brasileiras, que "foram construídas

---

[1] Para melhor compreensão da área, ver P.A.S. Nogueira (org.), *Linguagens da Religião; Religião e Linguagem*.

[2] Para A.C.M Magalhães, o que caracteriza o campo chamado "linguagens da religião", é a compreensão de que tanto os diversos tipos de linguagens (textuais, pictóricas, materiais, etc.) como as experiências religiosas mediadas pela linguagem, habitam uma intensa esfera fenomênica, compartilhando rotas de colisão e (des)encontros. Sendo a religião, segundo Magalhães, considerada como a "infinitude de possibilidades humanas em suas narrativas, celebrações e ações", ela é um fenômeno que se dá dentro de um fluxo dialógico não finalizado, sempre em aberto em seus processos, devires e bricolagens na experiência humana. Ver Contribuição da Teoria de Bakhtin ao Estudo das Linguagens da Religião, *Horizonte*, v. 16, n. 51, p. 1.036.

3. ESTÉTICA E POÉTICA

por uma complexa amalgamação de tradições, na qual ritos, gestos, imagens, artefatos e espaços, ao longo dos séculos, falavam mais alto do que conceitos e textos"[3]. A linguagem imagética, portanto, reflete não só aspectos da imagem em si (composição, técnica, efeitos estéticos e experimentações visuais), mas também de práticas sociais e simbólicas de determinado contexto histórico em uso na cultura.

Compreendendo a religião como um conjunto de palavras, atos, costumes e instituições que testemunham a crença do ser humano no sobre-humano[4], suas práticas estão circunscritas a uma série de linguagens que possibilitam tradução, associação e identificação de seus mais profundos desejos de transcendência. Portanto, compreender os aspectos da cultura visual religiosa brasileira proporciona um novo e amplo campo de possibilidades para se pensar criticamente fenômenos culturais supratextuais – suas implicações históricas e cotidianas – que se explicam e existem por meio das imagens. A imagem religiosa, antes renegada a um iconoclasmo tanto religioso como científico-positivista, passa a ser expressão encarnada, comunitária, que possibilita melhor compreensão dos fenômenos culturais, materiais e estéticos produzidos pelo ser humano em suas instituições e coletividades. Assim, "com o advento da cultura visual, o olhar e o sentir estão de volta"[5], sendo necessário rearticular métodos e teorias da linguagem, da história da arte, bem como do estudo científico das religiões.

Ultrapassando o texto como lugar prioritário da experiência religiosa – num tempo onde a virtualidade rearticula a religião por meio de ícones e logotipos em constante movimento –, o som, os símbolos e as imagens aos poucos se estabelecem como aspectos constitutivos de novas práticas religiosas, onde o poder performativo e dinâmico das visualidades modela as estruturas sociais e constrói mundos de sentido e significado. A cultura visual acaba por relacionar artefatos e materiais artísticos, sua história e seu desenvolvimento

---

3 H. Renders, Artefatos, Imagens e Logotipos Como Linguagens da Religião, em P.A.S. Nogueira (org.), *Religião e Linguagem*, p. 64.
4 Ver C.P. Tiele, Concepção, Objetivo e Método da Ciência da Religião, *Rever*, v. 18, n. 3, p. 217-228.
5 Ver E. Higuet, Imagens e Imaginários, em P.A.S. Nogueira (org.), *Religião e Linguagem*, p. 72.

162

RACIONAIS MC'S, MÚSICA QUE O OLHO VÊ

nas sociedades. Áreas como semiótica, hermenêutica e filosofia são empregadas para uma análise crítica e compreensiva das imagens em suas dimensões religiosas[6]. Um estudo antes circunscrito às artes visuais e plásticas agora se estende para toda e qualquer manifestação visual e material. Selos, cartazes, panfletos e insígnias, por exemplo, recebem atenção de pesquisadores preocupados com a influência desses objetos na formação cultural e estético-religiosa do ser humano. Assim, a cultura popular, espalhada em grandes redes de imagem e expressões artísticas, também recebe agora maior cuidado nas análises, revelando-se como parte incontornável do desenvolvimento imaginativo, pictorial e material de nossas sociedades em processo acelerado de hibridização.

Mesmo que o termo "popular" apresente uma complexa discussão – e aqui não nos interessa tal problematização –, nos concentraremos neste artigo em uma das mais importantes linguagens populares da cultura global afro-diaspórica contemporânea: o rap. Como um gênero oral que reúne ritmo e poesia, o rap, produzido em grande parte nos territórios periféricos, constitui-se como expressão política, estética e performativa – mesmo que disruptiva – da canção popular brasileira. Segundo Acauam S. Oliveira, o rap, rompendo aspectos estéticos e políticos de uma tradição musical racialmente conciliadora e pretensamente cordial e democrática, seria o "efeito colateral" do sistema cancional brasileiro. Segundo Oliveira, esse tipo de canção apostaria numa identidade construída a partir da ruptura com um projeto de nação mestiça, reivindicando e demarcando fronteiras de denúncia contra a violência, o racismo e a dominação – "contido no modelo cordial de valorização da mestiçagem"[7].

Deslocando os principais pilares da tradição musical brasileira, o rap nacional privilegia outros modelos e paradigmas político-raciais, estéticos e imagéticos de construção do sujeito e da nação. Desde o final dos anos 1980 o rap vem conquistando e expandindo seu espaço na cultura brasileira, pelos meios de comunicação e nos

---

6 6 Para uma compreensão mais ampla da cultura visual religiosa, ver H. Renders, A Cultura Visual Religiosa Como Linguagem Religiosa Própria, *Horizonte*, v. 17, n. 53.
7 A.S. Oliveira, *O Fim da Canção? Racionais MC's Como Efeito Colateral do Sistema Cancional Brasileiro*, p. 5.

3. ESTÉTICA E POÉTICA

mais diversos tipos de mercado (fonográfico, empresarial, editorial etc.). O rap hoje – bem como aqueles que promovem essa cultura (o hip-hop) – desfruta, não sem contradições, de uma posição mais privilegiada do que em sua origem. Seu teor contestatório – e, por que não, mercadológico – ganha espaço na vida política do país, nas disputas e trocas de todo tipo de bens simbólicos, despertando cada vez mais, desde o final dos anos 1990, a atenção de pesquisadores interessados em dimensionar alguns capítulos dessa história e algumas características dessa expressão periférica.

Além de articular narrativas textuais e cancionais, o rap dispõe de uma vasta linguagem visual e material. Seus símbolos, ícones e imagens, bem como a diversidade de seus objetos, acessórios e cores permeiam a construção do imaginário estético e subjetivo dos sujeitos periféricos. Essa capacidade em reunir uma juventude excluída, ideologias/discursos políticos e as mais diversas linguagens artísticas em seu entorno, garante ao rap – como elemento do hip-hop – *status* de cultura urbana em constante movimento e tensão a todo e qualquer padrão pré-estabelecido que se pretenda hegemônico.

Como agência de produção de linguagens, letramentos e discursos, a religião não poderia ficar de fora do rap. Ela permeia de modo natural a experiência cotidiana dos rappers, oferecendo às suas produções poético-musicais um grande repertório metafórico, simbólico e imagético. Como fenômeno da linguagem mítico-poética da periferia, a religião, não reduzida a uma espécie de atraso intelectual, estágio inferior do pensamento, infantilidade ou alienação, se estabelece como expressão potente de sobrevivência, elemento fundamental na superação da morte. Por isso o rap, atravessado em sua história pelas narrativas mítico-teológicas, não invisibiliza, por exemplo, sua relação com as tradições cristãs e afro-religiosas[8]. Entre Bíblias, cruzes, rezas, pontos, textos sagrados, profetas

---

8 Para compreender melhor a relação entre o rap e a religião, ver B.C. Rocha, *Rap e Religião*; B.C. Rocha; M.C.A. Lopes, No Princípio Era o Rap, *Estudos de Religião*, v. 34, n. 3; B.C. Rocha; M. Cappelli, "Uma Bíblia Velha, uma Pistola Automática": O Imaginário Bíblico na Obra de Racionais MC's, em L.A.S. Bonfim (org.), *Religião e Cultura*; ▸ ▹ B.C. Rocha, O Mundo Mítico-Poético de Baco Exu do Blues, *Revista Unitas*, v. 9, n. 2; e B.C. Rocha, Um Corpo Herético no Rap, *Mandrágora*, v. 26, n. 2.

e orixás, o rap constrói seu mundo mítico-poético, rearticulando saberes ancestrais e espiritualidades que moldam a cultura e a religiosidade brasileira.

Racionais MC's, um dos principais e mais significativos grupos de rap do Brasil, torna-se para nós um "lugar hermenêutico" para esta reflexão. O grupo fez e ainda é parte de um movimento que mobilizou e fundamentou parte significativa da história mais recente da luta antirracista e do pensamento social periférico no Brasil. Por meio de seu grande sucesso, os Racionais trouxeram visibilidade inédita para as questões que giram em torno da periferia, resgatando e redescobrindo o valor desses territórios diante daquele mundo construído da "ponte pra lá". Elaboraram um tipo de linguagem própria, um colocar-se no mundo, fruto de um legado de mobilizações estéticas e políticas das classes populares e da comunidade negra dos anos 1980, que vai refletir e se desdobrar dentro de um complexo contexto político específico do começo da década de 1990[9].

Cabe ainda ressaltar que, a partir do Racionais MC's, pode-se observar ao menos três dimensões articuladas em seu discurso: a dimensão cultural, a narrativa social e a pauta política, "uma vez que [o grupo Racionais] se transformou também num formulador de práticas sociais reproduzidas por grande número de jovens, sobretudo moradores de bairros periféricos"[10]. Acrescentaríamos ainda uma quarta dimensão, a dimensão "mítico-poética", ou religiosa dos Racionais. Ou seja, sua capacidade de tematizar sobre os mitos, (re)inventando narrativas e imagens religiosas por meio de sua canção.

O clássico disco *Sobrevivendo no Inferno*, de 1997, conjuga de maneira contundente e criativa diversos aspectos culturais, sociais e religiosos que dão forma ao imaginário periférico brasileiro. É por meio desse álbum que o grupo, já conhecido nas quebradas, naquele momento seria descoberto e reconhecido massivamente em todo o país. Músicas marcantes na carreira dos Racionais, como "Capítulo 4, Versículo 3", "Diário de um Detento" e "Fórmula Mágica da Paz" articulam com maestria "um discurso marcado tanto por

---

9 T.A. D'Andrea, *A Formação dos Sujeitos Periféricos*, p. 24.
10 Ibidem, p. 25.

3. ESTÉTICA E POÉTICA

denúncias e convocações à luta quanto por mensagens de orgulho, autoconfiança e fé"[11]. As histórias ali contadas representam o dia a dia daqueles que andam e sobrevivem em meio a territórios dominados pela violência, pelo preconceito e pelo braço armado de um Estado genocida.

Como resultado de uma encruzilhada mítico-poética, figuras religiosas como alguns santos católicos, terços, versículos bíblicos e orixás ajudam a preencher as tramas sociais e o mundo do sujeito periférico. Da mesma forma, a capa do disco, marcante em seu realismo minimalista, e também sua intensidade polissêmica e figurativa (uma cruz estampada num fundo preto), acaba se tornando significativa no processo de estabelecimento de uma cultura visual religiosa periférica, influenciando de diversas maneiras outros grupos de rap no país. Todas essas figuras, desenhos e logomarcas acabam por identificar, por meio das roupas, empreendimentos e na estética visual oriunda da quebrada, um novo sujeito estético. Parte dessa cultura visual também adentra aos poucos e, mais recentemente, nos mais diversos espaços e classes sociais, das mídias digitais e do mercado cultural.

Dessa forma, o objetivo deste artigo é oferecer uma reflexão sobre a cultura visual religiosa estabelecida nas periferias do país principalmente por intermédio do rap. Recorrendo a capa do álbum *Sobrevivendo no Inferno*, considerado um dos maiores discos do gênero no Brasil, faremos uma análise dos aspectos da cultura visual religiosa por ele mobilizada, com o auxílio do método iconológico do crítico e historiador da arte Erwin Panofsky. Iremos propor três níveis de análises da capa: pré-iconográfico, iconográfico e iconológico. Na busca do tema, forma e conteúdo dessa imagem, passaremos pela religião como característica estruturante da linguagem visual da periferia. Por meio da capa do disco iremos oferecer uma 1) análise iconológica, suas qualidades iconográficas, metafóricas e simbólicas, bem como uma reflexão da tensão social fortemente atravessada pela religião. Em um segundo momento, 2) iremos observar a evolução dos suportes materiais e visuais do disco em questão, e seu

---

[11] M. Antunes, *A Cor e a Fúria*, p.18.

166

papel na consolidação e no estabelecimento da marca/conceito do Racionais MC's, para, no fim, 3) perceber as reverberações de *Sobrevivendo no Inferno* na cultura visual religiosa do rap e da periferia.

Música Que o Olho Vê

Erwin Panofsky [12] desenvolve um método de análise de obras de arte baseado em três principais pilares: forma, tema e conteúdo. Para a realização de uma leitura mais compreensiva das características que as imagens nos dispõem, Panofsky chega a três níveis fundamentais para a interpretação destas: pré-iconográfico, iconográfico e iconológico. Por meio deste método trifásico conhecido como iconológico, a imagem, como parte de um conjunto cultural e histórico, nos possibilita uma análise "a partir do seu tempo e espaço, bem como sua relação com outras [expressões e] produções culturais"[13]. Dessa forma, para a realização de uma análise iconológica da capa do disco *Sobrevivendo no Inferno*, será preciso ter em mente ao menos três momentos distintos: 1) leitura descritiva dos elementos, formas e cores que compõem a imagem; 2) análise dos significados, narrativas e alegorias metafóricas disponíveis; e, por último, 3) compreensão dos princípios subjetivos, simbólicos e históricos em volta da imagem da Figura 1, a seguir

Para uma leitura descritiva – em nível pré-iconográfico – segundo o método de Panofsky, primeiro, observamos o nome do grupo de rap escrito em vermelho na parte superior da figura 1. No centro, encontra-se uma cruz na cor dourada com um leve brilho, que acaba por destacar a profundidade, a sombra e o relevo da figura diante dos demais elementos a sua volta. Essa cruz de traços góticos, diferente dos outros elementos da capa, é o único símbolo que adorna a imagem – composta majoritariamente por frases e letras dentro de um aspecto tipológico gótico. Ao lado direito da cruz, encontra-se um versículo bíblico (Salmo 23,3) na cor branca com

---

[12] Iconografia e Iconologia, *Significado nas Artes Visuais*, p.45.

[13] J.A.P. Silva; L.E.M. Neto; L.L. Ducheiko, A Leitura das Imagens de Panofsky Como Possibilidade de Aproximação entre Arte e Ciência, *Anais do XI Encontro Nacional de Pesquisa em Educação e Ciência*, p. 4.

3. ESTÉTICA E POÉTICA

os dizeres: "Refrigera minha alma e guia-me pelo caminho da justiça". Algo curioso de se notar é que a referência do versículo está entre aspas e não o texto, além de não ficar claro se a abreviação de capítulo ("cap.") se refere ao número 23 ou ao 3, dificultando a compreensão da referência bíblica – em vez de ser "cap. 23" e, possivelmente, versículo (vers.) 3, está escrito: "Salmo 23 cap. 3". Por último, o nome do álbum também na cor branca se encontra na parte inferior da imagem, onde se lê: "Sobrevivendo no inferno".

Na parte de trás do encarte do disco (Figura 2), tanto no formato LP como no CD, existe ainda outra imagem que, numa espécie de continuação da capa, contribui para a percepção de outros elementos que ainda podem compor a nossa análise. A seguir, algumas variações da parte traseira do disco, desde a primeira até a tiragem mais recente, em 2020:

Apesar das diferenças que cada edição do disco apresenta ao longo dos anos, cinco das seis figuras acima mantêm o registro do nome de cada uma das doze faixas que compõem a obra (somente a figura 5, a última edição, suprimiu a relação das músicas na parte de trás do disco). As figuras 2 e 3 também apresentam a imagem de um homem que veste uma roupa diferente das demais capas – sua camisa aparenta estar para fora da calça e não há a presença do cinto visto nas capas mais recentes. Apesar de um ou outro detalhe, em todas as imagens existe a foto de um indivíduo segurando uma arma, enquanto o outro braço desaparece do quadro. A princípio, não é possível perceber se a arma está sendo guardada, camuflada ou se está pronta para ser usada a qualquer momento – talvez pela figura 3, que apresenta um recorte maior do quadro da imagem, é possível ter a sensação de que de fato a arma em relação à extensão do braço pressupõe um movimento de ataque/ação. Mesmo assim, é importante observar que a ponta da arma busca estabelecer algum nível de diálogo com o versículo bíblico, continuação do verso já apresentado na capa: "E mesmo que eu ande no vale da sombra e da morte não temerei mal algum porque tu estás comigo (Salmo 23 cap. 4)". Depois desta breve descrição da imagem da capa de *Sobrevivendo no Inferno*, e de sua continuação na parte de trás do encarte, torna-se possível avançar para o segundo nível de análise.

168

Figura 1 Imagem da capa do álbum *Sobrevivendo no Inferno*.

Figura 2 Figura de São Jorge impresso no CD *Sobrevivendo no Inferno*, 2014.

Figura 3 Contracapa do LP de 1997.

Figura 4 Contracapa do CD de 1997.

Figura 5 Contracapa do LP de 2020.

Figura 6 Contracapa do LP de 2017.

3. ESTÉTICA E POÉTICA

Neste ponto – nível iconográfico –, é necessário não nos determos apenas nos significados sociais e políticos pré-dispostos de maneira evidente quando se observa o conjunto da obra. As cores que a imagem disponibiliza, bem como a disposição/diagramação dos elementos da capa, também sugerem sentidos e significados. A começar do nome do grupo marcadamente escrito em vermelho, característico também dos três primeiros discos dos Racionais (*Escolha seu Caminho*, de 1990, *Holocausto Urbano*, de 1992 e *Raio x do Brasil*, de 1993). Essa cor quente na composição da capa de *Sobrevivendo no Inferno* certamente sinaliza um estado de urgência, de extrema excitação, de alerta, aludindo também à guerra, ao perigo e à violência – sentimento e experiências que de fato se materializam ao longo das canções. Sangue, assassinato, sirenes de ambulância ou da polícia ambientam a cruz, centralizada na imagem, em um território sombrio, característico do imaginário geral da arte gótica. Nesse contexto, a cruz pode ter um duplo significado: a morte em si, em seu paralelismo com as lápides, mas também à morte, em todos os seus simbolismos ligados ao sentimento religioso (a experiência da paixão de Cristo, a ressurreição – superação da morte –, fé e esperança).

O versículo 3 do Salmo 23, que aparece à direita da cruz, funciona como um tipo de prece, oração, um pedido de proteção para que o caminho a ser percorrido dentro daquele contexto que se anuncia seja também preenchido de momentos de "refrigério", de frescor, de alívio e, principalmente, de justiça. Já a parte de trás da capa, em que o versículo 4 do salmo 23 é mantido sob a mira de uma arma – ou a arma acaba sendo "refém" do verso bíblico? –, demonstra parte da tensão que é vivenciada nesse cenário onde "o vale da sombra e da morte" se configura como um estado permanente da periferia. A religião, como linguagem que oferece conforto e amparo, ou mesmo empoderamento diante da violência, apresenta-se como um tipo de narrativa "profana" – articulada fora dos espaços religiosos convencionais e seu conjunto "sacro" de doutrinas –, tematiza e dá forma às imagens e ao complexo mundo periférico. A *Bíblia*, nesse contexto, se não reescrita, "adulterada" e esgarçada em suas possibilidades poético-narrativas, acaba sendo um livro da cultura, parte incontornável do imaginário periférico, onde os mitos se estabelecem como arquétipos temáticos ou recursos literários e imagéticos do rap:

> Deus fez o mar, as árvores, as criança, o amor.
> O homem me deu a favela, o crack, a trairagem, as arma, as bebida, as puta.
> Eu?! Eu tenho uma Bíblia velha, uma pistola automática e um sentimento de revolta.
> Eu tô tentando sobreviver no inferno[14]

Dessa forma, versos bíblicos e armas não parecem estar em oposição, como elementos desconexos ou contrários. Deus, dentro do contexto de uma "teologia da sobrevivência"[15], parece estabelecer uma relação de cumplicidade com o sujeito periférico. A pistola automática e a *Bíblia* são como amuletos, objetos inseparáveis – certamente mortais e, quase em sua totalidade, violentos –, ligados à condição social e subjetiva desses indivíduos. A noção do "caminho da justiça" do versículo 3 do salmo facilmente se confunde com a arma atrás das costas, assim como a proteção creditada a Deus no versículo 4 ("tu estas comigo") junta-se à *Bíblia*, mas também à violência e ao "sentimento de revolta", estado de calamidade, demonstrado nas cores, nos textos e ícones inscritos na capa do disco.

Por fim, uma análise iconológica da imagem em questão nos ajuda a desenvolver uma compreensão sintética da obra, seu significado simbólico e visual mais profundo. Primeiro, a composição das imagens, cores e conteúdos apresentados em *Sobrevivendo no Inferno* – o fundo preto, a cruz centralizada, letras em cima e embaixo da cruz, além dos próprios versículos – nos remete à própria materialidade da *Bíblia*. Em poucos segundos de pesquisa pela internet, podemos encontrar fotos de algumas Bíblias católicas ou Bíblias Ilustradas mais antigas, com uma estética bem parecida à forma da capa: uma grande capa preta, uma cruz centralizada, normalmente com a escrita "Bíblia Sagrada" logo abaixo – na maioria das

---

14 Gênesis, *Sobrevivendo no Inferno*.
15 A.S. Oliveira, O Evangelho Marginal do Racionais MC's, em *Racionais MC's, Sobrevivendo no Inferno*, p. 32.

3. ESTÉTICA E POÉTICA

Figura 7-9 Três versões de *Bíblia* católica, ilustradas.
Figura 10 (à direita) *Bíblia Sagrada*, edição Barsa, 1964. A mesma que KL Jay segura na fotografia que se encontra na parte interna do disco *Sobrevivendo no Inferno*.

vezes, também em fontes góticas (como nas figuras 7, 8 e 9 acima). É por isso e não só que *Sobrevivendo no Inferno* ficou conhecido informalmente como "A *Bíblia* do rap nacional". Isso se dá não só por conta da proposta estético-narrativa religiosa, que se mistura também com elementos das religiões de matriz africana, mas pelo alcance de um patamar – de vendagem, de influência, de difusão de um *éthos* periférico – que tornou a obra clássica, ou "canônica", para grande parte da cultura popular e do rap.

Sobrevivendo no Inferno mescla um olhar crítico sobre o Brasil por meio das mais diversas experiências que compõem o cotidiano da periferia paulistana: racismo, questões de classe, política, violência, tráfico, religião, etc. Todos esses elementos materializam um tipo de música que, além de se poder ouvir e sentir, pode-se "ver". O contexto do final dos anos 1980 e de toda a década de 1990 corresponde ao crescimento de um projeto econômico neoliberal de privatização, desemprego, instabilidade do mercado internacional, aumento do tráfico e, consequentemente, repressão policial desses territórios, gerando um aumento da violência e da miséria entre os setores periféricos do país[16]. Assim, os versículos, a cruz e o "inferno" que estampam a capa sintetizam tanto os conflitos sociais como a construção de um tipo de narrativa de sobrevivência, um convite à imaginação mítico-poética – superação da morte –, por meio de

---

[16] G. Leite, Dos Tropicais aos Racionais, em C.A.B. Leite et al. (orgs.), *Poesia Contemporânea*, p. 160.

símbolos, metáforas e imagens religiosas. *Sobrevivendo no Inferno* é um disco que se pode ver não só a partir do contexto histórico, social e econômico em que está inserido, mas também por seu marco na cultura visual religiosa popular, repleto de mitos e imagens que articulam uma rede de sentidos visuais da periferia[17].

A Consolidação da Marca

Considerado como um dos maiores grupos de rap do Brasil, o Racionais MC's construiu e continua construindo uma carreira excepcional dentro e até mesmo fora da música brasileira. Desde sua primeira aparição em 1989 na coletânea *Consciência Black Vol. 1*, com as músicas "Pânico na Zona Sul" e "Tempos difíceis", o grupo conquistou um notável e importante lugar no rap e na cultura brasileira. Acumularam prêmios e festivais; se apresentaram em eventos nacionais e internacionais; participaram ativamente da construção do movimento hip-hop por meio da disseminação de pautas políticas, raciais e com um forte compromisso de conscientização das bases populares em todas as idades – por exemplo, a parceria do grupo com um projeto de palestras em diversas escolas da rede pública da cidade de São Paulo em 1992[18]. Seus feitos não param por aí. Em 2019 o grupo celebrou seus trinta anos de carreira, circulando pelas principais capitais do Brasil com o show "Racionais 3 Décadas". A partir desses eventos de comemoração, o grupo lançou dois documentários: *#Racionais3d – Mini Doc Tour Racionais 3 Décadas* e *Uma História Musical by Racionais MC's*, ambos lançados pela plataforma de música digital TIDAL.

Ao longo da carreira, o grupo lançou alguns discos, DVD's, e participou de colaborações e projetos diversos, sendo os trabalhos mais significativos: *Holocausto Urbano* (1990), *Escolha seu Caminho* (1992), *Raio x do Brasil* (1993), *Sobrevivendo no Inferno* (1997), *Nada Como um Dia Após o Outro Dia* (2002), *1000 Trutas 1000 Tretas* – DVD (2006) e *Cores & Valores* (2014). No ano de 2018, a Companhia das Letras lançou em formato de livro a obra *Sobrevivendo no Inferno*,

---

17 Para uma compreensão mais detalhada sobre a construção do imaginário religioso de *Sobrevivendo no Inferno*, ver os itens 3.2 e 3.3 de B. Rocha, *Rap e Religião*, p. 87-215.
18 R. Teperman, *Se Liga no Som*, p. 69.

173

3. ESTÉTICA E POÉTICA

Figuras 11-16 Capas dos álbuns do Racionais MC's: (a partir da esquerda: *Holocausto Urbano* (1990), *Escolha o Seu Caminho* (1992); *Raio x do Brasil* (1993); *Sobrevivendo no Inferno* (1997), *Nada Como um Dia Após o Outro Dia* (2002), *Cores & Valores* (2014).

adotada como leitura obrigatória do vestibular da Universidade Estadual de Campinas (Unicamp). Além do texto de abertura, "O Evangelho Marginal do Racionais MC's", de A.S. de Oliveira, o livro apresenta as doze faixas, todas transcritas em formato de texto, podendo agora ser lidas como literatura e poesia: "Um documento vivo, né, o *Sobrevivendo no Inferno*. Que agora virou livro. Literatura. Música e literatura. Olha só que firmeza [risos]. Racionais é cultura, pô"[19]. O último grande feito do grupo foi o relançamento, no final de 2020, de todos os álbuns de estúdio do grupo em formato LP.

É preciso observar de forma atenta todo esse processo percorrido durante mais de trinta anos de carreira, em que o Racionais MC's se consolida como "lugar hermenêutico" não só para o rap, mas para a cultura nacional. No passar dos anos, por meio de projetos, pronunciamentos e diversas produções, o grupo se torna mais que um som, transforma-se em ideia, conceito e imagem. Aos poucos tornaram-se conhecidos e reconhecidos por diversos setores artísticos, pela pesquisa acadêmica e pelos principais veículos de mídia do país, não somente como música, mas também como uma marca poderosa em diversos segmentos – não se pode esquecer que o podcast estrelado por Mano Brown ficou por alguns meses como o programa mais ouvido do Brasil na plataforma do Spotify.

---

[19] Ver o depoimento de Edi Rock em *#Racionais3d – Mini Doc Tour Racionais 3 Décadas* no canal do YouTube RacionaisTV.

RACIONAIS MC'S, MÚSICA QUE O OLHO VÊ

Rappers como Emicida e Djonga, que inclusive já fizeram algumas parcerias com o grupo, citam Racionais MC's como o maior e mais significativo grupo de rap do Brasil. MC's mais antigos como Thaíde, Sharilyne, Cascão (do Trilha Sonora do Gueto) e os integrantes do grupo Rzo também já declararam em diversas ocasiões o respeito e a admiração pelo grupo. Dexter, um importante MC do rap nacional, afirma em entrevista que a música "Pânico na Zona Sul" do Racionais MC's é uma "luz que acende no quarto escuro da ignorância". Também ressalta: "A 'Pânico na Zona Sul' falou comigo de uma forma bem diferente, assim. E me convocou pra guerra, mano. Anos 90"[20]. Essa potência político-ideológica mas também mítico-poética do Racionais MC's, que mobiliza diversas gerações do rap e da cultura hip-hop, criou uma marca política de grande referência nas periferias.

Mesmo que, ao longo dos anos, tanto a logomarca quanto as formas de o grupo se apresentar a seu público tenham sofrido alterações significativas, a marca "Racionais" se estabeleceu no imaginário da cultura periférica, sendo um nome quase unânime para o rap nacional e para a cultura popular brasileira. O canal sobre rap, O Fino da Zica, lançou em 2020 um vídeo compilado com trechos de entrevistas em que diversos rappers do Brasil citam Mano Brown e o grupo Racionais MC's como referências em suas carreiras[21]. Não só por meio de sua canção, dos posicionamentos políticos e da diversidade

---

20 Dexter – Meu Nome é Correria, no canal Philips Áudio e Vídeo.
21 Ver A Majestade Mano Brown: Por Que Ele É o Pelé do Rap?, no canal do YouTube, O Fino da Zica.

3. ESTÉTICA E POÉTICA

Figura 17 Layout do site oficial do grupo.
Figura 18 Relançamento dos discos (Fonte: Site oficial do Racionais MC's).

de seus empreendimentos, é possível acompanhar parte dessas transformações, de forma progressiva, por meio das capas dos seus discos:

Além da notável sofisticação e originalidade da identidade visual de cada obra – a composição sarcástica e denunciativa –, sempre acompanhando novos movimentos, novas linguagens e tendências estéticas contemporâneas (como não citar também a live que os Racionais fizeram em 14 de dezembro de 2021, misturando música, performance e teatro[22]), os Racionais aparecem no primeiro disco sem o "MC's", o que logo é acrescentado nas próximas duas obras com a mesma logomarca (ver as figuras 8 e 9). Em seguida vem o disco *Sobrevivendo no Inferno*, e os dois últimos trabalhos preocupam-se mais com um conceito/linguagem fotográfica, ainda que o álbum de 2002 mantenha o nome do grupo escrito na placa do carro. Não caberia neste artigo uma análise detalhada da proposta de cada capa a fim de compreender as mudanças e transformações da estética visual dos Racionais. É curioso observar, porém, que a logomarca do Racionais MC's que mais se fixou no imaginário do rap, e também do grupo, foi a do disco de 1997, *Sobrevivendo no Inferno*. O *layout* do site atual do grupo, a tipografia da turnê "Racionais 3 décadas", acessórios oficiais que são vendidos em sua loja on-line, bem como o projeto gráfico de relançamento, no ano de 2020, de toda a sua discografia, demonstram a importância que esse álbum teve sobre toda a carreira do Racionais MC's bem como em sua recepção entre o público:

---

[22] Ver Live Racionais, no canal do YouTube, RacionaisTV.

Figura 19 Discos relançados em detalhe (Fonte: Site oficial do Racionais MC's).
Figura 20 Boné oficial do Racionais MC's (Fonte: Site oficial do Racionais MC's).
Figura 21 Capa promocional da turnê "Racionais 3 décadas".

Reverberação da Imagem: Cultura Visual em Movimento

A reflexão desenvolvida até o momento teve como pressuposto apresentar algumas dimensões da cultura visual dos Racionais, primeiro a partir de seus aspectos religiosos e, segundo, com base na consolidação imagética do Racionais MC's também a partir de *Sobrevivendo no Inferno*. De forma mais específica, estamos tentando compreender como esse disco de 1997 se torna uma espécie de paradigma político, mítico-poético e estético para o rap nacional. Dessa forma, faz-se necessário compreender cada vez mais o papel dos Racionais como um "lugar hermenêutico" do rap brasileiro, produtor de imagens e símbolos da cultura.

Assim como Ernest Cassirer compreende o ser humano como um ser simbólico, dotado de capacidade criativa, existencial e subjetiva por meio dos processos de simbolização, Erwin Panofsky busca apreender a dimensão simbólica das obras de arte e das imagens[23]. Tais pensadores europeus, mesmo incapazes ou distantes demais para compreender o tamanho e a complexidade inscrita no "fenômeno" Racionais Mc's, eles podem apontar alguns caminhos de como a história, as imagens e os símbolos se tornam balizadores para o desenvolvimento do pensamento humano e a construção dos diversos sentidos, em nosso caso, do sujeito periférico por meio do rap. Como historiador, Panofsky reflete sobre os processos históricos

---

[23] R.Q. Pifano, História da Arte Como História das Imagens, *Revista de Histórias e Estudos Culturais*, v. 7, n. 3, p. 9.

3. ESTÉTICA E POÉTICA

Figura 22 *Estamos de Luto*, do grupo Facção Central (1998).
Figura 23 *A Fantástica Fábrica de Cadáver*, do rapper Eduardo (2014).
Figura 24 *Feito no Brasil*, do grupo Faces da Morte (2004).

envolvidos na elaboração das obras de arte e das imagens por meio do que ele chamava de "sintomas culturais", a "compreensão da maneira pela qual, sob diferentes condições históricas, as tendências gerais e essenciais da mente humana foram expressas por temas específicos e conceitos"[24].

O Racionais MC's é um "sintoma" da cultura popular e periférica do Brasil. O disco *Sobrevivendo no Inferno* é também um "sintoma" da cultura visual, religiosa e material do rap. Em diferentes momentos e contextos, o grupo sempre esteve atrelado às novidades do mercado, tecnologias e tendências de todo tipo. Sua presença ativa nos bastidores da cena, em muitas produções, além de projetos individuais, faz dos Racionais um grupo ativo tanto na história como na contemporaneidade. Dessa forma, acumulam uma multidão de fãs em todas as gerações, principalmente entre os rappers – que fazem dos Racionais uma "escola obrigatória" no Brasil – que mencionam seus nomes, feitos e rimas como legitimação e autoridade em suas próprias canções. Além das rimas e músicas, podemos observar parte desse processo de influência a partir da cultura visual (ver as figs. 22-27).

Facção Central, Eduardo, Face da Morte, Realidade Cruel, Expressão Ativa, Consciência Humana e muitos outros grupos do rap nacional expressam, consciente ou inconscientemente, ideias, valores, discursos oriundos do Racionais MC's, sobretudo do *Sobrevivendo no Inferno*. Em tipos de letra, cores, formas, assuntos, temas, conteúdo

---

24 *Op. cit.*, p. 63.

Figura 25 *Entre o Inferno e o Céu*, do grupo Realidade Cruel (2000).
Figura 26 *Na Dor de uma Lágrima*, grupo Expressão Ativa (2002).
Figura 27 *Entre a Adolescência e o Crime*, grupo Consciência Humana (1998).

e religiosidade, não precisaríamos fazer tanto esforço para observar de muitas formas a presença dos Racionais em cada imagem aqui destacada. Além do rap ser ouvido, ele também é visto. Grupos e MC's se mostram sensíveis às obras que vieram antes ou estão surgindo. Letras e imagens apresentam-se no rap a todo momento em processo de releitura, criação e bricolagem. Sons e imagens estão sempre em movimento, e é por isso que os Racionais, e toda a cultura visual que mobilizam, são absorvidos e "sincretizados" ao longo da história do gênero musical.

Toda essa literatura/narrativa visual do rap, esse som que também se pode ver, adquire materialidade e movimento nas ruas das cidades. Por meio de produtoras e empresas independentes – que marcam a identidade subversiva de uma cultura que obteve a maior parte da sua circulação "fora" do controle dos grandes mercados –, o rap e a cultura hip-hop transformaram a periferia em centro, e os "intelectuais urbanos" desse movimento se tornam protagonistas de suas histórias e criações. De importadores para exportadores de produtos, símbolos e conceitos. A ideia de se criar uma rede de produtos e imagens que atendam ao público do hip-hop não é nova. Desde os primórdios dessa cultura no Brasil, revistas, filmes, roupas, vinis e panfletos já circulavam nos encontros da São Bento. A necessidade de vestir, falar, usar e de se comportar a partir de determinados padrões estabelecidos por uma cultura urbana, negra e periférica, foi também incorporada por MC's, DJ's, dançarinos e grafiteiros brasileiros.

3. ESTÉTICA E POÉTICA

Figura 28 Capa do disco de Djonga.

Figura 29 Desfile na SPFW da Laboratório Fantasma.

O escritor Ferréz, sempre ligado ao hip-hop, reconhecido nacional e internacionalmente por conta de sua produção literária marginal, foi um dos primeiros empreendedores desse mercado periférico. Em uma conversa com o rapper Criolo, o escritor relata que frases das músicas do rap nacional ou "gringo" sempre circularam nas estampas das camisetas dos "caras" da quebrada. Como escritor e poeta, isso sempre chamou sua atenção. Ferréz se perguntava, por exemplo, sobre o sentido em ser um escritor "marginal" e não ver suas frases nos bonés e roupas dos moradores de seu bairro. Assim, ele funda sua loja "1 da Sul", localizada no Capão Redondo, bairro periférico da cidade de São Paulo. Perguntado sobre o *slogan* de sua marca "roupas e livros", Ferréz relata que em meados dos anos 1990 já existiam lojas de roupa na periferia que vendiam camisetas de super-heróis ou com frases em inglês, mas nada que representasse a cultura hip-hop nacional: "o rap não tem uma loja do rap", afirmava. Assim, em 1996 ele começa a pensar em uma "forma estética" de representar a periferia não só por meio da literatura ou da música, mas também por meio de roupas e imagens: "O nosso povo não é representado esteticamente em nada. Ele liga a televisão e não se reconhece. Ele liga o rádio e não se escuta. E ele abre a revista e também não se vê"[25].

O rapper Criolo, na mesma entrevista com Ferréz, traz reflexões contundentes sobre o assunto. Brincando com o *slogan* "roupas e

---

[25] Ver "Desconstrução Com Criolo", no canal do YouTube de Ferréz.

Figura 30 Rapper Neto (Síntese) em foto promocional utilizando imagens e símbolos religiosos.

Figura 31 Rapper Thiago Elniño usando uma "guia" no pescoço.

livros" ele diz: "livros são como roupas que nos vestem, ou o que tem dentro da gente nos agasalha ao ponto de construir livros que vão vestir o mundo?". Criolo vai além e afirma que tanto o livro como a roupa são elementos íntimos dos sujeitos, tanto que "a roupa expressa o gosto da quebrada"; ela é uma "literatura que o olho vê. Porque também é literatura visual o que você veste [...]. A roupa também é expressão do jovem, então também tem um sotaque [próprio]". A roupa, como a construção visual e estética de um território, como um sotaque, assim como uma gíria, expressa pertencimento estético, subjetividade, gosto e cultura visual. Empresas como a Laboratório Fantasma, do rapper Emicida, TSG VL, do rapper Cascão, Boogie Naipe, de Mano Brown, entre diversas outras marcas que representam o estilo, a estética e a história do rap nacional, e os territórios de onde eles vêm, se empenham em movimentar um mercado e um legado de imagens, símbolos e produtos, resultado de muitos anos de trabalho, experiência e percepção/desenvolvimento cultural de uma estética da quebrada. Esse legado se estende à nova geração que, com base em muito do que já foi realizado, alcança novos espaços e disputas.

Dessa forma, o trânsito entre religião e cultura visual/material da cultura popular desenvolvida em torno do rap continua em constante movimento e invenção. Djonga, Emicida, Síntese, entre outros, são alguns dos exemplos do legado de uma cultura visual periférica. Principalmente daquela construída a partir dos mitos e experiências

3. ESTÉTICA E POÉTICA

religiosas articuladas pelos Racionais. Da história de sua consolidação como um "lugar hermenêutico" e paradigmático da "marca" do rap brasileiro – por meio de *Sobrevivendo no Inferno* –, bem como seu legado no desenvolvimento de um tipo de música que o olho vê. Trocas, negociações e processos de hibridização estética, narrativa e religiosa ajudam na formação de um imaginário vivo e visualmente potente, transformando a música em imagens, mitos em narrativas contra o esquecimento e a morte.

Considerações Finais

O rap é mais do que um gênero da canção popular brasileira. O rap é um conjunto de símbolos, linguagens e narrativas articuladas por meio da cultura negra e periférica do Brasil. Com inúmeros "sotaques" de uma cultura visual, o rap movimenta um imaginário estético, político e religioso que reverbera de muitas formas na cultura do país e dentro do próprio rap. Tendo como base o método iconológico de Erwin Panofsky, adentramos em uma parte da história da cultura visual mobilizada pelos Racionais por meio de seu rap. O disco *Sobrevivendo no Inferno*, como "lugar hermenêutico", privilegiado no que concerne à produção de uma narrativa mítico-poética de sobrevivência, continua vivo e atual, despertando as mais diversas discussões. Vimos também a consolidação da marca do Racionais MC's, e como ela reverbera na cultura visual e material do rap nacional, influenciando a construção de uma imagem em movimento que se materializa em roupas, acessórios e inúmeras produções periféricas. A música produzida na periferia é ouvida e vista andando pelas ruas, em corpos subalternizados – negros e periféricos – e muros da cidade. A cultura visual religiosa da periferia se estabelece como desafio para as teorias e para os diversos campos de estudo. Nosso objetivo foi nem tanto concluir, e mais contribuir para a abertura de mais possibilidades de análises e reflexões sobre o rap, a religião e a cultura visual periférica.

Referências

ANTUNES, Maik. *A Cor e a Fúria: Uma Análise do Discurso Racial dos Racionais MC's*. Jundiaí: Paco Editorial, 2018.

D'ANDREA, Tiaraju Pablo. *A Formação dos Sujeitos Periféricos: Cultura e Política na Periferia de São Paulo*. Tese (Doutorado em Sociologia), USP, São Paulo, 2013.

HIGUET, Etienne. Imagens e Imaginários: Subsídios Teórico-Metodológicos Para a Interpretação das Imagens Simbólicas e Religiosas. In: NOGUEIRA, Paulo Augusto de Souza (org.). *Religião e Linguagem: Abordagens Teóricas Interdisciplinares*. São Paulo: Paulus, 2015.

LEITE, Guto. Dos Tropicais aos Racionais: Premeditando o Brete. In: LEITE, Carlos Augusto Bonifácio; OLIVEIRA, Leonardo Daviano de; RAMOS, Miguel Jost (orgs.). *Poesia Contemporânea: Crítica e Transdisciplinaridade*. Rio de Janeiro: ABRALIC: Associação Brasileira de Literatura Comparada, 2018.

MAGALHÃES, Antonio Carlos de Melo. Contribuição da Teoria de Bakhtin ao Estudo das Linguagens da Religião. *Horizonte: Revista de Estudos de Teologia e Ciências da Religião*, v. 16, n. 51, dez. 2018.

NOGUEIRA, Paulo Augusto de Souza (org.). *Linguagens da Religião: Desafios, Métodos e Conceitos Centrais*. São Paulo: Paulinas, 2012.

_____. (org.). *Religião e Linguagem: Abordagens Teóricas Interdisciplinares*. São Paulo: Paulus, 2015.

OLIVEIRA, Acauam Silvério. O Evangelho Marginal dos Racionais MC's. In: Racionais MC's. *Sobrevivendo no Inferno*. São Paulo: Companhia das Letras, 2018.

_____. *O Fim da Canção? Racionais MC's Como Efeito Colateral do Sistema Cancional Brasileiro*. Tese (Doutorado em Letras), USP, São Paulo, 2015.

PANOFSKY, Erwin. Iconografia e Iconologia: Uma Introdução ao Estudo do Renascimento. *Significado nas Artes Visuais*, 3. ed. São Paulo: Perspectiva, 2007.

PIFANO, Raquel Quinet. História da Arte Como História das Imagens: A Iconologia de Erwin Panofsky. *Revista de Histórias e Estudos Culturais*, Juiz de Fora, v. 7, n. 3, 2010.

RENDERS, Helmut. A Cultura Visual Religiosa como Linguagem Religiosa Própria: Propostas de Leitura. *Horizonte: Revista de Estudos de Teologia e Ciências da Religião*, Belo Horizonte, v. 17, n. 53, maio-ago. 2019.

_____. Artefatos, Imagens e Logotipos Como Linguagens da Religião: Uma Proposta Multidisciplinar do Estudo da Cultura Visual Religiosa Brasileira. In: NOGUEIRA, Paulo Augusto de Souza (org.). *Religião e Linguagem: Abordagens Teóricas Interdisciplinares*. São Paulo: Paulus, 2015.

ROCHA, Bruno de Carvalho. *Rap e Religião: Análise do Imaginário Religioso em Racionais MC's*. Dissertação (Mestrado em Ciências da Religião), Universidade Metodista de São Paulo, São Bernardo do Campo, 2022.

_____. O Mundo Mítico-Poético de Baco Exu do Blues: Erotismo e Religiões no Rap. *Revista Unitas*, v. 9, n. 2, 2021.

_____. Um Corpo Herético no Rap: Uma Teopoética Erótica em Alice Guél. *Mandrágora*, v. 26, n. 2, 2020.

ROCHA, Bruno de Carvalho; CAPPELLI, Marcio. "Uma Bíblia Velha, uma Pistola Automática": O Imaginário Bíblico na Obra de Racionais MC's. In: BONFIM, Luís Américo Silva (org.). *Religião e Cultura: Hibridismos e Efeitos de Fronteira*. Curitiba: CRV, 2020.

_____. No Princípio Era o Rap: A Construção do Mito em "Sobrevivendo no Inferno", de Racionais MC's. *Estudos de Religião*, v. 34, n. 3, set.-dez. 2020.

SILVA, Josie Agatha Parrilha; NETO, Luzita Erichsen Martins; DUCHEIKO, Letícia Laís. A Leitura das Imagens de Panofsky Como Possibilidade de Aproximação entre Arte

3. ESTÉTICA E POÉTICA

e Ciência. *Anais do XI Encontro Nacional de Pesquisa em Educação e Ciência*. Florianópolis, UFSC, 2017.

TEPERMAN, Ricardo. *Se Liga no Som: As Transformações do Rap no Brasil*. São Paulo: Claroenigma, 2015.

TIELE, Cornelis Petrus. Concepção, Objetivo e Método da Ciência da Religião. *Rever*, v. 18, n. 3, set.-dez. 2018.

Internet (YouTube)

FERRÉZ. Desconstrução Com Criolo. Disponível em: <https://www.youtube.com/watch?v=hF_Qs7Qcb5I>. Acesso em: 4 out. 2022.

PHILIPS ÁUDIO E VÍDEO. Dexter – Meu Nome é Correria. Disponível em:< https://www.youtube.com/watch?v=wLz-ijAuTvI&t=1151s >. Acesso em: 4 out. 2022.

RACIONAISTV. Edi Rock. Depoimento, em *#Racionais3d – Mini Doc Tour Racionais 3 Décadas* [2019]. Disponível em: <https://www.youtube.com/watch?v=jLzKuDg8b-s>. Acesso em: 3 jan. 2022.

O FINO DA ZICA. A Majestade Mano Brown: Por Que Ele É o Pelé do Rap? Disponível em: <https://www.youtube.com/watch?v=sOtrcjtjSnk >. Acesso em: 4 out. 2022.

Parte 4

Produção das Desigualdades

Violência Racial
e Racionais MC's:
conflito, experiência
e horizontes

Paulo César Ramos

A produção artística do grupo Racionais MC's alcança um escopo maior do que a própria música a partir do momento em que entendemos o conjunto das relações sociais que estão retratadas nas canções. As letras deixam de ser um componente da canção para tocar em duas esferas da produção simbólica da vida social: elas são ao mesmo tempo uma análise social e um ato político.

No primeiro aspecto, ela condensa um conjunto de contribuições intelectuais que esteve presente em um determinado momento do debate sobre as questões que importavam ao Brasil, a pobreza, a desigualdade, o poder, a representatividade, a violência etc. No segundo aspecto, a obra se apropria, no melhor sentido da palavra, do acúmulo de agentes políticos associados ao movimento negro brasileiro e seus interlocutores, para apresentar à cena pública um novo ator político, a juventude das periferias, "a geração que revolucionou, a geração que vai revolucionar", nas palavras do grupo.

Ao se servir dessas referências, o grupo não só se aproxima das questões, mas se acerca efetivamente de quem está falando e lutando, isto é, de quem está produzindo pensamento social e de quem está organizando a luta política em defesa dos negros e dos povos oprimidos no Brasil. É desta forma que Racionais MC's em particular, e o hip-hop, como um todo, vão configurar um movimento negro, tendo como principal expediente, ou repertório de ação, a produção crítica de ideias e conceitos, a partir do diálogo com esse referencial político e teórico que lhe foi contemporâneo.

4. PRODUÇÃO DAS DESIGUALDADES

Entre as várias questões trabalhadas nas canções do grupo, especialmente as compostas por dois de seus membros, Edi Rock e Mano Brown, destaca-se a violência racial, ou seja, os atos de brutalidade perpetrados contra jovens negros por agentes de segurança pública cujo uso da força era excessivo ou desnecessário. Este é o problema que desata todos os fios por onde o grupo erige sua interpretação social, em outras palavras, é o conflito central, é a experiência disparadora que estabelece conexões com a sociedade como um todo, por um lado, e a busca por resistência política na formação da solidariedade coletiva, por outro. São crônicas, contos, rezas, peças, resenhas, histórias, roteiros e instalações em que o grupo apresenta suas teses e reivindicações na luta por reconhecimento e emancipação.

Assim, lendo e ouvindo como a violência racial é apresentada na obra do grupo, notamos como é possível ler o mundo a partir da obra do Racionais MC's, sua relação com o pensamento social e com a luta política por reconhecimento.

Cabe compreender o grupo Racionais MC's não como uma unidade isolada da sociedade nem como apenas o somatório de seus quatro componentes – Ice Blue, Edi Rock, Mano Brown e KL Jay. O grupo, sua história e produção musical desenham seu retrato como fato social que reflete o resultado de suas ações como agentes políticos e formuladores de uma semântica coletiva direcionada à luta por reconhecimento de negros no brasil, em especial aqueles que lhe são contemporâneos. Eles constroem o grupo como um ator político, expressando os dramas negros e os negros dramas derivados das experiências de desrespeito comum dentre os que lhes reconhecem como iguais

A violência racial está no centro do processo de constituição de uma identidade coletiva, traçando a formação de um Outro coletivo naqueles sujeitos que incorporam os signos do desrespeito e da violação. Os policiais e as instituições de repressão, como a própria polícia, as prisões, a justiça e a mídia tornam essa alteridade palpável.

A contribuição de Racionais MC's chegou num momento histórico do Brasil em que a sociedade brasileira descobriu a violência que a ditadura militar escondia. Mais do que isso, à medida que o grupo evoluía, a violência racial não só era exposta, mas também crescia, de modo que o tema e seu cronista se retroalimentaram durante pelo menos duas décadas.

Racionais MC's escrutinou a força repressiva do Estado ao indicar como autoritarismo e racismo se encontravam na periferia, implementando violações, traumas, sofrimento, revolta e ódio. Na caracterização da alteridade, estão indicados os estereótipos que agitam as instituições, o funcionamento do preconceito racial, as formas de discriminação racial. Por outro lado, também apontam as formas de resistência, o encorajamento da reação e a busca por novos horizontes morais.

Mas importa falar de Racionais, um grupo de rap, de cultura de rua, por meio de um diálogo com teorias do mundo acadêmico? Sim, primeiro porque o que se produz na rua também é um saber. Além disso, todo conhecimento – seja da rua, seja dos gabinetes – precisa ter base na experiência concreta e ser logicamente compreensível. Contudo, mais do que isso, a obra dos Racionais foi e ainda é, para muitos e muitas, a primeira forma de interpretar o mundo como um conflito social sistemático. O grupo é fruto de uma convergência de saberes negros, musicais, políticos e… acadêmicos também. O alcance da obra já é universal – no sentido de que é referência para todas as instituições sociais – os meios de comunicação, a política, a religião e universidade também. É como se a obra já não lhes pertencesse mais.

Em nome do diálogo franco com quem me lê, a seguir detalho os parâmetros analíticos dentro dos quais desenvolvo minha argumentação. Reconhecimento, violação, desrespeito, semântica, resistência… não são palavras que escolhi por sua palatabilidade estética, por soarem bem, mas por força da objetividade de minha análise. A eles.

Racionais e o Reconhecimento

Axel Honneth traça um percurso de como se formam os atores políticos coletivos partindo de violações e experiências de respeito, passando pela formação da resistência apoiada em uma semântica coletiva, chegando à pressão dos movimentos de resistência por

4. PRODUÇÃO DAS DESIGUALDADES

novos horizontes morais[1]. Esse percurso pode ser observado na obra do Racionais MC's, ao acompanhar o lançamento de seus discos.

Mas o que seria o reconhecimento? Reconhecimento seria o cumprimento das expectativas mútuas de autorrealização dos indivíduos. Ele se daria em três dimensões sociais: o amor e a amizade, o direito e as relações jurídicas, e a solidariedade com sua comunidade de valores. Assim, tem-se o reconhecimento no âmbito privado e íntimo, suas relações familiares e amorosas, de afeto com as pessoas da esfera mais propriamente individual. A outra é a esfera jurídica, em que se encerram os direitos comuns a todos os indivíduos de uma comunidade oficialmente constituída nos marcos do direito estatal. A última dimensão do reconhecimento está no plano das relações comunitárias e de sociabilidade com círculos de socialidade cotidiana. Nessas três esferas, os indivíduos se realizam em termos de confiança, respeito e autoestima.

Eventos que porventura venham a furtar essas expectativas de reconhecimento são considerados conflitos éticos. Tais conflitos produzem lesões de ordem moral nos indivíduos e são considerados violações de sua busca por reconhecimento. Uma vez que determinadas experiências venham a se tornar de um tal modo frequentes, podem corresponder a experiências de uma determinada coletividade. Eventos de discriminação racial, falta de acesso à educação, limitações no direito de ir e vir podem configurar conflitos éticos de uma mesma comunidade a depender do contexto de cada sociedade. Contudo, tais experiências de desrespeito serão um problema político apenas se elas se converterem em uma luta por reconhecimento.

O processo de formação da luta por reconhecimento depende da elaboração coletiva de pontes semânticas que levam o conjunto das experiências de desrespeito vividas pelos indivíduos para o debate público. Isto é, depende de elaboração de uma linguagem compartilhada que seja uma síntese representativa da vida das pessoas, que suporte a denúncia dos conflitos éticos e que indique a busca por novos horizontes morais. Essa elaboração é feita pelos atores individuais e coletivos, por meio de diálogos, debates, disputa, conflitos

---

1 Ver A. Honeth, *A Luta Por Reconhecimento*.

e consensos próprios a ambientes políticos em que haja a luta por reconhecimento.

Assim, é a experimentação do problema social que enseja a formação de sujeitos coletivos, desde que mediada pela ação concreta e coletiva que irá elaborar um nome, uma ponte semântica, que sintetize, classifique e tenha um valor cognitivo para aquele grupo que vive a experiência da violação.

As formulações comunicativas estão sintetizadas nos conteúdos morais e éticos, no que deve ser e no que é, no que tem sido e no que deve ser, no que precisa ser transformado etc. Enfim, lê-se a agenda política de determinado agente. Assim, expressões como "contrariando a estatística" sintetizam a experiência de jovens negros que superaram a violência e conseguem seguir vivos; ou então, o "negro limitado" se refere a um conjunto de características e atitudes comportamentais consideradas reprováveis, bem como "negro drama" encerra as expectativas de autorrealização de pessoas negras.

O compartilhamento do significado dessas expressões e sua capacidade de representar os horizontes desejados e as vivências de violações dão lastro à constituição de atores coletivos, como foi o caso da juventude negra urbana de grandes cidades, de modo específico, e dos negros, de modo geral. Contou para o êxito dessas pontes semânticas presentes na obra do Racionais MC's a seleção da violência racial como experiência privilegiada nas crônicas do grupo, bem como a interlocução com atores do mundo da política e do pensamento social, e viriam a se tornar chancelados como atores políticos. Assim, pode-se construir uma leitura crítica da realidade, tendo a violência racial como sua propulsora.

A análise que faremos a partir de agora ocorrerá em dois níveis – os discos e as letras, para falar da formação de um sujeito político – e recortada em dois vetores – a crítica e a política –, donde emerge a substância da violência racial como ordenadora da experiência negra.

Pela evolução da obra do Racionais MC's, é possível captar os elementos que percorrem toda a estrutura da luta por reconhecimento, desde a formação do conflito, a constituição da identidade/alteridade, a construção de uma linguagem comum para a apresentação

4. PRODUÇÃO DAS DESIGUALDADES

de suas pontes semânticas, até o desenlace de horizontes morais a serem alcançados. Tudo, sempre, coletivamente.

Conflito e Identidade

As diversas mudanças visualizadas no contexto contemporâneo do hip hop e do gênero musical rap por certo impactam também o grupo Racionais MC's[2]. Contudo, ele mantém uma conexão com as transformações do léxico político de um movimento do qual ele se coloca como parte, o movimento negro[3]. Ainda que os seus integrantes não atuem como tradicionais militantes políticos de uma organização negra, várias relações com o protesto negro foram mantidas. Tais conexões se apresentam quando o grupo retrata o cenário de violações vivenciadas pela população negra no Brasil e na forma como a obra evolui desde o seu surgimento. Com efeito, demonstraremos isso com a análise que faremos a partir de agora em dois níveis – os discos e as letras, para falar da formação de um sujeito político – e recortada em dois vetores – a crítica e a política –, donde emerge a substância da violência racial como ordenadora da experiência negra.

Holocausto Urbano, primeiro disco do grupo, chega em 1990 para expor o problema do povo negro. A associação à experiência dos judeus e ciganos no regime nazista tem duplo efeito: a primeira é tocar em um assunto caro a toda a sociedade ocidental que se compadece do drama dos judeus e, por essa associação, deveria compadecer-se também dos negros; a segunda é lançar a característica racializada da experiência.

As canções que cumprem a função de resenhar o problema são "Pânico na Zona Sul" (Mano Brown), "Beco Sem Saída" (Edi Rock e KL Jay) e "Tempos Difíceis" (Edi Rock e KL Jay); as outras canções – "Hey Boy" (Mano Brown), "Mulheres Vulgares" (Edi Rock

---

2 Ver R.I. Teperman O Rap Radical e a "Nova Classe Média". *Psicologia USP*, v. 26, n. 1, e D. Vieira dos Santos, "Sonho Brasileiro": Emicida e o Novo Lugar Social do Rap. *Nava*, v. 7, n. ½.

3 Ver J. Lima Santos, *Negro, Jovem e Hip Hopper*.

e KL Jay) e "Racistas Otários" (Mano Brown e Ice Blue) – indicam quem são seus opositores como sujeitos.

A canção "Racistas Otários" resume a relação entre estrutura social e sujeitos:

> Justiça: em nome disse eles são pagos
> Mas a noção que se tem é limitada e eu sei
> Que a lei é implacável com os oprimidos
> Tornam bandidos os que eram pessoas de bem
> Pois já é tão claro que é mais fácil dizer
> Que eles são os certos e o culpado é você
> Se existe ou não a culpa ninguém se preocupa
> Pois em todo caso haverá sempre uma desculpa
> O abuso é demais pra eles tanto faz
> Não passará de simples fotos nos jornais
> Pois gente negra e carente, não muito influente
> E pouco frequente nas colunas sociais
> Então eu digo meu rapaz:
> Esteja constante ou abrirão o seu bolso
> E jogarão um flagrante num presídio qualquer
> Será um irmão a mais
> Racistas otários, nos deixem em paz
> [...]
> Então a velha história outra vez se repete
> Por um sistema falido
> Como marionetes nós somos movidos
> E há muito tempo tem sido assim
> Nos empurram à incerteza e ao crime enfim
> Porque aí certamente estão se preparando
> Com carros e armas nos esperando
> E os poderosos me seguram observando
> O rotineiro Holocausto urbano
> [...]
> Enquanto você sossegado foge da questão
> Eles circulam na rua com uma descrição
> Que é parecida com a sua
> Cabelo cor e feição
> Será que eles veem em nós um marginal padrão?

4. PRODUÇÃO DAS DESIGUALDADES

Assim, os "racistas otários" – os seus outros, que devem deixar de persegui-los – são as polícias, que ameaçam a vida e a liberdade dos componentes do grupo.

Após ter definido o conflito racial e seus sujeitos, o grupo vai cuidar da formação de sua própria identidade coletiva e, em 1992, com o álbum *Escolha o Seu Caminho*, lança um chamado à ação, uma convocação. A primeira música, "Voz Ativa" (Mano Brown, Ice Blue e Edi Rock), nomeia o sujeito político como juventude negra, e se coloca como a voz desse sujeito: "a juventude negra agora tem voz ativa". A segunda canção, "Negro Limitado", é importante para criar a distinção necessária para dizer o que é ser um jovem dentro dos marcos que essa nova gramática concebe, quem são os negros que andam com seus outros, e o que é o certo dentro dos marcos dessa forma de resistência:

> "– Então, vocês que fazem o rap aí, são cheios de ser professor, falar de drogas, polícia e tal, e aí, mostra uma saída, mostra um caminho e tal, e aí..?"
> Cultura, educação, livros, escola.
> Crocodilagem demais.
> Vagabundas e drogas.
> A segunda opção é o caminho mais rápido.
> E fácil, a morte percorre a mesma estrada é inevitável.
> Planejam nossa restrição.
> Esse é o título.
> Da nossa revolução, segundo versículo.
> Leia, se forme, se atualize, decore.
> Antes que os racistas otários fardados de cérebro atrofiado.
> Os seu miolos estourem e estará tudo acabado.
> Cuidado!
> O Boletim de Ocorrência com seu nome em algum livro.
> Em qualquer distrito, em qualquer arquivo.
> Caso encerrado, nada mais que isso.
> Um negro a menos contarão com satisfação.

Se os dois primeiros álbuns encerram um ciclo em que o grupo está forjando sua identidade pública e profissional – ainda que se trate de junções de EPS lançados sem uma conexão planejada –, a evolução

194

da elaboração do grupo é flagrante no que ela resulta. Os primeiros álbuns irão tratar de assuntos caros ao protesto negro naquele momento histórico, trazendo sínteses de questões muito prementes no debate sobre a questão racial entre a produção acadêmica e política.

São canções que se alinham com o protesto negro dos anos 1980, uma década marcada pelo levante do movimento negro chamado de contemporâneo, desde 1978. Houve ao longo dessa década três principais pautas na agenda negra: o fim da discriminação racial, o fim da violência policial e oportunidades de trabalho para a população negra. Assim, as canções dos álbuns foram compostas com o pano de fundo do acúmulo da mobilização negra do final da década de 1980, quando o Brasil celebrava os cem anos da assinatura da Lei Áurea, e os movimentos faziam questão de:

1. Denunciar a abolição inconclusa, isto é: que o fim da abolição da escravidão formal não significou a inclusão social e política da população negra.

2. Fazer a denúncia do mito da democracia racial, que consistia basicamente em deixar evidente a desigualdade racial e a existência de discriminação racial na sociedade brasileira.

É este o discurso reproduzido pelo grupo na letra de "Racistas Otários":

> Cinquenta anos agora se completam
> Da lei antirracismo na Constituição
> Infalível na teoria
> Inútil no dia a dia
> Então que fodam-se eles com sua demagogia
> No meu país o preconceito é eficaz
> Te cumprimentam na frente
> E te dão um tiro por trás
> "O Brasil é um país de clima tropical
> Onde as raças se misturam naturalmente
> E não há preconceito racial."
> Hahaha

4. PRODUÇÃO DAS DESIGUALDADES

A lei antidiscriminação referida no excerto acima foi também objeto da ação do movimento negro no Brasil. Havia a crítica de que ela não era aplicada, além de ser considerada muito branda para uma infração tão séria. Assim, no processo político da Assembleia Nacional Constituinte (1987-1988), parlamentares negros atuaram para a criação de uma lei mais dura que tornava crime os atos de discriminação racial na lei 7716/1989, a chamada lei Caó (Deputado Carlos Alberto de Oliveira)[4]. A ideia de discriminação racial – não apenas como ato – era debatida pelo movimento negro como um sistema de produção de desigualdades desde Carlos Hasenbalg e Lélia Gonzalez, associando a exclusão social, o racismo e a violência policial[5]. Importava ao movimento negro demonstrar a existência de racismo na sociedade brasileira, um tipo de opressão específica forjada aos negros que não fosse oriundo da dimensão da classe. Nos versos de "Racistas Otários":

> O sistema é racista, cruel
> Levam cada vez mais
> Irmãos aos bancos dos réus
> Os sociólogos preferem ser imparciais
> E dizem ser financeiro o nosso dilema
> Mas se analisarmos bem mais você descobre
> Que negro e branco pobre se parecem
> Mas não são iguais

Nesse sentido, a canção "Pânico na Zona Sul" (Mano Brown) é mais exitosa em descrever a existência de desigualdade e discriminação, violência policial e atuação de policiais como justiceiros, algo muito comum nas periferias de São Paulo. Além disso, a canção ainda fornece a solução:

> A mudança estará em nossa consciência
> Praticando nossos atos com coerência
> E a consequência será o fim do próprio medo
> Pois quem gosta de nós somos nós mesmos

---

4 Ver J. Lima Santos, *Negro, Jovem e Hip Hopper*.
5 Ver L.Gonzalez; C. Hasenbalg, *Lugar de Negro*.

VIOLÊNCIA RACIAL E RACIONAIS MC'S

É dessa forma que o grupo chega à cena com suas primeiras composições, afinando seu discurso com o discurso do movimento negro e debatendo questões importantes para a crítica social da época. O tom professoral que pode ser confundido com paternalismo é na verdade uma tentativa de delimitar um posicionamento de referência para seus interlocutores, em especial a juventude negra, ante os "racistas otários fardados". É a esse segmento que o grupo se refere na abertura do disco que inaugura a próxima fase para, só após delimitado esse lugar de fala, em "Fim de Semana no Parque", se dirigir a "toda comunidade pobre da Zona Sul".

Os álbuns seguintes serão mais estruturados, com início, meio e fim. O LP *Raio x do Brasil*, de 1993, por exemplo, tem oito canções. A primeira canção do lado a chama-se "Introdução":

> 1993, fudidamente voltando, Racionais
> Usando e abusando da nossa liberdade de expressão
> Um dos poucos direitos que o jovem negro ainda tem nesse país
> Você está entrando no mundo da informação
> Autoconhecimento, denúncia e diversão
> Esse é o Raio x do Brasil
> Seja bem-vindo

A última faixa do lado b chama-se "Agradecimentos". Nela, todos os integrantes falam de amigos e familiares, futebol, rap, samba, ativismo negro, religião etc. Nas faixas entre uma coisa e outra, as canções aprofundam o diagnóstico da realidade do entorno, repetindo até mesmo as pretensões de intelectuais paulistas que tomam São Paulo pelo Brasil. A análise minuciosa de canções como "Fim de Semana no Parque" e "Homem na Estrada", explora as relações sociais, indo além das aparências. A promessa feita no título do álbum é entregue, isto é, um raio x do país onde vivem. A proposta persegue uma missão de racionalidade que está nos detalhes das cenas escrutinadas, mas também se reflete na estrutura do disco, que pode ser comparada com uma dissertação acadêmica: tem "introdução", onde apresentam-se ao leitor/ouvinte as ideias que compõem a obra; e finaliza com "bibliografias", com nomes

4. PRODUÇÃO DAS DESIGUALDADES

de pessoas e lugares a partir dos quais aquelas ideias e informações foram gestadas.

No caminho firme do desenvolvimento profissional, o álbum *Sobrevivendo no Inferno*, de 1997, faz uma aproximação com estruturas de ritos religiosos e signos. A primeira canção é "Jorge da Capadócia", de Jorge Ben Jor, homenagem a uma das referências artísticas do grupo e a um santo caro ao sincretismo religioso afro-brasileiro, São Jorge. A segunda faixa leva o nome de "Gênesis", como na *Bíblia* cristã, que diz: "Deus fez o mar, as árvore, as criança, o amor / O homem me deu a favela, o crack, a trairagem, as arma, as bebida, as puta/ Eu?! Eu tenho uma Bíblia velha, uma pistola automática e um sentimento de revolta/ Eu tô tentando sobreviver no inferno." O álbum se encerra novamente com suas "referências bibliográficas" na faixa chamada "Salve".

Sobrevivendo no Inferno consolida o grupo no meio artístico, sucesso de público com o videoclipe "Diário de um Detento" (Jocenir Prado e Mano Brown), e certamente legitima o grupo fora de seu nicho, formado por negros das periferias das grandes cidades. Narrativas complexas como "Tô Ouvindo Alguém me Chamar" tiveram forte penetração até em meios brancos e de classe média alta. A sofisticação de canções como "Rapaz Comum" aponta para uma inequívoca solidez da elaboração poética traduzida em uma verdadeira crônica. Em "Capítulo 4, Versículo 3" verifica-se a canalização de sentimentos de ódio compartilhados por aqueles que experienciaram as violações morais vividas por jovens negros, bem como a produção de uma interpretação da realidade concreta e racionalização pelo verbo. As palavras são mostradas como armas:

> "Sessenta por cento dos jovens de periferia
> Sem antecedentes criminais já sofreram violência policial
> A cada quatro pessoas mortas pela polícia, três são negras
> Nas universidades brasileiras, apenas dois por cento dos alunos
> são negros
> A cada quatro horas, um jovem negro morre violentamente em
> São Paulo
> Aqui quem fala é Primo Preto, mais um sobrevivente"
> Minha intenção é ruim, esvazia o lugar

Eu tô em cima, eu tô a fim, um, dois pra atirar
Eu sou bem pior do que você tá vendo
Preto aqui não tem dó, é cem por cento veneno
A primeira faz bum, a segunda faz tá
Eu tenho uma missão e não vou parar
Meu estilo é pesado e faz tremer o chão
Minha palavra vale um tiro, eu tenho muita munição
Na queda ou na ascensão minha atitude vai além
E tenho disposição pro mal e pro bem
Talvez eu seja um sádico, um anjo, um mágico
Juiz ou réu, um bandido do céu
Malandro ou otário, padre sanguinário
Franco atirador, se for necessário
Revolucionário, insano ou marginal
Antigo e moderno, imortal
Fronteira do Céu com o Inferno
Astral imprevisível, como um ataque cardíaco no verso
Violentamente pacífico, verídico
Vim pra sabotar seu raciocínio
Vim pra abalar seu sistema nervoso e sanguíneo
Pra mim ainda é pouco, Brown cachorro louco
Número um guia terrorista da periferia
Uni-duni-tê o que eu tenho pra você
Um rap venenoso ou uma rajada de PT
E a profecia se fez como previsto
1997, depois de Cristo
A fúria negra ressuscita outra vez
Racionais, capítulo 4, versículo 3

Os anos 1990 foram notáveis na organização dos movimentos sociais no Brasil, e o foram também para o movimento negro, com o fortalecimento do Movimento Negro Unificado, a consolidação de ONGs de referência nacional e internacional como Geledés (SP), Criola (RJ), CEERT – Centro de Estudos Étnicos e Relações de Trabalho, CEAP (Centro de Articulação de Populações Marginalizadas – RJ), a fundação de organizações nacionais como a Coordenação Nacional de Entidades Negras, União Nacional de Negros Pela Igualdade (Unegro). Houve o movimento pela criação do Estatuto da Criança e do

4. PRODUÇÃO DAS DESIGUALDADES

Adolescente. Organizações de mulheres negras indicavam a necessidade de combater a esterilização compulsória. Havia campanhas para denunciar as chacinas de crianças em situação de rua, como a Chacina da Candelária.

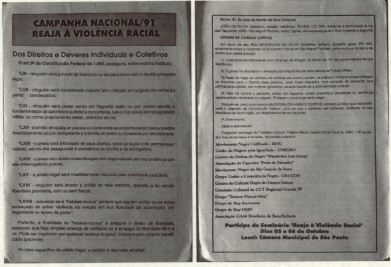

Figura 1 Campanha Nacional/1991, Reaja à Violência Racial.
Fonte: Acervo Milton Barbosa.

Para demonstrar o caráter violento das relações raciais no Brasil, o MNU criou uma campanha duradoura intitulada "Reaja à Violência Racial", colocando novamente a violência policial no centro de sua atuação. Uma parceria com o Geledés – Instituto da Mulher Negra produziu estudos importantes sobre desigualdade racial, polícia e o sistema de justiça, fornecendo os primeiros dados sobre discriminação racial nas instituições de repressão, sistema de justiça e polícia. Como o Racionais teve muita proximidade com o Geledés, por meio do Projeto Rap, essas conexões tornaram acessíveis ao grupo a produção acadêmica que forneceria elementos para os versos de abertura da canção "Capítulo 4, Versículo 3", bem como aos versos "permaneço vivo, prossigo a mística / Vinte e sete anos, contrariando a estatística", uma vez que as pesquisas mostravam (e mostram) que a letalidade policial atinge preferencialmente os jovens negros.

Os anos profícuos do Racionais MC's também foram proveitosos para o enfrentamento ao neoliberalismo pelos movimentos sociais de

Figura 2 Campanha de Gilson Negão à vereança, 1996, pelo Partido dos Trabalhadores. Fonte: Acervo Flávio Jorge.

esquerda, que conseguiram agregar muitas forças sociais em torno de si. Além da campanha Reaja à Violência Racial, o movimento negro logrou grande êxito ao levar mais de 40 mil pessoas a Brasília na Marcha dos trezentos anos de Zumbi dos Palmares contra o racismo, pela igualdade e pela vida, em 20 de novembro de 1995. Além disso, em 2001, a participação de lideranças negras na Conferência de Durban (a Terceira Conferência Mundial contra o Racismo, a Discriminação Racial, a Xenofobia e Formas Correlatas de Intolerância promovida pela ONU contra o racismo e o ódio aos estrangeiros) aqueceu o debate racial na sociedade.

O próprio grupo esteve inserido em todo esse processo de envolvimento político com as forças progressistas à época, assinando manifestos e fazendo campanhas eleitorais. Casos emblemáticos de violência de Estado como o massacre do Carandiru, em 2 de outubro de 1992, que deixou 111 mortes após uma ação da Polícia Militar de São Paulo, e o atentado da Favela Naval ocorrido em 1997, assassinando o trabalhador negro Mário José Josino, alcançaram ampla repercussão midiática nacional e internacional. Tais fatos mantiveram o assunto da violência de Estado em alta no noticiário nacional, sendo as elaborações dos Racionais uma referência para o debate público (v. Fig. 2).

4. PRODUÇÃO DAS DESIGUALDADES

Possibilidades de Horizontes Morais

Os dois álbuns seguintes consolidam nacionalmente o grupo e o lançam a nova fase, em que a luta por reconhecimento encontra novas possibilidades para os horizontes morais. Assim, em *Nada Como um Dia Após o Outro Dia*, de 2002, e em *Cores & Valores*, de 2014, as performances das composições continuam se sofisticando. Novos elementos chegam à elaboração do grupo, em direção à possibilidade de concretização de reconhecimento e de ampliação dos horizontes morais. Há uma espécie de enunciado de mudança que vem "um dia após o outro dia", notadamente aqueles advindos da aquisição de melhores condições financeiras, certa mobilidade social. A maturidade, o casamento, a paternidade, o acesso ao consumo de roupas, carros, bebidas, viagens etc. levam o grupo a elaborar sua identidade política diante de signos que se fazem próximos e antes indicavam os "boys". Nesse sentido, a canção "Negro Drama" traz a novidade de explicar as condições da ascensão social de homens negros por meio da música, do esporte ou do crime. Negro drama seria o inverso do drama negro, já tão bem resenhado pelo grupo.

Um clima de positividade e festa destaca-se das três primeiras faixas do álbum de CD duplo. A primeira faixa, "Sou + Você" faz a passagem para essa nova condição do rap. Ela se inicia com sons de pneus cantando, tiros, um barulho de motor que desaparece à medida que o carro ganha distância. Passam-se cinco segundos de silêncio, quebrado por um galo cantando, seguido do toque de um despertador. Teclas de um piano suave recebem a voz de Mano Brown:

> Bênção, mãe.
> Estamos iniciando nossas transmissões
> Essa é a sua rádio Êxodos
> Hei, hei,
> Vamos acordar, vamos acordar
> Porque o Sol não espera demorou, vamos acordar
> O tempo não cansa ontem à noite você pediu... você pediu!
> Uma oportunidade, mais uma chance
> Como Deus é bom né não nego?
> Olha aí, mais um dia todo seu

Que céu azul louco hein?
Vamo acordar, vamo acordar
Agora vem com a sua cara, sou mais você nessa guerra
A preguiça é inimiga da vitória
O fraco não tem espaço e o covarde morre sem tentar
Não vou te enganar, o bagulho tá doido e ninguém confia em ninguém
Nem em você, os inimigos vêm de graça
É a selva de pedra, ela esmaga os humildes demais
Você é do tamanho do seu sonho, faz o certo, faz a sua
Vamo acordar, vamo acordar
Cabeça erguida, olhar sincero, tá com medo de quê?
Nunca foi fácil, junta os seus pedaços e desce pra arena
Mas lembre-se: aconteça o que aconteça, nada como um dia após
o outro dia

Na mesma toada, a canção "Vivão e Vivendo" engata em tom de festa uma letra viva de celebração, com novas referências a Jorge Ben Jor:

É nóis memo, vagabundo!
Demorô! Ô louco! Firmão!
Você está nas ruas de São Paulo
Onde vagabundo guarda o sentimento na sola do pé
Né pessimismo não, é assim que é
Vivão e vivendo, o guerreiro tira chinfra
É o doce veneno
Viajei, voltei pra você, voltei pelos louco, voltei pelos preto
E pelas verde, consequentemente
Meu Deus! É quente! É desse jeito
Ei, você sonhador que ainda acreditar, liga nóis!
"Eu tenho fé, amor e a fé no século XXI
Onde as conquistas científicas, espaciais, medicinais
E a confraternização dos homens, e a humildade de um rei
Serão as armas da vitória para a paz universal"

Novamente, o disco se encerra com uma faixa de referências bibliográficas, "Trutas e Quebradas", mas sem deixar de lado questões imponentes como em "12 de Outubro". A grande novidade crítica do disco é a proximidade com o crime e os conflitos interpessoais, a posse de armas, porém a violência policial parece não ter tido o

4. PRODUÇÃO DAS DESIGUALDADES

espaço de antes. Isso é mais um indício de que o grupo se mantém afinado com o protesto negro, que entra em um período de fazer a defesa pública de agendas propositivas e não só de denúncias, como é a característica da agenda da violência policial, em torno da qual se tem uma agenda de reação.

Nesse ciclo dos Racionais, o afastamento da tematização da violência policial se dá ao mesmo tempo que se mantém a sintonia com os desenvolvimentos mais amplos da agenda do movimento negro. A primeira década dos anos 2000 para os movimentos negros teve como característica a chegada de vários militantes nas estruturas estatais por meio da criação de espaços institucionais de políticas públicas, e atores políticos negros passaram a dispor de maiores recursos para fazer política.

Os Racionais tiveram que se ocupar da contradição de lidar com o dinheiro e o acesso ao consumo, assunto delicado para o grupo ("preto e dinheiro são palavras rivais"; "A lei da selva consumir é necessário / Compre mais, compre mais / Supere o seu adversário / O seu *status* depende da tragédia de alguém / É isso, capitalismo selvagem") em período correlato àquele em que o movimento negro passou a lidar com a contradição de ocupar a representação institucional do Estado.

Além disso, o discurso sobre a violência homicida é elaborado em termos parecidos entre o grupo e o movimento negro. No MNU, a campanha Reaja à Violência Racial foi sucedida pela campanha Mano Não Morra, Não Mate, em 2001. A chamada da campanha é muito parecida com os versos de Edi Rock em "Negro Drama" ("falo pro mano que não morra e também não mate"). O mesmo Edi Rock, em regravação de sua canção "Rapaz Comum" substitui o "cotidiano suicida" por "cotidiano genocida": genocídio foi o termo que predominou no protesto negro entre as décadas de 2000 e 2010.

Cores & Valores, lançado em 2014, apresenta estrutura inovadora e descontínua, composta por faixas curtas, aparentemente cortadas ou interrompidas sem um final esperado. Há vários indícios de que o grupo está fazendo um balanço de sua trajetória, porque, por exemplo, participam da obra antigos parceiros à convite do grupo, como o rapper Lino Krizz e o grupo RZO em quatro das quinze faixas do álbum. O disco se inicia com formulações que evitam maiores dúvidas e questionamentos acerca de sua própria identidade, e sentencia logo na primeira faixa, dando o assunto por encerrado com o verso: "Somos o que somos: cores e valores". Mantém-se a elaboração sobre o vínculo com o dinheiro e o consumo ("Eu Compro", de Mano Brown, Ice Blue, rzo e Blood Beatz) e a proximidade com o universo da criminalidade ("A Escolha Que Eu Fiz"). Contudo, destacam-se as músicas "A Praça", "O Mal e o Bem" e "Quanto Vale o Show?", que repassam momentos da formação e a trajetória do grupo.

"A Praça" (de Edi Rock, Juliano Kurban e Irmão Arábico) trata do show durante a Virada Cultural de São Paulo em 2007, em que a polícia investiu contra os presentes, provocando reações, criando conflito e transformando o local da apresentação em uma praça de guerra. O show estava sendo encarado como oportunidade de grande celebração dos Racionais e sua obra, num momento de expressiva consolidação de seu trabalho e trajetória. A polícia viu nisso um elemento de desordem e atuou para que as coisas retornassem a seus "devidos lugares", cuidando para que aquela massa negra do rap voltasse a ser oprimida. Além do mais, os policiais ali consideraram uma oportunidade de reagir às críticas que a própria obra do Racionais mc's em si, e o hip-hop em geral, representam para a instituição. Os versos de Edi Rock são felinos:

> Uma faísca, uma fagulha, uma alma insegura
> Uma arma na cintura, o sangue na moldura
> Uma farda, uma armadura, um disfarce, uma ditadura
> Um gás lacrimogêneo e algema não é a cura
> Injúrias de uma censura, tentaram e desistiram
> Pularam atrás da corda, filmaram e assistiram
> Pediram o nosso fim, forjaram, olhe pra mim
> Tiraram o nosso foco dos blocos e o estopim
> Tentaram eliminar, pensaram em manipular
> Tentaram e não bloquearam a força da África
> Chamaram a Força Tática, Choque, a cavalaria
> Polícia despreparada, violência em demasia
> Mississippi em chamas, sou fogo na Babilônia

4. PRODUÇÃO DAS DESIGUALDADES

> Tragédia, vida real, com a mão de um animal
> Brutal com os inocentes, crianças, velhos, presentes
> Ação inconsequente, covarde e desleal
> Os moleques com pedra e pau, a polícia com fuzil, bomba
> Carro pegando fogo, porta de aço, tromba
> A mãe que chama o filho enquanto toma um tiro
> Alguém perdeu alguém, a alma no gatilho

Foi um ritual de racialização e demonstração do conflito racial em que duas perspectivas entram em confronto. A polícia não se furtou em demonstrar que a lógica em que funciona é oposta à lógica dos Racionais. Uma festa que se converteu em conflito aberto no maior evento cultural da cidade de São Paulo.

O evento certamente foi traumático para o grupo e ensejou reflexões sobre a trajetória e as canções em que fazem um inventário de como chegaram até 2014. Por exemplo, "Quanto Vale o Show?" (Mano Brown):

> 83 era legal, sétima série, eu tinha treze e pá e tal
> Tudo era novo em um tempo brutal
> O auge era o Natal, beijava a boca das minas
> Nas favelas de cima tinha um som e um clima bom
> O kit era o Faroait, o quente era o Patchouli
> O pica era o Djavan, o hit era o Billie Jean

E em "O Mal e o Bem" (Edi Rock, Don Pixote, Lino Krizz e Dj Skrit):

> Uma vida, uma história de vitórias na memória
> Igual o livro *O Mal e o Bem*
> Pro seu bem, pro meu bem
> Um espinho, uma rosa, uma trilha
> Uma curva perigosa a mais de cem
> Pro seu bem, pro meu bem

O disco se encerra em tom de *grand finale* e ainda indica quais seriam as cenas dos próximos episódios, com Mano Brown cantando uma música romântica, gênero que seria marcante em seu disco solo *Boogie Naipe*, de 2016. Esse tom de balanço da própria

VIOLÊNCIA RACIAL E RACIONAIS MC'S

trajetória é sintomático de uma era que está no seu ocaso, e suas personagens observam o crepúsculo. Em 2014, o resultado das eleições presidenciais foi questionado, levando à suspensão do pacto político que sustentou a Carta Constitucional de 1988. Os movimentos negros hasteavam a bandeira para denunciar genocídio da juventude negra, o que também era uma forma de questionar o contrato social em que a inclusão social não evita a morte de dezenas de milhares de jovens negros por ano. São mais de 50 mil homicídios anuais no Brasil, a maioria de jovens homens negros. A democracia que nasceu sob a Constituição Cidadã de 1988 começava a acabar no mesmo ano em que seus contemporâneos, o Racionais MC's, encerravam seu terceiro ciclo.

Referências

HONNETH, Axel. *Luta Por Reconhecimento: A Gramática Moral Dos Conflitos Sociais*. São Paulo: Editora 34, 2003.

GONZALEZ, Lélia; HASENBALG, Carlos. *Lugar de Negro*. São Paulo: Marco Zero, 1982.

LIMA SANTOS, Jaqueline. *Negro, Jovem e Hip Hopper: História, Narrativa e Identidade em Sorocaba*. Dissertação (Mestrado em Ciências Sociais), Unesp, Marília, 2019.

TEPERMAN, Ricardo Indig. O Rap Radical e a "Nova Classe Média". *Psicologia USP*, v. 26, n. 1, 2015.

VIEIRA DOS SANTOS, Daniela. "Sonho Brasileiro": Emicida e o Novo Lugar Social do Rap. *Nava – Revista do Programa de Pós-Graduação em Artes, Cultura e Linguagens – Instituto de Artes e Design – IFJF*, v. 7, n. 1/2, 2019. Disponível em: <https://periodicos.ufjf.br/index.php/nava/article/view/32093>. Acesso em: 10 fev. 2021.

Quatro Pretos Perigosos: figuras de marginalidade em "capítulo 4, versículo 3" e "na fé firmão"

Rachel Sciré

A cultura hip-hop traz em sua essência a noção de marginalidade nos Estados Unidos dos anos 1970 ou na periferia da Grande São Paulo, na década seguinte[1]. No que diz respeito à música, o rap rompe convenções ao introduzir um canto falado e inaugurar um novo tipo de produção musical, a partir de bases previamente gravadas e difundidas na indústria fonográfica, ignorando questões de direitos autorais. Esse modelo subverte não só os padrões de mercado, mas também as técnicas tradicionais de instrumentação e realização de canções. Aos aspectos estéticos e comerciais, soma-se um caráter transgressor no plano do conteúdo, já que as letras apresentam o ponto de vista da população marginalizada, por meio de uma abordagem inédita, que no rap nacional vai se adensando entre o final dos anos 1980 e a década de 1990, época em que o grupo RacionaisMC's se forma e conquista notoriedade.

A ideia de transgressão ainda ganha amplitude a partir de um sentido de violação da lei – tema de muitas narrativas cantadas nesse gênero musical, tanto em seu país de origem quanto no Brasil[2].

---

1 T. Rose, Um Estilo Que Ninguém Segura: Política, Estilo e a Cidade Pós-Industrial no Hip Hop, em M. Herschman(org.), *Abalando os Anos 90*, p.192; A.M. Azevedo; S.J. Silva, Um Raio x do Movimento Hip-Hop, *Revista da Associação Brasileira de Pesquisadores/ as Negros/as* (ABPN), n. 15, p.232-245.
2 Contudo, existem diferenças entre o rap nacional sobre o "mundo do crime" e o chamado *gangsta rap* dos Estados Unidos, condizentes à realidade de cada um dos países. Para mais informações sobre o estilo estadunidense, sugiro o quarto episódio da primeira temporada da série documental *Hip Hop Evolution*, de DarbyWheeler, ScotMcfayden e Sam Dunn.

4. PRODUÇÃO DAS DESIGUALDADES

O tom agressivo, de enfrentamento e de desabafo, as contestações e os lamentos presentes nos raps, por um tempo, encarnariam em uma personagem específica: o bandido.

Aqui, os versos sobre crimes e contravenções, protagonizados por figuras de marginalidade, se popularizam com o trabalho dos Racionais. Porém, a criminalidade é apenas uma das vertentes da violência cantada pelo grupo. Como apontou Walter Garcia[3], "a violência que estrutura a sociedade brasileira é o tema fundamental do Racionais MC's", ou seja, a violência que existe a partir de nosso sistema social, econômico e político, e que está enraizada em nossas relações, nas suas mais variadas formas, tais como o racismo, a miséria e a ausência de direitos básicos, a opressão policial, o sistema penitenciário, a presença sempre truculenta do Estado, a concentração de renda e outros modos operacionais do capitalismo, o machismo, o campo midiático… A análise de Walter Garcia mostra como a violência não é apenas relatada na obra dos Racionais, mas articulada em todos esses níveis, e pode ser experimentada pelos ouvintes, como resultado de uma apurada construção poética, que envolve recursos artísticos e musicais, colagens sonoras, performances, enfim, os mais diversos elementos presentes nas produções do grupo.

O "problema da violência" na sociedade brasileira costuma ser apresentado no debate público de um modo que não torna visível, nem compreensível, seu caráter estrutural. Não à toa, os meios de comunicação falam em "fenômeno", "episódio" ou "caso" de violência, como se ela não fizesse parte do dia a dia da população de diversas maneiras. Além disso, a violência costuma ser localizada apenas em práticas criminais (com destaque para os crimes contra o patrimônio e contra a vida), e associada a determinados indivíduos, "marginais", "bandidos", "traficantes", "ladrões", "sujeitos perigosos", sempre um Outro, em geral pertencente a uma mesma classe social e com uma cor de pele específica.

O sociólogo Michel Misse[4] chama de "sujeição criminal" a dinâmica de incriminação antecipatória de indivíduos que, em decorrência de

---

3 W. Garcia, Ouvindo Racionais MC's, *Teresa: Revista de Literatura Brasileira*, n. 4-5, p.167.
4 M. Misse, *Malandros, Marginais e Vagabundos & a Acumulação Social da Violência no Rio de Janeiro*.

210

QUATRO PRETOS PERIGOSOS

sua experiência social e subjetividade, passam a constituir e representar identidades associadas ao "crime em geral". Mais do que uma estigmatização, essa é uma prática que unifica o crime com o seu autor (ainda que efetivamente a infração não tenha se realizado ou seja apenas potencial), deslocando o foco da situação para o sujeito.

O conceito parece interessante para pensar os raps que apresentam figuras de marginalidade na obra dos "quatro pretos mais perigosos do Brasil"[5]. O tratamento artístico dado ao tema da violência urbana e a suas personagens acompanha o aprimoramento do grupo, por exemplo, quando observamos a adoção da "linguagem de rua", a partir do álbum *Raio x do Brasil*, de 1993, que traz naturalidade para o discurso do MC e colabora pra criar um efeito de verdade, por exemplo, quando Mano Brown canta em "Capítulo 4, Versículo 3":

> Colou dois mano, um acenou pra mim
> De jaco de cetim, de tênis, calça jeans

E quando Ice Blue, canta na mesma música os seguintes versos:

> Ó os cara, só o pó, pele e osso
> No fundo do poço, uma pá de fragrante no bolso

Além da concordância ("colou dois mano"; "os cara"), nota-se um vocabulário particular ("mano", "jaco" [jaqueta], "cara"), que inclui expressões próprias como "só o pó", para indicar uma pessoa que se encontra em um estado deplorável, e "uma pá", que exerce a função de um advérbio de intensidade. Há também uma variação de pronúncia ("fragrante" em vez de "flagrante"), forma que para

---

5 A denominação "quatro pretos perigosos" foi assumida pelos próprios integrantes do Racionais: "Somos os pretos mais perigosos do país e vamos mudar muita coisa por aqui. Há pouco ainda não tínhamos consciência disso", conforme KL Jay (apud Maria Rita Kehl, "Radicais, Raciais, Racionais e a grande fratria do rap na periferia de São Paulo", *São Paulo Perspec.*, São Paulo, v.13, n.3, p. 95-106, setembro 1999.). A inspiração pode ter vindo do grupo de rap estadunidense N.W.A., chamado pela imprensa do país de o "grupo mais perigoso do mundo" (The World's Most Dangerous Group). "Os quatro pretos perigosos" também foi título de uma matéria de André Caramante sobre o Racionais MC's, publicada na *Rolling Stone*, em 6 dez. 2013.

211

4. PRODUÇÃO DAS DESIGUALDADES

Guilherme Botelho corresponde a uma espécie de "delinquência lexical"[6]. Vejamos mais alguns exemplos.

Edi Rock canta em "Na Fé Firmão":

> No nosso exército tem vários trutas
> De prontidão pra enquadrar filhas da puta

E Mano Brown, em "Capítulo 4, Versículo 3":

> É foda, foda é assistir a propaganda e ver
> Não dá pra ter aquilo pra você
> Playboy forgado de brinco, cu, trouxa,
> Roubado dentro do carro na avenida Rebouça

Tanto a gíria (ou dialeto) quanto o palavrão podem servir para afirmar uma "superioridade". No primeiro caso, por restringir o entendimento dos significados a um grupo específico (os trutas), como um código. No segundo, por caracterizar demonstrações de força (via machismo), como em "filhas da puta", "cu", "trouxa", ou por expressar uma explosão emocional, em momentos de indignação ("É foda"), euforia ou tensão ("foda é"). No caso da discussão proposta neste artigo, é interessante observar, sobretudo, o emprego de expressões ou termos partilhados pelo "mundo do crime"[7] e pelos grupos em órbita, como policiais, carcereiros, advogados, escrivães, jornalistas policiais[8]. Por exemplo, na voz de Edi Rock em "Na Fé Firmão":

---

6 Botelho chama a atenção para o termo "pobrema" no refrão da música "E Se Esse Som Estourar?", de GOG, com participação de Thaíde, lançada no disco *Prepare-se!* (1996), pela gravadora New Generation. Apontamento realizado no curso "Em Busca da Batida Perfeita: Construção Sociossonora do Rap", realizado no Centro de Pesquisa e Formação do Sesc-SP, em 1 e 2 de julho de 2019.

7 Ver G. Feltran, Trabalhadores e Bandidos, *Temáticas*, n. 30, p.13, a expressão "mundo do crime", utilizada por jovens das periferias de São Paulo, designa o conjunto de códigos e sociabilidades estabelecidas, prioritariamente no âmbito local, em torno dos negócios ilícitos envolvendo narcotráfico, roubos e furtos.

8 Ver M. Misse, *Malandros, Marginais e Vagabundos...*, a ampliação de códigos e linguagens do submundo para outras áreas da sociedade, inclusive por meio de livros, filmes e letras de música, estaria relacionada àideia de um "aumento da violência" e à familiaridade com práticas criminais no cotidiano, por exemplo, com a expansão do consumo de drogas.

Pra quem não tem mais nada a perder
Enquadra uma Cherokee na mira de uma PT

O verbo "enquadrar" aqui tem o significado de roubar o veículo Cherokee, mas quando utilizado pela polícia, pode remeter à abordagem policial, à prisão e, no âmbito jurídico, à classificação de um delinquente conforme a categoria do delito (enquadrado em um artigo do Código Penal). Já "PT" diz respeito a um tipo de pistola produzida pela empresa brasileira Taurus.

A temática da violência urbana também pode ser observada na obra dos Racionais conforme figuras de marginalidade vão assumindo o papel de protagonistas nas narrativas cantadas. Em "Mano na Porta do Bar" (Mano Brown), do álbum *Raio X do Brasil*, o MC se apresenta como uma "testemunha ocular" da transformação de um mano respeitado em traficante e homicida, e o foco narrativo permanece na terceira pessoa. Em "Homem na Estrada", quinta faixa do mesmo disco, o foco narrativo oscila entre a primeira e a terceira pessoa para contar a história de vida de um ex-presidiário. Já em "Capítulo 4, Versículo 3", primeiro rap de *Sobrevivendo no Inferno*, o ponto de vista do bandido é fixado já nos versos iniciais, por meio de um narrador em primeira pessoa que ameaça o ouvinte. Nesse disco, apenas duas faixas não apresentam referências ao "mundo do crime"[9], já que em "Gênesis", introdução ao contexto da obra que remete ao primeiro livro da *Bíblia*, há citação de drogas e armas, e a faixa instrumental "...", que divide o disco, é encerrada bruscamente com o som de tiros.

É possível arriscar que "Capítulo 4, Versículo 3" consolida um formato bastante replicado por outros MC's, com a representação da figura do marginal por meio do discurso do rapper, e a transformação de histórias sobre delitos em mote para as rimas. Isso acontece inclusive no próprio grupo, vide o exemplo de "Na Fé Firmão", de Edi Rock, sétima faixa do primeiro disco (*Chora Agora*) do álbum *Nada Como um Dia Após o Outro Dia*, na qual o MC se compara a um "ladrão nobre". Analisarei essas duas letras de rap, destacando

---

9 As duas faixas, por sua vez, não são raps: "Jorge da Capadócia", que abre o álbum, é uma oração a São Jorge ou Ogum, santo ou orixá guerreiro, e "Salve" é uma saudação de Brown e Blue aos manos de várias quebradas.

4. PRODUÇÃO DAS DESIGUALDADES

alguns elementos para levar adiante a discussão sobre aproveitar a personagem do bandido na obra dos Racionais. Além da simulação de ocorrências criminais, as narrativas cantadas exploram recursos semelhantes, como a ambiguidade, discutem a identidade de sujeitos negros periféricos e apresentam gestos de revide e de resistência centrados no rap.

Mais do que retratar um tipo humano ou uma situação da realidade urbana, a temática do crime na obra dos Racionais parece condensar, de maneira crítica, classificações acerca dos indivíduos excluídos na sociedade brasileira. As diversas figuras de marginalidade presentes nos raps do grupo rompem classificações genéricas, questionam estigmas, dão voz a parcelas silenciadas da população, promovem uma sensibilização, sem que isso represente uma exaltação da "vida no crime". Por meio de uma postura de enfrentamento, a figura do bandido se mostra propícia para demonstrar oposição à estrutura social vigente[10].

Pra Sabotar Seu Raciocínio

As estatísticas informadas por Primo Preto e enfatizadas pelos acordes, na introdução de "Capítulo 4, Versículo 3", deveriam ser suficientes para roubar nossa atenção para a violência da sociedade brasileira, necessariamente atrelada ao racismo. Como não é o que acontece, outra estratégia é colocada em prática no rap, com a entrada em cena de uma personagem, quase sob um efeito cinematográfico construído a partir do sample de "Slippin' Into Darkness", da banda War. Escutamos então o canto de alguém que se apresenta[11] por meio de

---

10 Uma discussão preliminar sobre esse tema foi apresentada por mim no II Congresso Internacional Línguas, Culturas e Literaturas em Diálogo, na UnB, em agosto de 2018. Já as análises aprofundadas de letras de raps dos Racionais que apresentam personagens de bandidos foram desenvolvidas no segundo capítulo de minha dissertação de mestrado, *Ginga no Asfalto: Figuras de Marginalidade nos Sambas de Germano Mathias e nos Raps do Racionais MC's*, defendida no IEB-USP, em 2019.

11 No rap, a apresentação de quem canta é um formato bastante comum, assim como em outras expressões musicais populares que envolvem desafios poéticos, como o samba de partido alto e o repente. Nelas, nota-se também a construção de imagens de afirmação de valentia, com a transferência das rivalidades para o plano da arte e a narração de atos violentos de forma sublimada.

um discurso ambíguo, identificando-se como bandido e como MC ao mesmo tempo:

> Minha intenção é ruim, esvazia o lugar
> Eu tô em cima, eu tô a fim, um, dois pra atirar
> Eu sou bem pior do que você tá vendo
> O preto aqui não tem dó, é cem por cento veneno
> A primeira faz bum, a segunda faz tá
> Eu tenho uma missão e não vou parar
> Meu estilo é pesado e faz tremer o chão
> Minha palavra vale um tiro, eu tenho muita munição
> Na queda ou na ascensão minha atitude vai além
> E tem disposição pro mal e pro bem
> Talvez eu seja um sádico, ou um anjo, um mágico
> Ou juiz, ou réu, um bandido do céu
> Malandro ou otário, padre sanguinário
> Franco-atirador, se for necessário
> Revolucionário, insano ou marginal
> Antigo e moderno, imortal, fronteira
> Do céu com o inferno, astral imprevisível
> Como um ataque cardíaco do verso
> Violentamente pacífico, verídico
> Vim pra sabotar seu raciocínio
> Vim pra abalar seu sistema nervoso e sanguíneo
> Pra mim ainda é pouco, Brown cachorro louco
> Número um guia, terrorista da periferia
> Uni-duni-tê eu tenho pra você
> Um rap venenoso ou uma rajada de PT

Nesse primeiro trecho, a força da ameaça proferida e a linguagem, que ora parece figurada, ora literal ("Minha palavra vale um tiro / Eu tenho muita munição"), deixam quem escuta com poucos recursos para fazer um julgamento preciso a respeito da personagem. A cor da pele é a única característica fixada, depois do verso "Eu sou bem pior do que você tá vendo", de maneira que parece complementar ao adjetivo "pior", com o significado de alguém perigoso além do que demonstra ou como um atributo ainda mais negativo, dentro de uma escala de inferioridade.

4. PRODUÇÃO DAS DESIGUALDADES

Como a identidade racial ("o preto aqui") é apresentada depois que o assalto metafórico é anunciado, coloca-se em pauta a associação do negro ao marginal. Além disso, a construção do verso indica como a personagem conta com o olhar do outro para se constituir ("você tá vendo"), de modo a quase decifrar o enigma que faz esse rap capturar o ouvinte à trama.

O embaralhamento provocado pelos versos iniciais ajuda a recriar sensações comuns quando se é tomado de assalto, como vulnerabilidade, confusão, insegurança. De fato, como pretendo demonstrar, a indeterminação parece ser buscada na construção de sentido da narrativa. Isso aparece, por exemplo, no tom de incerteza que decorre do uso do advérbio "talvez", tanto no trecho inicial cantado por Brown quanto nas rimas posteriores de Edi Rock. No primeiro caso, uma série de oposições mobiliza figuras e conceitos genéricos relacionados a moral (mal / bem), à justiça (juiz / réu), à astúcia (malandro / otário), às temporalidades (antigo / moderno), entre outros. Essas oposições apontam para classificações binárias, estanques, assim como a sugestão de que o ouvinte pode escolher, como na brincadeira infantil de "uni-duni-tê", em qual lugar vai colocar o protagonista: no de quem canta um rap venenoso ou lança uma rajada de PT.

Já nos versos de Edi Rock, as possibilidades se corporificam em indivíduos como trabalhadores (mecânico, carteiro, ambulante, advogado), estudantes pobres ("Alguém num quarto de madeira lendo à luz de vela"), atletas ("Um príncipe guerreiro que defende o gol"), além de assaltantes, ex-presidiários e detentos ("[o mano] Que enquadra o carro forte na febre com sangue nos olhos"; "Ou que procura vida nova na condicional"; "[Alguém] Ouvindo um rádio velho no fundo de uma cela"). Tal diversidade também é perceptível nos casos envolvendo "irmãos", narrados por Brown ao longo do rap.

Dessa forma, as ambiguidades, antíteses e as várias personagens negras e periféricas que aparecem na letra serviriam para embaralhar posições, desestabilizar evidências, estimular questionamentos[12]. No início do rap, o narrador enfatiza que está ali com uma missão: sabotar

---

12 Essa revisão se presta principalmente às classes médias e altas, mas também é proposta entre os próprios manos, como se percebe já nos versos dialogados entre Brown e Blue.

216

o raciocínio do ouvinte. Para isso, buscará uma solução particular, que é também uma forma de se opor, negociar e reelaborar o processo social no qual se reconhece e é reconhecido. Vale a pena iluminar esse propósito com um comentário de Mano Brown, ao refletir sobre a própria obra anos depois, em entrevista ao *Le Monde Diplomatique Brasil*:

> O que um moleque de 20 anos poderia fazer de tão mal contra o sistema, fora aquele rap? Era a arte do blefe. Eu pesava 70 quilos, não tinha dinheiro para pegar ônibus e já ameaçava o sistema. E o sistema acreditou. O que mais eu poderia ter feito? Pegar uma arma, virar assaltante e morrer rápido?[13]

Voltando à letra do rap, a intimidação levada adiante pelo MC se sustentaria por uma visão de senso comum, que reconhece a violência de maneira superficial, como uma ameaça à sociedade causada por determinado tipo de indivíduo. Uma das passagens da narrativa cantada revela o estigma da marginalidade quando o narrador é enquadrado por um PM negro. O verbo "embaçar" é utilizado com o sentido figurado de atrapalhar, mas também pode ser entendido ao pé da letra, como uma condição capaz de dificultar a visão, em especial no que diz respeito à negritude. De fato, o policial provoca dúvidas no narrador que, ao se lembrar do "neguinho", "viciado, doente, fudido, inofensivo", questiona: "Será assim que eu deveria estar?" Além disso, a imagem do PM negro se soma às contradições exploradas na narrativa, já que a personagem reproduz preconceitos, mesmo pertencendo à parcela da população discriminada.

Vale reparar como ambos os MC's constroem figuras associadas à ideia de maldade, desumanidade, anomalia. Edi Rock descreve que um "monstro" nasceu em algum lugar do Brasil; Brown explicita propósitos, características e comportamentos, como "intenção ruim"[14], "tô a fim", "sou bem pior", "não tem dó", "sádico", "sanguiná-

---

13 Mano Brown, Um sobrevivente do Inferno – Entrevista Completa, 8 jan. 2018. Disponível em: <https://www.youtube.com/watch?v=U_OsF4y4zuY>.
14 Ao considerar o contexto religioso de *Sobrevivendo no Inferno*, a "intenção ruim" traz à lembrança o provérbio popular "De boas intenções o inferno está cheio", o que justificaria, portanto, a disposição do MC.

4. PRODUÇÃO DAS DESIGUALDADES

rio", "insano"... Essas representações são mobilizadas criticamente para denunciar a visão racista que categoriza homens negros e pobres como sujeitos perigosos.

Em várias passagens do rap, o destaque dado à função do olhar é outro elemento que coloca em pauta classificações e julgamentos: "Eu sou bem pior do que você está *vendo*"; "Ontem à noite *eu vi* na beira do asfalto"; "*Ó* [olha]os cara, só o pó, pele e osso"; "*Veja* bem, ninguém é mais que ninguém / *Veja* bem, *veja* bem"; "Tem uns quinze dias atrás eu *vio* mano/ Cê tem que *vê*"; "Eu *vejo* um mano nessas condições, não dá"; "Quatro minutos se passaram e ninguém *viu*"; "pra *ver* branquinho aplaudir"; "foda é assistir a propaganda e *ver*"; "Um, dois, nem me *viu*, já sumi na neblina".

Mesmo as percepções que se formam entre os próprios manos e que são questionadas pelo MC estão baseadas em aspectos visíveis, como a aparência, com destaque para o vestuário ("De jaco de cetim, de tênis, calça jeans"; "Mó estilo, de calça Calvin Klein, tênis Puma"; "aquele moleque de touca", "sem roupa"). É interessante notar ainda a posição de vitrine ocupada pelo "preto tipo A", cujo lugar "custa caro" – afirmação que não se restringe aos sacrifícios monetários, mas indica o pertencimento a uma sociedade em que critérios de consumo são utilizados para reconhecer um indivíduo. Além das logomarcas, os apelos visuais do *status* estão no "rádio, jornal, revista e outdoor", no cinema[15], no comercial de TV, nos olhos azuis da mulher branca, na ostentação de riqueza de moças, madames, playboys.

Essa observação do cotidiano é importante, pois parece ser através dela que o MC constrói a sabedoria que lhe permite se situar no mundo e permanecer vivo. O percurso narrativo da personagem sugere como sua personalidade se transforma e se expande diante da identificação dos semelhantes ("eles são nossos irmãos também"), do reconhecimento dos diferentes (como os branquinhos do shopping ou os manos cu de burro) e com isso a individualidade vai sendo moldada ("Cada um, cada um, você se sente só").

---

15 Para além da citação à Disneylândia, chamo atenção para os versos "Enfim, o filme acabou pra você / A bala não é de festim, aqui não tem dublê", que critica a espetacularização da violência urbana.

218

QUATRO PRETOS PERIGOSOS

A tensão presente no canto de Brown soa em plena concordância com a busca de integridade do indivíduo. Impaciência ("Um, dois pra atirar"; "Mas quem sou eu para falar", "Ih, mano, outra vida, outro pique"), determinação ("Eu tô em cima", "Eu tenho uma missão e não vou parar", "Mas que nenhum filha da puta ignore a minha lei", "Eu não preciso de status nem fama"), raiva ("A fúria negra ressuscita outra vez", "É! Transforma um preto tipo A num neguinho!", "Playboy forjado de brinco, cu, trouxa") são mobilizadas para sustentar a identidade do narrador. Com esse entendimento, é possível ultrapassar a fachada da ameaça e perceber a potência do que é cantado.

Quando enfim são narrados episódios de violência urbana no rap, inversões de sentido também ocorrem. O crime é inscrito na área do MC e de seus interlocutores por meio de um latrocínio ("Tem mano que te aponta uma pistola e fala sério / Explode sua cara por um toca-fita velho"), ilustrando como moradores da periferia são ao mesmo tempo vítimas e réus do "problema da violência", favorecido pelo consumo de drogas. Já nas cenas de assalto em áreas nobres de São Paulo, outro tipo de consumo determina a prática criminal. A questão da violência é considerada então a partir de fatores como a concentração de renda, o que acaba relativizando o lugar de vítima de quem sofre um assalto.

O peso do último trecho referido pode ser sentido na própria música, quando apenas o *groove* do baixo e da bateria e a voz do MC permanecem[16]. A desigualdade social geraria figuras opostas e complementares, como o "cara que se humilha no sinal por menos de um real" e o "moleque de touca que engatilha e enfia o cano dentro da sua boca" – ambas condutas desesperadas para conseguir dinheiro. Em um devaneio furioso, o narrador se colocará no lugar do pedinte e do bandido (papéis reservados para pessoas de seu grupo social, como o PM negro já havia sugerido), para depois rejeitar essas alternativas. As notas do teclado marcam sonoramente a passagem entre a divagação e a retomada da consciência sobre si e

---

16 O intervalo é entre 7:06 e 7:33, começa com "Playboy forjado" e vai até o verso iniciado com a conjunção adversativa: "Mas não, permaneço vivo".

4. PRODUÇÃO DAS DESIGUALDADES

sobre a realidade que o cerca, e então os demais instrumentos voltam a integrar a base do rap.

Não parece à toa que a última figura apresentada pelo narrador, antes da autoafirmação que encerra a letra, seja a de um ladrão. No senso comum, ela corresponderia à concepção mais temerária em relação a um indivíduo negro e pobre – e talvez aí esteja um dos acertos do MC ao se comparar a um bandido. Além disso, as cenas de assalto retomam o ciclo iniciado nos primeiros versos do rap, rompendo-o de vez.

Em "Capítulo 4, Versículo 3", o MC, percebido pela sociedade como um marginal por sua postura, aparência e origem social, cria um meio de incorporar a transgressão que lhe é atribuída e colocá-la a favor de sua crítica. Assim, revida e contesta seu estigma de maneira "verídica", como um "efeito colateral", por meio de palavras que valem por tiros; torna-se mais perigoso do que o previsto, ao suscitar uma mudança de atitude entre os negros e os pobres; defende sua honra e a de sua comunidade, a quem se encarrega de apresentar por meio de uma ideia de coletividade, e provoca assombro e desgosto no ouvinte de outros grupos sociais que se reconhece, num primeiro momento, ameaçado, e depois, desmascarado em suas visões preconceituosas.

Inspirado em Robin Hood

A associação entre o MC e o bandido volta a aparecer na obra dos Racionais em *Nada Como um Dia Após o Outro Dia*, de 2002, agora pelo ponto de vista de Edi Rock. Já nos segundos iniciais de "Na Fé Firmão", um efeito criado a partir do som de uma sequência de ataques na caixa reproduz uma rajada de tiros. Essa variação da caixa (assemelhada ao som de tiro) irá compor a base do rap, marcando o segundo e o quarto tempo do compasso 4/4, incorporando na forma musical a ideia de transgressão.

Para criar um clima de perigo e de suspense e reforçar a mensagem da letra, são utilizados efeitos como a voz dobrada do MC, por exemplo, no verso "Som que abala, a parede estremece". A sonoplastia é explorada até o limite: o tique-taque do relógio no verso

QUATRO PRETOS PERIGOSOS

"Cronometrei o tempo só que ainda, truta, não venci"; a arma engatilhada em "Demarco meu espaço, sem aço, sem gangue"; o som da queixada, que sugere o tambor de um revólver girando em "Playboy sua frio, mauricinho não se mete"; e o disparo de uma arma em "Meu delito, um rap que atira consciência."

Mas as ameaças não convencem mesmo quando o MC anuncia o assalto: "Ra-ta-ta-tá / Mãos ao alto, é um assalto / E-D-I-R-O-C-K." Ao silenciar os demais instrumentos da base (exceto a sobra do *reverb* do teclado) e privilegiar a voz grave do rapper, cria-se uma ênfase, porém, a onomatopeia dos tiros que abre o trecho soa quase infantil[17]. Além disso, apesar de possuir os mesmos 90 bpm de "Capítulo 4, Versículo 3"[18], a música parece incitar mais ao balanço, favorecido pelo *flow* de Edi Rock e por um refrão construído em torno de um *riff* de guitarra, que intercala as três partes da letra.

Tais fatores comprometem a intimidação do ouvinte, mas talvez o objetivo do rap não seja esse, de fato. Embora na narrativa cantada existam referências a armas, tiroteios, assaltos, homicídios, tráfico de drogas, quadrilhas, as ações do bandido ao longo da letra o situam como um restaurador da justiça, cuja inspiração é o lendário Robin Hood, citado em uma rima consoante ao nome do MC ("E-D-I"). Assim, ao contrário de "Capítulo 4, Versículo 3", o delinquente aqui não corresponde a um criminoso comum, mas se aproxima do mito do "ladrão nobre", aquele que corrigiria os erros, promoveria a redistribuição social, defenderia a honra dos mais fracos, depois de ter sido ele mesmo injustiçado.

---

17 Tanto a onomatopeia da metralhadora quanto a de marcação do tempo (tique-taque) já haviam sido melhor aproveitadas em "Diário de um Detento", conforme apontou W. Garcia, Ouvindo Racionais MC's, op. cit., p. 169-170: "Imitação há, na mesma canção ["Diário de um Detento"], quando se usa a onomatopeia 'ra-ta-ta-tá' em dois sentidos, para metralhadoras e para o metrô, o que é interessante pois aproxima da morte causada por tiros a curiosidade de uma 'gente de bem, apressada, católica / Lendo o jornal, satisfeita, hipócrita / Com raiva por dentro, a caminho do centro' (rima externa toante de proparoxítonas e rima interna consoante). E imitação também há em 'Tique-taque ainda é 9h40 / O relógio na cadeia anda em câmera lenta', onomatopeia que parece se expandir, a cada dois compassos, no timbre mais agudo do acompanhamento (produzido por KL Jay, o DJ do grupo)".
18 Ver M. Segreto, *A Linguagem Cancional do Rap*, p.26.

4. PRODUÇÃO DAS DESIGUALDADES

Nesse ponto, é preciso considerar "Na Fé Firmão" em diálogo com "A Vítima", rap que o antecede em *Chora Agora* (primeiro disco do álbum duplo *Nada Como um Dia Após o Outro Dia*). Nele, Edi Rock versa sobre um acidente de carro em 14 de outubro de 1994, que o tornou réu em um processo por mais de dois anos, até a absolvição e indenização da família da vítima. Logo após a ocorrência, ele e seus parceiros seriam incriminados pelas autoridades e pela imprensa, como nesta matéria do jornal *Folha de S.Paulo*:

> Edi Rock, vocalista do Racionais MC's, o mais popular conjunto de rap brasileiro e que já vendeu cerca de 400 mil discos, se envolveu em um acidente que matou uma pessoa na marginal Pinheiros, próximo à ponte Eusébio Matoso, na madrugada de ontem.
>
> Junto com o carro de Rock vinham mais um Opala e um Passat com os outros três integrantes e os técnicos do Racionais. A polícia acredita que eles estavam participando de um "racha". [...]
>
> Segundo Rock, a Kombi, ano 72, teria fechado seu carro e estaria sem iluminação traseira. O delegado-assistente Antonio Carlos Barbosa, do 15º DP, onde o acidente foi registrado, não acredita na versão do vocalista do Racionais. "Os laudos devem desmentir essa versão", disse.
>
> Segundo a polícia, os resultados das perícias devem sair em novembro. Se elas indicarem que houve racha, os membros e os técnicos do Racionais poderão ser indiciados por homicídio e lesão corporal culposos e omissão de socorro. Rock diz que dirigia o carro a "uns 100 km/h", mas que não estava "tirando um racha". "Quem tira racha é boy."[19]

A experiência concreta de marginalização a que Edi Rock foi submetido na circunstância parece ter sido determinante para a escolha do papel do bandido heroico como personagem do rap. Na letra de "Na Fé Firmão", são evidentes as marcas pessoais (como o próprio nome soletrado), assim como intertextualidades com a narrativa cantada na faixa anterior[20], como nestes trechos:

---

19 Acidente com Racionais MC's Mata 1, *Folha de S. Paulo*, 15 out. 1994.
20 A relação entre os dois raps foi apresentada com mais detalhes em minha dissertação de mestrado, ver R.D.O. Sciré, *Ginga no Asfalto*, p. 139-144.

222

No corredor da morte, o apelo da sentença
O sol da liberdade é a verdadeira recompensa
Meu delito, um rap que atira consciência
É crime hediondo a favela de influência
Na rua eu conheço as leis e os mandamentos
Minha dívida sagrada eu carrego o juramento
[...]
Voltei, tô firmão, então, daquele jeito
Eu não sou santo, eu tenho meus defeitos
Meu homicídio é diferente
Eu sou o bem, já citei, mato o mal pela frente

Dentro dos limites dessa faceta, o MC buscaria regular e restituir sua imagem ("Eu quero resgatar tudo aquilo que eu perdi"), depois de ter acumulado aprendizados ("vou prosseguir, aprendi, *sei* jogar"). Outros versos modalizados pelo verbo "saber" ("eu *sei* muito bem o que eu quero", "eu *sei* do meu direito ninguém vai me intimar", "*sei* do meu valor quem quiser vai aprender") reforçam esse propósito, assim como um percurso de integridade da personagem, em defesa de seus valores.

O historiador Eric Hobsbawm explica que o "bandido herói" é caracterizado pela resistência ao poder opressor, imposto pela sociedade de classes, pelo capital e pelas autoridades, e também pela exaltação de princípios morais dignos de respeito e admiração, tais como a defesa de ideias de lealdade, coragem e liberdade. Essa figura é periodicamente acionada na memória popular:

> Todo mundo sabe, por experiência, o que significa ser tratado injustamente por pessoas e instituições, e os pobres, os fracos e os desvalidos sabem disso melhor do que ninguém. E na medida em que o mito do bandido representa não só liberdade, heroísmo e o sonho de justiça para todos, mas representa também, de modo mais especial, a rebelião da pessoa contra a injustiça de que é objeto (a correção de *minhas* injustiças pessoais), perdura a ideia do justiceiro pessoal, principalmente entre os que carecem das organizações coletivas que são a principal linha de defesa contra tais injustiças.[21]

---

[21] E.J. Hobsbawm, *Bandidos*, p. 220. Grifo nosso.

4. PRODUÇÃO DAS DESIGUALDADES

De fato, quando se discute a criminalidade urbana no Brasil, não é raro deparar com a teoria de que o bandido das áreas pobres seria um herói justiceiro, que roubaria dos ricos para dar aos pobres, em uma espécie de distribuição forçada de renda[22]. A idealização se desfaz quando se observa que, além da ausência de um projeto revolucionário, os criminosos atuam em mercados ilegais e ilícitos altamente lucrativos na sociedade capitalista, como o comércio de drogas, almejam bens de consumo e abusam de meios violentos, mesmo entre a própria comunidade, para manter o poder[23].

Entretanto, não se pode negar a "emergência do 'crime' como instância normativa legítima nas periferias"[24], dentro de uma dinâmica que foi se acentuando até ganhar destaque na primeira década do século XXI – mesma época do lançamento de *Nada Como um Dia Após o Outro Dia*. Pouco a pouco, grupos criminosos assumiram regras de convivência (também chamadas de "ética", "lei" ou "proceder") nas regiões mais precarizadas, sem que isso significasse deslegitimação do Estado e de suas leis, mas uma coexistência de dispositivos de ordem, acionados conforme a situação.

Contexto similar pode ser reconhecido em "Na Fé Firmão", por exemplo, no verso "Na rua eu conheço as leis e os mandamentos", que aponta para códigos próprios de conduta no universo social pelo qual o narrador transita. Em outros trechos, o equilíbrio e o cumprimento de princípios, como liberdade e lealdade, são assegurados por um exército de "vários trutas", pela proteção de guerreiros, por um "time" que não hesita.

Diante do novo jogo de forças que se desenha nos territórios das periferias, o "crime" também se torna uma instância habilitada para resguardar a paz, a justiça e outros valores morais da comunidade.

---

22 Essa visão ingênua do bandido não é compartilhada por Edi Rock, como é possível perceber a partir de alguns versos que, à primeira vista, podem soar contraditórios, mas pontuam a complexidade da questão e da personagem, por exemplo, "Quero dinheiro igual coreano e judeu", "Não me comparo a Cristo, não dou a cara pra bater", além de "Eu não sou santo, eu tenho meus defeitos", afirmação que pode ter origem na contingência do acidente, mas se expande no contexto da narrativa cantada.
23 A. Zaluar, *A Máquina e a Revolta*; M. Misse, Cinco Teses Equivocadas sobre a Criminalidade Urbana no Brasil, em *Violência e Participação Política no Rio de Janeiro*.
24 G. Feltran, Sobre Anjos e Irmãos, *Revista do Instituto de Estudos Brasileiros*, n. 56, p.51.

224

QUATRO PRETOS PERIGOSOS

A ambivalência presente neste cenário foi bem aproveitada por Edi Rock na construção do rap, a começar pela figura de um bandido que atua desarmado ("demarco meu espaço sem aço, sem gangue"), guiado por um "anjo do bem", para matar o mal que encontra pelo caminho. Em outros trechos da letra, quando o MC se diz amparado em recursos (armas) e táticas criminais (fita tomada, formação de quadrilha, homicídio), a lógica espelha também as contradições dessas formas paralelas de organização social.

Ao desmontar a visão de senso comum de que o "mundo do crime" existe num polo oposto à lei e à ordem, são gerados questionamentos que favorecem a crítica aos poderes institucionalizados. O ar de paladino do marginal reforça a contestação ao sistema judiciário, à polícia (alusão ao batalhão de choque da Polícia Militar de São Paulo, as Rondas Ostensivas Tobias de Aguiar), à política, à mídia (menções à revista *Veja*, à Rede Globo e à coluna social televisionada "Flash") e às elites.

Sem causar o mesmo impacto de "Capítulo 4, Versículo 3", o que seria difícil pelo caráter precursor do rap de Mano Brown, "Na Fé Firmão" também se apoia na metáfora do rap como uma transgressão à lei, entre outras ideias e imagens (conforme é possível comparar na tabela disponível ao final deste artigo). O verso "Tenho um revólver engatilhado dentro da mente" é o primeiro a apresentar uma imagem violenta que associa a criação de um rap ao cometimento de um crime, considerado terrível justamente pela influência que exerce sobre a favela. Além disso, o verso pode assumir o sentido de que o rapper carrega a memória de ter uma arma apontada para si – situação que transformaria o MC/bandido em vítima, operando uma inversão de sentidos que se repete em vários trechos da narrativa cantada.

Como nos processos de "sujeição criminal", em "Na Fé Firmão" a marginalidade se sobrepõe ao indivíduo, e a ilegalidade surge inscrita no pensamento (mente), no corpo (via racismo), no discurso ("O que falo é ilícito"), no comportamento do narrador, a ponto de despertar suspeitas nas forças da lei, de causar medo em playboys e "mauricinhos", de ser reprimida pela mídia. Mas o MC manipula as aparências que o associam a um bandido (assim como fez Mano Brown), transformando-as em atributos positivos, por exemplo, ao valorizar a negritude: "Uso uma blusa preta de couro puro / Se eu vazar ninguém vai me encontrar no

4. PRODUÇÃO DAS DESIGUALDADES

escuro." Assim, o rap torna-se de fato uma arma, um instrumento de defesa, que também pode ser utilizado para render a sociedade em seus preconceitos, para roubar o olhar dirigido a jovens negros periféricos.

Edi Rock parece levar adiante a discussão apontando como tal visão não recua nem mesmo diante de performances artísticas – ao contrário, elas são utilizadas para acoplar de vez a máscara da marginalidade nele e nos seus parceiros[25]. Nesse sentido, o excesso de recursos na abertura da música (comentado no início desta análise) poderia servir até para evidenciar a artificialidade, ou melhor dizendo, o trabalho de construção sonora e poética para o qual o artista chama atenção: "Escuta aqui, escuta aqui."

Em "Na Fé Firmão", são três os papéis de criminosos assumidos pelo MC: um assaltante, um traficante e um homicida. Como um benfeitor, o ladrão busca intervir na realidade dos mais pobres (favela) e resgatar reputações, atirando "consciência". Esse movimento de restauração pessoal e coletiva pode ser percebido na fixação identitária, presente na referência ao grupo ("Racionais de volta") e na exaltação de cada uma das letras que compõem o nome de Edi Rock. A repetição dos refrões também ajuda a marcar as qualidades e os valores do bandido/MC em associação ao seu bando ("Pilantra aqui não cabe, é só guerreiro no abrigo, eu digo").

Na segunda parte da letra, o narrador se torna um traficante ao comparar a música a uma droga, que possui um efeito de cura ("vacina", "antídoto") e é distribuída para sua coletividade ("pros mano e pras mina"). A apreciação do rap como um produto proibido ("Puxa, prende, solta a fumaça / Viaja no meu som que essa erva é de graça"), capaz de provocar mais danos do que substâncias como ácido ou heroína, é o que garante reconhecimento e poder ao MC/traficante ("sei meu valor, quem quiser vai aprender").

Em uma articulação inteligente, o rapper narra como aquela "nova adrenalina", ou seja, a música dos Racionais, estava sendo consumida

---

25 No mesmo ano do acidente de Edi Rock, os integrantes do grupo Racionais foram detidos e levados ao 3ºDP sob acusação de apologia ao crime e incitação à violência ao cantar a música "Homem na Estrada", durante um show no Vale do Anhangabaú, em 26 nov. 1994, que celebrava os trezentos anos de Zumbi dos Palmares. Ver Polícia Prende Grupos de Rap Durante Show, *Folha de S.Paulo*, 28 nov. 1994.

226

por todas as classes sociais ("Chega mais que tem pra todos / Não sou racista nem um tolo preconceituoso"), assim como as drogas. Tal fator provocaria um impacto tanto na escala das práticas musicais/criminais (comparadas à máfia japonesa Yakuza e ao Cartel de Drogas de Medellín) quanto no aumento da periculosidade do MC ("Eu tô trepado, armado, pente estufado"; "Cocão, uma violação do código penal / Eu sou parceiro de Ice Blue e Mano Brown / KL Jay, Vila Mazzei, é puro veneno")[26].

A violência que rege as transações no mercado de entorpecentes também é incitada para resguardar a missão assumida pelo grupo: "No nosso exército tem vários trutas / de prontidão para enquadrar filhas da puta." A continuidade desse projeto artístico dos Racionais e a relação entre as narrativas cantadas em "Na Fé Firmão" e "Capítulo 4, Versículo 3" ficam estabelecidas ainda pelo aproveitamento do sample na palavra "puta". Ele já havia sido utilizado em "Capítulo 4, Versículo 3", no trecho: "Racionais no ar, filhas da puta, pá, pá, pá"[27].

Com isso, o traficante se converte em um homicida, que de modo contraditório anuncia sua virtude por meio do delito, cometido para combater um mal genérico ("Sou o franco-atirador, meu homicídio é diferente / Eu sou o bem, mato mal pela frente"). O MC confronta esse mal, ligado à ideia de morte, com o rap, "caminho de uma vida", desvencilhando-se da figura de marginal ("Não sou o crime e nem o creme") manipulada ao longo de toda a letra.

As últimas imagens da narrativa cantada revelarão, enfim, as verdadeiras faces da marginalidade. Os versos "Nos deram a pobreza, a favela, a bola / Tráfico, tiro, morte, cadeia e um saco de cola" enumeram diferentes condições de marginalização, articuladas como elementos de um processo maior, determinado pela sociedade. Portanto, para atacar a "questão da violência" seria necessário se voltar

---

26 O reconhecimento do grupo havia crescido principalmente depois do lançamento de *Sobrevivendo no Inferno*. Estima-se que o disco vendeu mais de 1,5 milhão de cópias, ver Cosa Nostra: Sobrevivendo no Inferno, *Racionais Oficial*.

27 Por sua vez, o verso "filhas da puta, pá, pá, pá" foi retirado do rap "Eles Não Sabem Nada" do grupo M.R.N. Agradeço a Walter Garcia por indicar a origem do sample em "Capítulo 4, Versículo 3" e a Jé Oliveira por compartilhar suas impressões de escuta nos trechos dos raps destacados. Quaisquer equívocos e imprecisões que decorreram da análise feita são logicamente de minha responsabilidade.

4. PRODUÇÃO DAS DESIGUALDADES

contra essa estrutura e os poderes que a sustentam: a política, a polícia, a Justiça, a mídia e o sistema econômico, pois, de acordo com o rap, seria a concentração de renda (traduzida em símbolos como a *socialite*, a piscina, a mansão, os dólares) o que motivaria a existência de um ladrão. Afinal, longe das idealizações ao estilo Robin Hood, mas nas práticas cotidianas, é essa figura do assaltante que tem sido capaz de afrontar a "elite" brasileira, de alguma forma, servindo assim como representação de um mecanismo de intervenção na ordem vigente.

O destemor, a força e a exaltação demonstrados até o final da letra delineiam um sujeito em estado de plenitude, "firmão", em conjunção com seus princípios. Pode-se dizer então que mesmo tendo sua identidade associada a um bandido, o MC se autocelebra ("Cheguei até aqui e não posso perder / Vacilar, vou prosseguir, aprendi, sei jogar / Trinta anos se passaram, não é nenhum brinquedo / Eu tô na fé, parceiro, prossigo sem medo"), assim como acontece na narrativa de "Capítulo 4, Versículo 3" ("Mas não, permaneço vivo, prossigo a mística / Vinte e sete anos contrariando a estatística"). Apesar de não alcançar a dicção agressiva de Mano Brown, Edi Rock reivindica sua dignidade como MC. O gesto de revide está bem marcado nos *scratchs* que iniciam e encerram o rap.

Relação Entre Imagens e Ideias em "Capítulo 4, Versículo 3" e "Na Fé Firmão"

"CAPÍTULO 4, VERSÍCULO 3"	"NA FÉ FIRMÃO"
"esvazia o lugar / Eu tô em cima, eu tô a fim, um, dois pra atirar"	"Mãos ao alto, é um assalto"; "A fita foi tomada, se joga, tô envolvido"
"tenho muita munição"	"Eu tô trepado, armado, pente estufado"
"Talvez eu seja…"	"É um mistério, trago na manga um suspense"
anjo	"anjo do bem"
"Franco-atirador, se for necessário"	"Sou o franco-atirador…"
"bandido do céu"	"Inspirado na selva de Robin Hood"
"número um guia"	"falange de senzala"
"Brown cachorro louco"	"cachorro louco lá do Norte"
"minha palavra vale um tiro"	"o que eu falo é ilícito"
"vim pra sabotar seu raciocínio"	"um rap que atira consciência"
"Meu estilo é pesado e faz tremer o chão"	"Som que abala, a parede estremece"
"malandro ou otário"	"tem que ser malandro pra ficar de pé e fazer gol"
"Mas que nenhum filha da puta ignore a minha lei"	"Na rua eu conheço as leis e os mandamentos"
"rap venenoso"; "abalar o sistema nervoso e sanguíneo"; "minha palavra alivia a sua dor"	"a cura, a vacina / protótipo, antídoto, uma nova adrenalina"; "viaja no meu som que essa erva é de graça"; "Não é skank, mesclado ou haxixe / É pior que tomar ácido ou heroína, vixe"
"a profecia se fez como previsto"	"a profecia diz que o mundo tá pra acabar"
"um nove nove sete / depois de Cristo"	"século vinte e um"; "dois zero zero dois"
"apoiado por mais de 50 mil manos"	"só guerreiro no abrigo"; "no nosso exército tem vários trutas"; "o time"
Poder de destruição das drogas	Poder de cura das drogas
"neguinho"	"desertor no caminho"
"Irmão, o demônio fode tudo ao seu redor / Pelo rádio, jornal, revista e *outdoor* / Te oferece dinheiro, conversa com calma / Contamina seu caráter, rouba sua alma / Depois te joga na merda sozinho"	"Pois o mal te oferece entregar no céu numa bandeja / Depois te escracha na capa da revista *Veja*"

4. PRODUÇÃO DAS DESIGUALDADES

"CAPÍTULO 4, VERSÍCULO 3"	"NA FÉ FIRMÃO"
"rádio, jornal, revista, *outdoor*"; "comercial de TV"; "o filme acabou"; "Disneylândia"	revista *Veja*, Rede Globo, TV, programa "Flash", novela
"Que não deixa o mano aqui desandar / E nem sentar o dedo em nenhum pilantra/ Mas que nenhum filha da puta ignore a minha lei"	"Pra bala eu só vou se um pilantra me matar"; "Pilantra aqui não cabe, é só guerreiro no abrigo"; "No nosso exército tem vários trutas / De prontidão pra enquadrar filhas da puta"
"plaboy forgado"; "você e sua mina"	"playboy sua frio, mauricinho não se mete"
"Só mina de elite, balada, vários drinques"; "Foda é assistir a propaganda e ver / Não dá pra ter aquilo pra você / Playboy forgado de brinco, um trouxa / roubado dentro do carro na avenida Rebouças / correntinha das moça, as madame de bolsa/ dinheiro... não tive pai não sou herdeiro"; "aquele moleque de touca / que engatilha e enfia o cano dentro da sua boca"; "Eu não preciso de status nem fama / Seu carro e sua grana já não me seduz / E nem a sua puta de olhos azuis"	"Caviar e champagne pra quem não conhece"; "*Socialite*, piscina, dólares, mansão / Isca forte brilha olho de qualquer ladrão/ Pra quem não tem mais nada a perder/ Enquadra uma Cherokee na mira de uma PT"
"permaneço vivo / prossigo a mística / vinte e sete anos contrariando as estatísticas"	"Trinta anos se passaram, não é nenhum brinquedo"; "tô firmão/ na fé firmão"

Referências

ACIDENTE com Racionais MC's Mata 1, *Folha de S.Paulo*, 15 out. 1994, Disponível em: <https://www1.folha.uol.com.br/fsp/1994/10/15/cotidiano/26.html>. Acesso em: 9 jun. 2022.

AZEVEDO, Amailton Magno; SILVA, Salomão Jovino da. Um Raio x do Movimento Hip--Hop. *Revista da Associação Brasileira de Pesquisadores/as Negros/as* (ABPN), v. 7, n. 15, nov. 2014/ fev. 2015.

COSA NOSTRA: Sobrevivendo no Inferno, *Racionais Oficial*, Disponível em: <http://www.racionaisoficial.com.br/timeline/?p=527>. Acesso em: 15 jun 2022.

FELTRAN, Gabriel. Trabalhadores e Bandidos: Categorias de Nomeação, Significados Políticos. *Temáticas*, Campinas, SP, v. 15, n. 30, 2007. Disponível em: <https://econtents.bc.unicamp.br/inpec/index.php/tematicas/article/view/13649>. Acesso em: 9 ago. 2021.

_____. Sobre Anjos e Irmãos: Cinquenta Anos de Expressão Política do "Crime" numa Tradição Musical das Periferias. *Revista do Instituto de Estudos Brasileiros*, n. 56,

2013. Disponível em: <https://www.revistas.usp.br/rieb/article/view/68768>. Acesso em: 7 ago. 2021.

GARCIA, Walter. Ouvindo Racionais MC's. *Teresa: Revista de Literatura Brasileira.* São Paulo, n. 4/ 5, DLCV/FFLCH/USP, Editora 34, 2003 (http://dx.doi.org/10.11606/issn.2447-8997.teresa.2003.116377).

HOBSBAWM, Eric John. *Bandidos.* Trad. Donaldson M. Garschagen. São Paulo: Paz e Terra, 2010.

MANO BROWN, Um Sobrevivente do Inferno – Entrevista Completa, entrevista publicada em 8 jan. 2018. Disponível em: <https://www.youtube.com/watch?v=U_OsF4y4zuY>. Acesso em: 15 jun. 2022.

MISSE, Michel. *Malandros,Marginais e Vagabundos & a Acumulação Social da Violência no Rio de Janeiro.* Tese (Doutorado em Sociologia), IUPERJ/UCAM, Rio de Janeiro, 1999.

_____. Cinco Teses Equivocadas Sobre a Criminalidade Urbana no Brasil. In: *Violência e Participação Política no Rio de Janeiro.* Rio de Janeiro: IUPERJ, 1995, Série Estudos, 91.

POLÍCIA Prende Grupos de Rap durante Show, *Folha de S.Paulo,* 28 nov. 1994. Disponível em: <https://www1.folha.uol.com.br/fsp/1994/11/28/brasil/23.html>. Acesso em: 9 jun 2022.

ROSE, Tricia. Um Estilo que Ninguém Segura: Política, Estilo e a Cidade Pós-Industrial no Hip Hop. In: HERSCHMAN, Micael (org.), *Abalando os Anos 90: Funk e Hip Hop, Globalização, Violência e Estilo Cultural.* Rio de Janeiro: Rocco, 1997.

SCIRÉ, Rachel D'Ipolitto de Oliveira. *Ginga no Asfalto: Figuras de Marginalidade nos Sambas de Germano Mathias e nos Raps do Racionais MC's.* Dissertação (Mestrado em Culturas e Identidades Brasileiras), USP, São Paulo, 2019.

SEGRETO, Marcelo. *A Linguagem Cancional do Rap.* Dissertação (Mestrado em Linguística), USP, São Paulo, 2015.

ZALUAR, Alba. *A Máquina e a Revolta: As Organizações Populares e o Significado da Pobreza.* 2. ed. São Paulo: Brasiliense, 2000.

Trabalho e Periferia na Obra do Racionais MC's[1]

Tiaraju Pablo D'Andrea

[1] Os argumentos centrais deste artigo foram desenvolvidos a partir da tese de doutorado do autor, intitulada "A Formação dos Sujeitos Periféricos: Cultura e Política na Periferia de São Paulo", defendida no Departamento de Sociologia da Universidade de São Paulo no ano de 2013.

A Década de 1990 e o Neoliberalismo

A implementação do neoliberalismo no Brasil na década de 1990 teve como principais premissas a diminuição do papel do Estado e uma reestruturação na esfera da produção econômica.

A "desestatização" (nome técnico dado pelo governo Fernando Henrique Cardoso às privatizações) provocou a venda de uma série de empresas estatais com a resultante precarização dos serviços públicos. Em sintonia com as premissas neoliberais, a prefeitura de São Paulo comandada por Paulo Maluf (1993-1996) e Celso Pitta (1997-2000) também operou no sentido de privatizar, terceirizar e precarizar. Mais dependente da ação do Estado, a população moradora das periferias da cidade foi a principal atingida.

No âmbito da produção econômica, a reestruturação produtiva imposta pela fase neoliberal do capitalismo em nível mundial atacava em cheio o modelo de sociedade salarial em voga até então. No Brasil, o processo de desindustrialização, somado ao desmonte do Estado, produziu uma massa de desempregados, subempregados e trabalhadores informais. Entrelaçado com o avanço do neoliberalismo, a Queda do Muro de Berlim em 1989 fez o ideário socialista entrar em crise em nível mundial. No Brasil, a crise dos partidos de esquerda, dos movimentos populares e dos sindicatos era uma expressão visível de uma crise mais profunda: a da classe

4. PRODUÇÃO DAS DESIGUALDADES

trabalhadora brasileira, que se fragilizava nos planos organizativo, político e ideológico.

O objetivo principal deste artigo é apresentar algumas maneiras como o mundo do trabalho foi retratado como temática na obra do grupo Racionais MC's, problematizando fundamentalmente a relativa ausência do tema. Em um segundo momento, o texto fará apontamentos sobre a tematização da cidade, voltando-se mais especificamente para os seus espaços periféricos.

O Mundo do Trabalho e o Negro Brasileiro: Uma Relação Complexa

Maior expressão da música brasileira nos últimos trinta anos, a obra do Racionais MC's é vasta e potente: colocou em outro patamar a luta contra o racismo no Brasil; fundou uma nova forma de as periferias urbanas se compreenderem; denunciou a desigualdade social e a violência policial, dentre outros legados[2]. No entanto, se a crítica foi o ponto basilar da obra do grupo, abordando a realidade brasileira sob distintos aspectos, o mundo do trabalho parece ser o grande ausente de sua vasta obra. São escassas as referências sobre a questão nas letras do grupo. No entanto, este artigo tentará compreender essa complexa relação sob o âmbito da *recusa*, e não do *esquecimento*.

Na teoria marxiana, o trabalho é entendido fundamentalmente como *ato criador*. Essa capacidade de pensar e planejar a transformação da natureza realizada por meio do trabalho diferenciaria o ser humano dos animais. Assim sendo, a humanidade da mulher e do homem se fundaria ontologicamente por essa referida compreensão do que seja *trabalho*. No entanto, a própria teoria marxiana aponta

---

2 Uma análise de 68 letras de raps do grupo Racionais MC's procurou observar quais eram as temáticas principais. O resultado é o que segue: reflexividade/olhar sobre a própria trajetória pessoal e/ou artística:18 letras; narrativas da vida na periferia/descrições do cotidiano da periferia: 17 letras; narrativas da vida no crime/trajetórias bandidas: 15 letras;convite à ação/fortalecimento subjetivo/orgulho da própria condição: 7 letras; crítica à sociedade/crítica às elites/crítica aos boys: 7 letras; denúncia ao racismo/consciência negra: 7 letras; relação homem/mulher: 7 letras. A temática da experiência do racismo atravessa a grande maioria das letras do grupo, conformando-se como principal tema e perpassando e embasando todos os demais.

234

que, no capitalismo, o trabalho tornou-se seu negativo, porque impede a criatividade e a emancipação dele constitutivas, estabelecendo relações que alienam e exploram o indivíduo, bem como a apropriação privada dos meios de produção e da riqueza socialmente produzida. Em Marx, essas duas concepções de trabalho coexistem[3].

No contexto brasileiro, algumas construções discursivas relacionadas ao mundo do trabalho se forjaram com o passar do tempo.

Certamente, uma dada *ideologia do trabalho* se impôs como hegemônica, operada historicamente pela burguesia e com forte matiz religioso. A construção histórica da crença nesse discurso exigiu cimentos seculares de repressão, tijolos de coerção e toneladas de resignação. A inescapável necessidade havia se transformado em virtude. Nessa matriz, o trabalho se converteu em uma questão moral, um valor, e se transformou em sinônimo de retidão e caráter. Grande parte da população, fundamentalmente a mais pobre, foi convencida disso.

Outra matriz foi a defendida por parte da esquerda, fundamentalmente por seus setores compostos de trabalhadoras e trabalhadores organizados, por meio de sindicatos. A estes coube a tarefa histórica de lutar por salários e condições de trabalho melhores. *Grosso modo*, essa matriz de pensamento compreende e denuncia a exploração no mundo do trabalho organizado em moldes capitalistas. No entanto, também guarda o trabalho como possibilidade de emancipação humana e política, e aposta no trabalhador como sendo o sujeito revolucionário, precisamente aquele empregado e organizado. Esta aposta no trabalho gerou apontamentos. Um dos autores que dialogaram criticamente com essa tradição foi Robert Kurz e o grupo Krisis[4]. No caso brasileiro, cabe citar Douglas Rodrigues Barros, que critica um recorrente *misticismo do trabalho libertador*[5].

Uma terceira matriz que constituiu um imaginário sobre o trabalho conceitua-se aqui como *recusa*, não entendida como misticismo, postura acrítica ou mera preguiça, mas como escolha racional em

---

3 Ver K. Marx, *O Capital*, v. 1; idem, *Manuscritos Econômicos Filosóficos*; idem, *A Ideologia Alemã*.
4 Ver GRUPO KRISIS, *Manifesto Contra o Trabalho*.
5 Ver D.R. Barros, *Lugar de Negro, Lugar de Branco?*

4. PRODUÇÃO DAS DESIGUALDADES

condições históricas concretas. É nessa matriz que, para este artigo, se encontra a obra do Racionais MC's.

Ao menos duas condições embasaram essa recusa: a da complexa e contraditória relação entre o negro brasileiro e o trabalho formal e o contexto histórico específico da década de 1990. A seguir, serão tratadas em maior detalhamento essas duas condições.

A escravidão como base do sistema econômico no Brasil perdurou oficialmente por mais de três séculos. Negras e negros sequestrados no continente africano e seus descendentes, assim como os povos originários, foram obrigados a sujeitar seus corpos para a produção de excedente e de riqueza para as metrópoles europeias[6]. Cabe ressaltar que esse processo não ocorreu sem resistência[7].

As estruturas sociais, raciais e econômicas erguidas sob a égide da escravidão perduram até hoje em nossa sociedade mesmo após mais de um século de abolição oficial. Vivemos em uma sociedade com forte raiz escravocrata e senhorial, sistema que deixou marcas nos corpos, na psique, nas memórias e nas condições sociais da negra e do negro brasileiro. Em termos thompsonianos[8], ao existirem interesses comuns contra os mesmos antagônicos nas diversas organizações políticas e rebeliões organizadas por negros e índios escravizados antes da industrialização no Brasil, pode-se afirmar que o germe da classe trabalhadora brasileira se encontra nesses processos coletivos.

Com a industrialização instituída desde o final do século XIX e até meados do século XX, a ampliação do sistema produtivo e consequentemente da classe trabalhadora brasileira, a população negra foi a última a ser incorporada em processos formais de trabalho. Se uma pequena parcela ascendeu por meio do acesso aos estudos e outra foi incorporada no funcionalismo público ou no operariado industrial, a maioria da população negra teve que se equilibrar em uma série de ofícios dos mais aos menos legitimados socialmente: sapateiros, artesãos, pedreiros, lavadeiras, cozinheiras, domésticas, quituteiras, vendedores ambulantes, dentre outros

---

6 Ver J. Gorender, *O Escravismo Colonial.*
7 Ver C. Moura, *Rebeliões da Senzala.*
8 Ver E. Thompson, *Costumes em Comum.*

ofícios[9], configurando um proletariado fundamentalmente urbano, morador dos espaços mais empobrecidos das cidades e alvo preferencial da repressão.

Como notou Florestan Fernandes[10], nos momentos em que o capitalismo amplia sua produção e a economia cresce, aumentam-se os postos de emprego, incorporando negras e negros para o mercado de trabalho. No entanto, nos momentos de crise, de retração ou de reestruturação produtiva, com o decorrente aumento do número de desempregados, a população negra é a primeira a ser expulsa do mercado formal.

Se a memória histórica da negra e do negro brasileiro, ao pensar o trabalho, necessariamente passava pela experiência da escravidão, da exploração, da humilhação e da exclusão, a década de 1990 apresentou novos matizes para o problema. O que se verificava naquele momento histórico era um alto índice de desempregados e de subempregados e um aumento dramático da pobreza e do genocídio contra moradores das periferias, fundamentalmente o jovem negro. A experiência da exploração somada à experiência do desemprego fez aos poucos ruírem as promessas do mundo do trabalho e seus possíveis benefícios. Não se verificava também ser mais possível a ascensão social e muito mais distante ainda estava a emancipação da classe por meio do trabalho. Se o trabalho formal tinha sido historicamente uma porta entreaberta, nos 1990 ela se fechava jogando muita gente pra fora. A corrosão do mundo do trabalho diminuía as possibilidades de acesso a recursos, e os horizontes da juventude pobre naquele momento eram a entrada para o crime, a criação artística, a dependência de programas sociais e os empreendimentos econômicos individuais.

É a partir da memória histórica da escravidão e do contexto específico da década de 1990 nas periferias de São Paulo que os

---

9 Em 1914 a cidade de São Paulo possuía 375 mil habitantes, dos quais 40 mil pessoas (principalmente mulheres) trabalhavam em serviços domésticos. Dentre os serviços domésticos mais solicitados, estavam "criados para todo serviço", amas de leite e cozinheiras. Este último posto era ocupado em 85% por mulheres brasileiras negras, ver P.F. Almeida, Trabalho Doméstico; S.A. Santos, *Senhoras e Criadas no Espaço Doméstico (1875-1928)*.

10 Em *A Integração do Negro na Sociedade de Classes*.

4. PRODUÇÃO DAS DESIGUALDADES

Racionais MC's operam sua recusa ao trabalho formal e ao imaginário do trabalho.

É interessante notar que esse posicionamento também ocorreu em outros momentos da história e fora do Brasil. Citando o livro *Policing the Crisis: Mugging, the State, and Law and Order*, de Stuart Hall e outros intelectuais, o intelectual paquistanês-estadunidense Asad Haider apresenta o cenário do Reino Unido no final da década de 1970, quando ocorreu um processo muito semelhante ao de São Paulo na década de 1990. Citando Hall, Haider aponta como a desestruturação do Estado de bem-estar social operante naquele país desde o final da Segunda Guerra Mundial aumentou os conflitos entre trabalhadores e capitalistas e deu margem a que discursos xenófobos culpassem imigrantes pela crise, dentre outros desdobramentos. Havia um clima de tensão no ar. O aumento do desemprego e a precarização dos serviços públicos atingiram em cheio a população negra. A resposta principal do governo para desviar a atenção da sociedade foi incentivar a repressão policial sobre os bairros negros e criar um consenso repressivo por meio de programas de televisão com ênfase no crime. Policiar a crise era policiar os negros[11].

Os autores percebem mudanças na subjetividade dos jovens negros, alijados da possibilidade objetiva de organização política no chão da fábrica. Uma das ações políticas mais contundentes foi a recusa ao trabalho. Cabe citar uma elucidativa passagem:

> Baseado na autonomia e ação dos grupos negros em luta, sendo a crescente "recusa do trabalho" dos negros desempregados o fenômeno mais significativo dessa luta. Os altos índices de desemprego na juventude negra são aqui reinterpretados como parte de uma "recusa ao trabalho" consciente e política. Essa recusa ao trabalho é crucial, uma vez que atinge o capital. Significa que esse setor da classe se recusa a entrar na competição com aqueles que já estão no trabalho produtivo.[12]

No contexto brasileiro da década de 1990, os dilemas relacionados à recusa do mundo do trabalho, à entrada na criminalidade ou à

---

11 S. Hall apud A. Haider, *Armadilha da Identidade*.
12 Ibidem, p. 122.

luta para serem artistas não foram inventados pelo Racionais MC's. Com maior ênfase em um ou outro tema, o grupo soube expressar dilemas que corriam pelas periferias e que, para além das encruzilhadas subjetivas, se colocavam como quebra-cabeças de toda uma geração. A falta de representação do trabalho na obra do Racionais MC's decerto é fruto de escolhas do grupo, mas inegavelmente reproduz um imaginário social que se impôs nas periferias a partir de uma situação concreta[13].

O Trabalho na Obra do Racionais MC's

Como já apontado, são raras as vezes em que o trabalho é mencionado nas letras do grupo, expressando uma crise do imaginário que envolve o trabalho e o trabalhador. Em seu lugar, surgem o rapper ou o bandido. O cenário: as periferias de São Paulo. Na sequência serão apresentados alguns exemplos.

No rap "Eu Sou 157", um traficante conta sua história, revelando as razões que o fizeram entrar para o tráfico de drogas. O rap narra também diversas situações da periferia paulistana, mais precisamente aquelas relacionadas às drogas e ao crime.

Em dado momento, a letra aponta que o traficante deixa mulheres e policiais ouriçados para saber quem guia um carro bonito e caro, no caso, um Gol GTI conduzido pelo traficante. Nesse momento da letra, uma voz distinta, denotando ser a de um parceiro do traficante, o avisa para que tome cuidado com a ostentação em um lugar tão pobre. Isso poderia ter como desdobramento a delação por

---

[13] Seguem dois exemplos de recusa ao trabalho presente nas narrativas de jovens negros, moradores da quebrada de origem do autor deste artigo e seus amigos. O primeiro amigo, com vida laboral instável, oscilando entre o trabalho com carteira assinada, bicos e longos períodos de desemprego, afirmou "quanto mais eu trabalho mais desconfio da categoria trabalhador. O trabalho no Brasil é exploração, e os pobres e os trabalhadores devem parar de se autoidentificar ao redor do mundo do trabalho. Por mais que muitos digam que não, o trabalho ainda é algo estruturante nas relações. Aqui na periferia, qualquer pessoa, depois de te dizer: 'Oi, tudo bem?', pergunta se você está trabalhando. Isso me irrita". O segundo amigo, sambista, cuja renda era adquirida de maneira intermitente por meio de apresentações musicais, repetia sempre uma frase lapidar: "trabalhar pra quê? Dar dinheiro pro governo?"

4. PRODUÇÃO DAS DESIGUALDADES

parte de uma senhora (tiazinha) que, cansada de ter trabalhado por trinta anos e andar a pé, "caguetaria" o traficante que, com muito menos esforço, conseguiu adquirir um automóvel caro e o ostentava pela favela.

Fica evidente na passagem a tensão entre os dois mundos. De um lado, a honestidade e a retidão de uma vida dedicada ao trabalho. No entanto, essa vida socialmente digna não trouxe maiores benefícios. A senhora passou trinta anos trabalhando, sendo explorada e ganhando pouco. Tal situação teria gerado uma revolta na cabeça da senhora, que poderia fazer uma reflexão comumente feita por moradoras e moradores da periferia: "Trabalhei tanto na vida e não consegui nada. Esses moleques passam o dia inteiro vendendo droga e andam de carrão pra cima e pra baixo."

Certamente, o traficante conhecia as experiências de vida dos mais velhos e verificou que a inserção no mundo do trabalho servia para enriquecer aos demais e não revertia em maiores ganhos para o trabalhador que, no final das contas, se transformava em um "otário".

Por fim, de maneira surpreendente, o traficante se defende. Ao se referir à tiazinha, explica que o sofrimento dela não é causado por ele, traficante, mas pelo governo e suas políticas que pouco atendem à população trabalhadora. O traficante desloca o foco da análise e sugere que a tiazinha se revolte contra o governo, não contra ele. Segue abaixo o excerto do rap "Eu Sou 157" aqui apresentado:

> Eu vejo os ganso descer,
> E as cachorra subir
> Os dois peida,
> Pra vê,
> Quem guia o GTI,
>
> Mas também né João,
> Sem fingi,
> Sem dá pano,
> É Boca de Favela,
> Hô,
> Vamo e convenhamo,
> Tiazinha,

> Trabaia trinta ano,
> E anda a pé,
> As vez cagueta de revolta né?
>
> Que,
> Né nada disso não,
> Ce tá nessa?
> Revolta com o governo,
> Não comigo,
> As conversa!?

A tensão existente entre moradores e bandidos também aparece no rap "Periferia É Periferia (Em Qualquer Lugar)", de Edi Rock, lançado em 1997. Nesse rap, um trabalhador de um bairro periférico se vinga de um bandido que roubou seu salário. A letra expõe conflitos internos às periferias e seus desfechos violentos. Nota-se também o fortalecimento do trabalhador, que passa de *escravo urbano simples nordestino* à posição de vingador, dono de seu destino. Segue abaixo o excerto em questão:

> Mano, que treta, mano! Mó treta, você viu?
> Roubaram o dinheiro daquele tio!
> Que se esforça sol a sol, sem descansar!
> Nossa Senhora o ilumine, nada vai faltar.
> É uma pena. Um mês inteiro de trabalho.
> Jogado tudo dentro de um cachimbo, caralho!
> O ódio toma conta de um trabalhador,
> Escravo urbano.
> Um simples nordestino.
> Comprou uma arma pra se autodefender.
> Quer encontrar
> O vagabundo, desta vez não vai ter
> [...]
> A revolta deixa o homem de paz imprevisível.
> Com sangue no olho, impiedoso e muito mais.
> Com sede de vingança e prevenido.
> Com ferro na cinta
> Acorda na madrugada de quinta.

4. PRODUÇÃO DAS DESIGUALDADES

> Um pilantra andando no quintal.
> Tentando, roubando as roupas do varal.
> Olha só como é o destino, inevitável!
> O fim de vagabundo, é lamentável!
> Aquele puto que roubou ele outro dia
> Amanheceu cheio de tiro, ele pedia!

A passagem da posição de trabalhador submisso para a de criminoso fortalecido subjetivamente também está presente em outra passagem do rap "Eu Sou 157". Nela, o traficante reflete sobre sua própria história e condição. Lembra a figura da mãe e pede perdão a ela por ter perdido a inocência da infância. Hoje, o traficante está em outro mundo. Mundo em que entrou, inclusive, pra ver a mãe parar de sofrer. O traficante jura que um dia provará à sua mãe que essa escolha, causadora de grande decepção aos familiares, não foi em vão. Por fim, o traficante arremata: é preferível enfrentar todo esse mundo de riscos, incertezas e decepções ao redor a seguir cumprindo "ordem de bacana".

Novamente fica evidente a tensão entre o mundo do crime e o mundo do trabalho. Mesmo com toda a problemática advinda pela entrada no tráfico de drogas, esse indivíduo parece ser resoluto na decisão de não mais voltar ao mundo do trabalho. Além de ser obrigado a cumprir ordens, se colocando numa posição subalterna, essas ordens viriam de um "bacana", alguém com "grana", que possivelmente vilipendiaria da condição social do favelado. Aos poucos, e por uma série de motivos, as promessas do mundo do trabalho ruíam. Segue abaixo o excerto do rap "Eu Sou 157" que se acaba de problematizar.

> Enquanto eu viver,
> A senhora nunca mais sofre
> [...]
> Me perdoe,
> Me perdoe mãe,
> Se eu não tenho mais
> O olhar que um dia
> Foi te agradar,
> Com um cartaz,
> Escrito assim,

TRABALHO E PERIFERIA NA OBRA DO RACIONAIS MC'S

12 de maio,
Em marrom,
Um coração azul e branco,
Em papel crepom,

Seu mundo era bom,
Pena que hoje em dia,
Só encontro,
No seu álbum de fotografia,

Eu juro que vou te provar,
Que não foi em vão,
Mas cumprir ordem de bacana,
Não dá mais não...

O rap "Otus 500", de 2002, segue uma linha parecida. Novamente a citação a um bandido que *cansou*. Se no excerto acima trabalhado o cansaço está diretamente referido ao mundo do trabalho, no caso deste rap essa alusão fica sugerida, mas não explicitada. Neste caso, o indivíduo *cansou de ser ingênuo, humilde e pacato*, características que podem se referir a rapaz pobre, passivo, bonzinho, mas também ao já referido trabalhador que busca ganhar sua vida de maneira digna, mas sendo enganado e submisso ao patrão.

Em uma interpretação ou outra, fica explícito o cansaço, ou o fim de uma postura diante do mundo que induzia o pobre à submissão, à aceitação das regras, à humildade, à dignidade, ao vencer na vida pelo trabalho e pelo esforço. O fim do pobre bonzinho pressupunha também o fim de uma ética submissa ligada ao mundo do trabalho. O fim desse pobre bonzinho também se refere à busca por *potência* por parte da população periférica, potência que pode ser expressa de variadas maneiras, seja pelo uso ou ameaça da violência, seja pela capacidade de consumo e ostentação, seja pela demonstração de criatividade artística, seja pela organização e potencial político. Segue na sequência o excerto discutido do rap "Otus 500":

É doutor, seu Titanic afundou
Quem ontem era a caça

4. PRODUÇÃO DAS DESIGUALDADES

> Hoje, pá, é o predador
> Que cansou de ser o ingênuo, humilde e pacato
> Empapuçou virou bandido e não deixa barato

Por fim, como último exemplo, cita-se aqui passagem famosa do rap "Vida Loka Parte II". Esse rap retrata como poucos a experiência da pobreza material, da carência e da humilhação. A letra, permeada de referências bíblicas, fala de Dimas, o primeiro *vidaloka* da história. Dimas, que também teria passado pela experiência da carência e da vergonha, virou bandido, ganhou muito dinheiro, ostentou e morreu. Uma história possivelmente comum. Quando para pra pensar, após sua morte, reflete sobre a trajetória bandida.

> Tempo pra pensar,
> Quer parar?
> Que cequé?
> Viver pouco como um Rei,
> ou muito como um Zé?

Eis a síntese. Eis o dilema de toda uma geração: viver pouco como um rei, em meio ao luxo, à ostentação, à posse de bens, com respeito dos parceiros e mulheres ao redor, ainda que essa vida seja arriscada e dure pouco, ou muito como um "Zé", ou seja, durar bastante tempo nesta vida como um Zé Mané, um João Ninguém, um desconhecido sem nenhuma relevância para o mundo social que o circunda.

As poucas referências encontradas na obra do Racionais MC's com relação ao mundo do trabalho fazem parte de uma recusa a uma estrutura social que nunca favoreceu o trabalhador, seja ele empregado, seja ele desempregado. A obra do grupo tem uma postura *ético-normativa*, sendo permeada de conselhos: estude, não entre pro crime, não entre nas drogas, descanse seu gatilho, estude, "faz o certo, faz a sua". Em nenhuma passagem de sua vasta obra o grupo aconselha o trabalho como meio para qualquer coisa.

Apesar do silenciamento, o mundo do trabalho segue existindo, reconfigurado e com maior precarização. A obra do Racionais MC's é uma potente representação da vida nas periferias e das condições objetivas e subjetivas do negro brasileiro. Todavia, não deixa de ser

TRABALHO E PERIFERIA NA OBRA DO RACIONAIS MC'S

uma representação. A recusa ao trabalho como escolha consciente e política, fato que derivou na pouca citação do mundo do trabalho em sua obra, também teve como desdobramento a baixa visibilização do debate sobre a exploração da negra e do negro no mundo do trabalho, seja ele formal, informal ou precário.

Em termos macro-históricos, a obra do Racionais MC's já sinalizava a crise organizativa e teórica da classe trabalhadora que aos poucos se transformava em classe trabalhadora *precarizada*. A aposta política dos Racionais não é na organização no chão da fábrica, mas no local de moradia.

De Trabalhador a Periférico

Vários autores apontam como em dado momento histórico, entre o final da década de 1980 e o começo da década de 1990, houve uma passagem da preponderância do debate sobre o local de trabalho para a preponderância do debate sobre o local de moradia. Esse debate ocorreu em várias partes do mundo. Os sociólogos franceses Stéphane Beaud e Michel Pialoux notam essa passagem como sendo do trabalhador ao imigrante[14]. Muito próximo no argumento, o franco-uruguaio Denis Merklen apontou essa passagem como sendo do trabalhador ao morador[15]. No Brasil, José de Souza Martins apresenta o argumento de que a descoberta de "singularidades etárias e étnicas", juntamente com a recusa da categoria "trabalhador"[16], fez com que a nova geração tenha substituído a categoria trabalhador pela categoria morador de um lugar com carências infraestruturais de nome "periferia".

Este artigo defende o argumento de que as formas de acumulação mudaram, criando maneiras ainda mais concentradoras de riqueza e com níveis ainda mais altos de exploração. Mesmo em crise teórica e organizativa, a classe trabalhadora segue existindo, ainda que suas formas organizativas não ocorram necessariamente no ambiente de trabalho, assim como sua consciência de classe não

---

14 Ver S. Beaud; M. Pialoux, *Retorno à Condição Operária*.
15 Ver D. Merklen, *Pourquoi Brûle-t-on des bibliothèques?*
16 Ver J.S. Martins, Depoimento, *Espaço & Debates*, n. 42.

4. PRODUÇÃO DAS DESIGUALDADES

se faz obrigatoriamente por experiências nos espaços de produção. Assim sendo, serão apresentadas algumas pistas de por que o imaginário do trabalho foi aos poucos perdendo força e por que o imaginário urbano, por meio do termo "periférico", foi aos poucos ganhando força.

Periférico expressa uma desigualdade urbana. Trabalhador não expressa, necessariamente, uma desigualdade urbana.

Periférico expressa uma questão geográfica. Trabalhador não expressa, necessariamente, uma questão geográfica.

Periférico indica uma experiência urbana mais palpável. A oposição bairros ricos *versus* bairros pobres é mais fácil de ser vista, narrada e descrita. Na experiência laboral a oposição capital *versus* trabalho é mais difícil de ser vista, narrada e descrita.

A vivência no bairro engloba mais aspectos da vida, gerando mais sociabilidade. A vivência no trabalho engloba menos aspectos da vida, gerando menos sociabilidade.

Como modo de vida, a vivência no bairro passou a ser mais explícita. Como modo de vida, a vivência no trabalho passou a ser menos explícita.

Periférico guarda em si uma potência, mais facilmente positivável que trabalhador. Trabalhador passa por uma crise de legitimidade, principalmente entre os jovens. É um otário que é explorado, que não ascende socialmente e que é honesto com quem é desonesto.

Periférico engloba desempregados. Trabalhador não engloba necessariamente a massa desempregada, que não se reconhece como trabalhadora.

Periférico faz parte da busca por um termo que expresse a dimensão urbana das desigualdades sociais que não estão tão explícitas na categoria trabalhador.

A obra do Racionais MC's parece salientar essa transição no imaginário popular. Nela, a periferia é muito mais narrada e descrita do que o mundo do trabalho. A partir desse ponto, o texto analisará algumas representações do grupo sobre cidade e periferia.

Cidade e periferia na obra do Racionais MC's

Na obra do Racionais MC's, a periferia é tema onipresente. Seus espaços empobrecidos são os cenários onde ocorre a imensa maioria das situações narradas: a violência policial, o racismo, a vida no crime, as tretas, os modos de vida, as personagens, dentre outras histórias. Visibilizar os espaços periféricos no contexto genocida da década de 1990 tinha várias funções: denunciar o genocídio perpetrado fundamentalmente contra o jovem negro morador das periferias; denunciar a violência policial; romper com processos de estigmatização levados a cabo pela burguesia e pelos programas policiais televisivos; romper com a invisibilidade das periferias; mostrar que sua população possui potenciais, dentre outras.

A obra do grupo foi de suma importância para a consolidação de um dado significado para o termo "periferia"[17]. De fato, como o termo buscava expressar a dimensão urbana das desigualdades, este artigo busca entender, ainda que brevemente, qual cidade aparece na obra do grupo e como aparece. Em grandes traços, pode-se elencar três características principais desse urbano que emerge da obra do grupo:

1. A cidade/sociedade está dividida.
2. A cidade/sociedade é confusa/caótica.
3. Os moradores da periferia possuem maiores possibilidades de superar a confusão/caos instalada na cidade/sociedade.

A seguir, será visto como cada uma dessas três representações do urbano surge na obra do Racionais MC's.

---

[17] Neste artigo seguimos utilizando "periferia" como termo. A transformação dele em conceito foi realizada posteriormente por sujeitas e sujeitos periféricos ligados a coletivos culturais e que acederam à universidade. Sobre o processo histórico de transformação do termo periferia em conceito, sugere-se a leitura de T.P. D'Andrea, Contribuições Para a Definição dos Conceitos Periferia e Sujeitas e Sujeitos Periféricos, *Novos Estudos Cebrap*, n. 39.

4. PRODUÇÃO DAS DESIGUALDADES

A Cidade/Sociedade Está Dividida

Na obra do grupo, há uma marcada divisão espacial da cidade, representada por um *nós* e um *eles*, o local de moradia dos manos e o local de moradia dos boys. Essa questão estava evidente no rap "Hey Boy", de 1990, mas aparece de maneira mais evidenciada em "Da Ponte pra Cá", de 2002. De fato, a obra do Racionais MC's é repleta de oposições binárias. No entanto, isso não impede a busca por uma visão totalizante da cidade/sociedade, discorrendo sobre "os dois lados".

A Cidade É Confusa/Caótica

A totalidade urbana se divide em bairro de elite e periferia. Entretanto, ambos os polos estão presos a uma totalidade dominada pelo *caos*, tanto os ricos quanto os pobres. Ou seja, a sociedade, muitas vezes expressa na cidade, é um caos. A síntese dessa totalidade caótica pode ser resumida na primeira faixa de *Sobrevivendo no Inferno*, cujo nome, espécie de introdução ao disco, é sintomático: "Gênesis". Diz a letra:

> Deus fez o mar,
> as águas,
> as crianças,
> o amor.
> O homem criou a favela,
> o crack,
> a trairagem,
> as arma,
> as bebida,
> as puta.
> Eu? Eu tenho uma Bíblia veia,
> uma pistola automática
> e um sentimento de revolta.
> Eu tô tentando sobreviver no inferno

Na letra, a oposição binária cidade/sociedade é uma totalidade dominada pelo caos, uma espécie de inferno onde se tenta sobreviver armado de uma *Bíblia* e uma pistola. Mesmo que sejam os bairros periféricos o principal cenário das letras do grupo, um olhar atento acabará por observar que os problemas narrados na "periferia" ocorrem nessa parte da cidade, porque esta é receptora de um modo de vida oriundo da parte rica, e acaba fazendo o jogo manipulador desta. Os elementos incorporados pela periferia de um modo de vida, em princípio, alheio a ela, seriam o individualismo e a ambição. Em paralelo a isso, a violência e a pobreza que se verificam na periferia seriam marcas constitutivas dela, mas desdobramentos de um sistema social desigual que acomete a cidade/sociedade como um todo.

Os Moradores da Periferia Possuem Maiores Possibilidades de Superar a Confusão/Caos Instalada na Cidade/Sociedade

Até este ponto, pôde-se observar duas características da cidade na obra dos Racionais: a primeira é a de que a cidade representa e expressa um caráter binário da sociedade. A segunda é que essa cidade/sociedade é composta por uma totalidade confusa/caótica. No entanto, partindo dessa divisão e segundo a obra do grupo, somente um dos lados é capaz de superar o caos/confusão em que a cidade/sociedade se encontra: a periferia. E isso ocorreria fundamentalmente por meio de algumas características, que, segundo a obra do grupo, existiriam na periferia, como o comunitarismo, o igualitarismo, o estilo de vida, a camaradagem, capazes de romper com o individualismo e a ambição que dão a tônica nesta cidade/sociedade e seriam geradoras do caos reinante

Dentre vários possíveis exemplos, pode-se apresentar o seguinte, extraído de uma passagem do rap "Fim de Semana no Parque":

Milhares de casas amontoadas
Ruas de terra
Esse é o morro, a minha área me espera
Gritaria na feira (vamos chegando)
Pode crer
Eu gosto disso

4. PRODUÇÃO DAS DESIGUALDADES

Mais calor humano
Na periferia a alegria é igual
É quase meio dia e a euforia é geral
É lá que moram meus irmãos, meus amigos
E a maioria por aqui se parece comigo
Eu também sou bambambam e o que manda
O pessoal desde as dez da manhã está no samba
Preste atenção no repique
Atenção no acorde
(como é que é Mano Brown?)
– podi crê, pela ordem[18]

Pode-se observar logo no segundo verso do excerto apresentado a sensação de posse/pertencimento em relação à região de moradia. Em seguida, uma série de ideias que denotam um modo de vida solidário e coletivo, como se pode observar nas citações que indicam calor humano e alegria. Por duas vezes nessa curta passagem, a igualdade é um valor ratificado, quando se afirma que "na periferia a alegria é igual" e que "a maioria por aqui se parece comigo". De fato, o valor da igualdade está em contraposição à busca por distinção e diferenciação emanada do cerne da forma de vida burguesa.

Em outra obra do grupo, a relação com o local de moradia aparece de maneira mais contraditória. O rap é "Fórmula Mágica da Paz", do qual se cita abaixo uma passagem:

Essa porra é um campo minado
Quantas vezes eu pensei em me jogar daqui
Mas aí, a minha área é tudo que eu tenho
A minha vida é aqui e eu não consigo sair
É muito fácil fugir mas eu não vou
Não vou trair quem eu fui
Quem eu sou

Logo no primeiro verso, a letra reconhece que o bairro de moradia faz parte do inferno da sociedade atual, da totalidade caótica que

---

18 Para uma análise desse rap, sugere-se T.P. D'Andrea, *Fim de Semana no Parque: Vinte Anos*.

perpassa a tudo e a todos. Nota-se que a passagem é o testemunho de uma angústia pessoal, sendo uma das primeiras menções de *reflexividade* por parte do grupo.

Na letra, diante das armadilhas presentes no bairro em forma de "campo minado", a tentação de fuga é grande. Mas uma breve reflexão do compositor conclui que sua identidade pessoal e social ("quem eu sou") e as relações humanas construídas estão totalmente ligadas ao local de moradia ("minha área é tudo que tenho"). Por mais que o bairro seja um campo minado, com alto grau de imprevisibilidade diante da tragédia, fugir dele seria a ratificação de uma morte social. Em outro espaço geográfico, teria que começar outra vida, sendo outra pessoa e constituindo novas relações, porque esse outro lugar é realmente diferente. Entre a morte social certa, oriunda da fuga, e a possível morte no bairro, o autor prefere as incertezas da segunda opção.

Apresentados esses exemplos, cabem aqui algumas considerações. Por um lado, a periferia é um local permeado de pobreza e violência. No entanto, é na periferia que é possível uma quebra da lógica individualista da cidade/sociedade como um todo. Isso se daria pela existência de valores como o comunitarismo, o igualitarismo, o estilo de vida, a camaradagem, a possibilidade da união e da construção coletiva.

No entanto, a possibilidade do coletivismo/igualitarismo é tensionada, por um lado, pela presença de valores exógenos (o "boy", a polícia, os "branquinhos do shopping" ou a "puta de elite"), e por outro pela figura do Zé Povinho, intrínseco à quebrada.

Outras tensões permeiam a obra do grupo. Pode-se destacar a tensão entre *vencer neste mundo* ou *construir/propor outro mundo*. Uma terceira tensão se refere aos dilemas da ascensão social, que significam retrabalhar a relação com o próprio bairro e os pares na medida em que se passa a obter mais recursos financeiros. Uma quarta tensão, relacionada à terceira, se refere à relação de amor e ódio com o próprio bairro. Amor pela relação de apego e de sociabilidade com o local de nascimento e criação e ódio pelas dificuldades materiais que ele apresenta, expressa, dentre outras questões, pela pobreza e pela violência. Essa tensão é patente nos primeiros versos do rap "Fórmula Mágica da Paz", como exposto.

4. PRODUÇÃO DAS DESIGUALDADES

A escolha do grupo foi se manter fiel ao local de moradia. De certo, também foi a de muitos jovens periféricos que, ao perceberem sua condição, passaram a atuar no local, criando condições para sua melhora. Essa é a tônica dos inúmeros coletivos artísticos existentes nas periferias de São Paulo nos últimos vinte anos. Essa atuação local fomenta a melhoria material dos bairros e a atuação artística e política neles. Talvez, um pressuposto implícito dessa atuação seja de que é na periferia que se deve fazer e lutar, melhorando suas condições até que, em dado momento histórico, em longo prazo, não existam diferenças sociais entre periferia e área central/sudoeste. Nesse dia, as diferenças passarão a ser apenas geográficas.

No entanto, existe também o perigo do localismo, ou *periferismo*, expresso na circunscrição dos problemas apenas em sua realidade local, sem conseguir tecer movimentos maiores nem visualizar a totalidade da cidade/sociedade.

Racionais MC's e os Dilemas de uma Geração

A obra artística do Racionais MC's foi a que melhor retratou os horrores do neoliberalismo da década de 1990. Em paralelo, o grupo se forja em um tempo histórico onde a sociedade salarial começa a entrar em crise. Concatenados com essa mudança estrutural nas formas de acumulação no mundo todo e herdeiros da contraditória e complexa relação histórica entre o negro brasileiro e o trabalho formal e informal, os Racionais operam uma recusa crítica à estrutura capitalista baseada em dominações raciais e de classe. A denúncia operada pelo grupo é demolidora. No entanto, as proposições superadoras presentes na obra do grupo oscilam entre uma ética empreendedora do "faz o certo, faz a sua" e uma ode ao coletivismo.

De certo, o mundo do trabalho aprofundou sua crise a partir do neoliberalismo, fragilizando o imaginário de trabalhador que, por exemplo, forjou lideranças como Luiz Inácio Lula da Silva.

A obra do Racionais MC's representa um momento de transição, no qual a periferia passa a ganhar mais importância no debate político, ressaltando desigualdades raciais e urbanas que sempre

252

existiram, mas que obtêm novos significados. A aposta política implícita na obra do grupo é a da superação dos dilemas da sociedade por meio de ordenamentos simbólicos e práticos nos espaços de moradia dos mais pobres.

Trabalho e cidade. Lula e Mano Brown. Muito mais do que uma obra artística, o Racionais MC's é um fiel retrato de mutações históricas e dilemas políticos contemporâneos nas periferias de São Paulo, no Brasil e no mundo.

Referências

ALMEIDA, Patrícia Freire. Trabalho Doméstico. Texto na Exposição *Memórias Herdadas*. Movimento Cultural da Penha, 2020.

BARROS, Douglas Rodrigues. *Lugar de Negro, Lugar de Branco? Esboço Para uma Crítica à Metafísica Racial*. São Paulo: Hedra, 2019.

BEAUD, Stéphane; PIALOUX, Michel. *Retorno à Condição Operária*. São Paulo: Boitempo, 2009.

D'ANDREA, Tiaraju Pablo. Contribuições Para a Definição dos Conceitos Periferia e Sujeitas e Sujeitos Periféricos. *Novos Estudos Cebrap*, n. 39, v. 1, jan./abr. 2020. (https://doi.org/10.25091/S01013300202000010005).

_____. *A Formação dos Sujeitos Periféricos: Cultura e Política na Periferia de São Paulo*. Tese (Doutorado em Sociologia), USP, São Paulo, 2013.

_____. Fim de Semana no Parque: Vinte Anos. *Le Monde Diplomatique Brasil*, n. 76, nov. 2013. Disponível em: <https://diplomatique.org.br/fim-de-semana-no-parque-vinte-anos/>. Acesso em: 15 fev. 2022.

FERNANDES, Florestan. *A Integração do Negro na Sociedade de Classes*. São Paulo: Globo, 2008.

GRUPO KRISIS. [1999] *Manifesto Contra o Trabalho*. 2. ed. Lisboa: Antígona, 2017.

GORENDER, Jacob. *O Escravismo Colonial*. São Paulo: Expressão Popular/Perseu Abramo, 2016.

HAIDER, Asad. *Armadilha da Identidade: Raça e Classe nos Dias de Hoje*. São Paulo: Veneta, 2019.

HALL, Stuart et. al. *Policing the Crisis: Mugging, the State, and Law and Order*. Basingstoke: Palgrave Macmillan, 2013.

MARTINS, José de Souza. Depoimento. *Espaço & Debates*, n. 42, Periferia Revisitada. São Paulo: Núcleo de Estudos Regionais e Urbanos, 2001.

MARX, Karl. *O Capital. Crítica da Economia Política*. v. 1. São Paulo: Nova Cultural, 1985.

_____. *Manuscritos Econômicos Filosóficos*. São Paulo: Boitempo, 2004.

_____. *A Ideologia Alemã*. São Paulo: Martins Fontes, 2007.

MERKLEN, Denis. *Pourquoi Brûle-t-on des bibliothèques?* Villeurbanne: Presses de l'Enssib, 2013.

MOURA, Clóvis. *Rebeliões da Senzala: Quilombos, Insurreições, Guerrilhas*. São Paulo: Anita Garibaldi/Fundação Mauricio Grabois, 2014.

SANTOS, Simone Andriani dos. *Senhoras e Criadas no Espaço Doméstico (1875 – 1928)*. Dissertação (Mestrado em História Social), USP, São Paulo, 2015.

THOMPSON, Edward. *Costumes em Comum: Estudos Sobre a Cultura Popular Tradicional*. São Paulo: Companhia das Letras, 1998.

Parte V

Transformações e Mercado da Música Rap

"Cores & Valores" e os Dilemas do Rap Brasileiro Contemporâneo

Acauam Oliveira

Sempre achei que o Racionais e o hip-hop em si são arte contemporânea. Em 1988 eles foram 1988. Em 1997, foram 1997. 2002 idem e hoje se releem de acordo com o mundo de hoje.

EMICIDA, 2014.

Como podemos reconhecer a partir do depoimento de Emicida citado acima, soar contemporâneo – independentemente dos riscos e custos envolvidos no processo –sempre foi uma das principais qualidades do Racionais MC's. E com isso não se está simplesmente reforçando o velho clichê de que o grupo está sempre conectado com sua época por retratar a realidade da periferia "tal como ela é", pois não se trata de uma questão meramente temática, ainda que envolva algo nessa direção. De fato, o significado mais profundo do diagnóstico de que os Racionais estão sempre na "vanguarda" do hip-hop nacional é que sua obra se configura como ponto de chegada e partida de desdobramentos históricos e estéticos desse que é um dos movimentos culturais mais importantes das últimas décadas. No geral, os lançamentos de seus discos são eventos catalisadores e transformadores da cena hip-hop no país, trazendo formalmente sintetizado um diagnóstico de época fundamental tanto para a autocompreensão do presente quanto para futuros encaminhamentos.

É importante compreender, contudo, que essa posição de "vanguarda" não decorre de um posicionamento "acima" ou "à frente" dos acontecimentos, na condição de quem dita os caminhos por deter seus segredos mais ocultos. Essa contemporaneidade radical – a capacidade de ditar e anteceder o porvir em relação não só ao rap, mas também à sua matéria principal, a subjetividade periférica – é antes de tudo um efeito de sentido derivado da capacidade de manter-se

5. TRANSFORMAÇÕES E MERCADO DA MÚSICA RAP

por "detrás" do lugar que lhe garante consistência, no qual o grupo se fixa com olhos e ouvidos atentos.

Nesse sentido é que podemos dizer que os Racionais não apresentam em seus discos aquilo que seus integrantes acreditam que deva ser o caminho a ser seguido pelo rap e pelos membros de sua comunidade, despejando juízos dogmáticos sobre como as coisas são ou deveriam ser. Ao contrário, eles param, observam e sintetizam o que está no ar, para só então tirar suas conclusões e explorar as contradições do que já está aí. É somente a partir desse lugar, desse mergulho em profundidade naquilo que a periferia e o rap concretamente são no momento em que se está, que eles irão propor formas de posicionamento e modelos de atuação. Em última instância, os discos do grupo não dependem apenas das ideias prévias de seus integrantes, mas fundamentalmente de sua vivência, nunca previsível. É a partir desse processo em que a obra é gestada por meio de contradições vividas e eticamente refletidas que eles são capazes de criar obras artísticas com o poder tanto de sintetizar as contradições mais relevantes de seu tempo quanto de apontar para possíveis formas concretas de atuação, produzindo um modelo radical de arte engajada.

Não existe, portanto, novidade nenhuma no fato de o último álbum de estúdio do grupo (*Cores & Valores*, de 2014) ter causado estranhamento em boa parte do público que o aguardava ansiosamente durante anos, nos mais diversos aspectos: sua duração curtíssima para os padrões do grupo, a falta das longas sequências narrativas presentes nos trabalhos anteriores, mudanças decisivas no *flow* e nas bases etc. Contudo, se é verdade que a obra dos Racionais é calcada nas contradições de sua época, essas mudanças só podem ser avaliadas após a compreensão de sua necessidade histórica, sendo, pois, fundamental compreender o atual momento vivido pelo rap para que se obtenha a real dimensão dessas transformações.

I. Racionais MC's e a Nova Geração do Rap Nacional

Quando do lançamento do disco, no dia 25 de novembro de 2014, a *Folha de S.Paulo* fez uma série de reportagens com novos nomes do rap brasileiro, como Rael, Lurdes da Luz, Karol Conká, Ogi, Rashid, Flow MC, Rincón Sapiência, Emicida, entre outros. O eixo temático de todas as entrevistas era a própria obra do entrevistado, a importância dos Racionais em sua trajetória, e o que havia mudado no rap brasileiro dos anos 1990 até hoje. Uma imagem comum utilizada pelos entrevistados, lançada tempos antes por KL Jay, é a de que o rap havia "saído da infância" e agora começava a "entrar na maturidade". Entende-se nesse sentido que o rap da nova (ou novíssima) geração seria marcado por uma "abertura de horizontes", caracterizada por maior diversificação nos mais diferentes sentidos: novos temas, com cada vez mais raps que versam sobre o amor e outros assuntos não diretamente "engajados", novo público e formas de difusão, com o crescimento da internet, novas bases estéticas, como experimentos com o *trap*.

Mas talvez a mais importante dessas transformações seja a pluralização de vozes no interior do movimento. Novas vozes femininas (Karol Conká, Lurdez da Luz, Negra Li, Flora Mattos, entre outras); LGBTQIA+ (Quebrada Queer, Rico Dalassan, etc.); indígenas (Bro MC's); a ascensão de rappers oriundos de outros estratos sociais (por exemplo, da classe média com ensino superior); a ruptura com certa hegemonia do Sudeste no campo (Don L., de Fortaleza, Baco Exu do Blues, de Salvador, Djonga, de Belo Horizonte, entre outros, têm recebido diversas premiações), além do trânsito cada vez mais intenso e naturalizado do rap com outras linguagens artísticas (Criolo, Rincon Sapiência). No caso específico das mulheres, ainda que desde sempre essas vozes tenham existido (cabe lembrar as pioneiras Dina Di, Sharylaine, Lady Rap, Rubia, Lunna, Sweet Lee, dentre outras), é fato que a presença feminina tem se imposto de maneira cada vez mais contundente no cenário hip-hop nacional. As mulheres estão conquistando cada vez mais espaço dentro do universo do rap e em seus arredores (a exemplo do crescimento vertiginoso dos *slams*) e, ao cabo de muitos conflitos e disputas, encontrando um público cada vez mais amplo e promovendo transformações radicais no interior do movimento.

Essa maior abertura do rap é sentida como uma vitória sob diversos aspectos, inerente não só ao estilo musical, mas também à

5. TRANSFORMAÇÕES E MERCADO DA MÚSICA RAP

própria cena hip-hop. Um "amadurecimento" diretamente relacionado a outro aspecto muito salientado pelos entrevistados, a *percepção cada vez maior do rap como negócio* que precisa ser controlado pelos próprios negros, consolidando a "família". Valoriza-se muito essa percepção, que pressupõe o desenvolvimento de formas próprias de distribuição, a criação de marcas de camisetas, bonés, o lançamento de livros e CDs, a organização dos próprios eventos e espetáculos etc. Desse modo, a passagem do rap para a "vida adulta" é marcada também pela busca de independência financeira, em um processo intenso de profissionalização.

Os rappers da "novíssima" geração começam a desenvolver uma atitude empresarial – e liberal – mais intensa, comum ao modelo estadunidense, assumindo para si o cuidado com a qualidade da produção, assim como a divulgação, procurando formas alternativas de se inserir no mercado. Em suma, entram para valer no jogo empresarial, cruzando diversas barreiras antes delimitadas e, consequentemente, deparando com um conjunto novo de ambiguidades e contradições.

Como afirma o antropólogo Ricardo Teperman, os integrantes da nova geração do rap nacional "mostraram-se muito mais desenvoltos na profissionalização de suas carreiras, obtendo grande e inédito sucesso na criação de *novos sistemas de gestão do rap como negócio*"[1]. Convém, entretanto, lembrar aqui o argumento de Daniela Vieira, para quem a relação mais orgânica com o mercado está presente no horizonte de diversos grupos de rap desde o início do movimento no Brasil, não sendo, pois, exclusividade dessa nova geração, que teria "se vendido" para o mercado[2]. O que interessa nesse caso é menos o reconhecimento em caráter de "denúncia" do objetivo explícito e declarado de ganhar dinheiro e se profissionalizar – como se isso por si só indicasse perda de radicalidade e qualidade estética – do que compreender o conjunto de transformações sociais, históricas e ideológicas que tornaram possível às novas gerações conquistar maior inserção institucional.

Acreditamos que a percepção de que o rap teria decrescido o tom de radicalidade de seu discurso não seja de todo correta para

---

1 R.I. Teperman, *Se Liga no Tom: As Transformações do Rap no Brasil*, p. 11.
2 D.V. Santos, Sonho Brasileiro, *Revista Nava*, v. 4, n. 1/2, p. 268.

dar conta desse conjunto mais amplo de transformações. Em alguns casos inclusive, há de se pressupor que a radicalização do discurso, quando desvinculada de determinadas possibilidades emancipatórias bloqueadas na prática, pode vir a ser desejável para a inserção no circuito *mainstream*. Ou seja, a equação proposta pelos defensores do discurso/pensamento crítico, que propõe uma relação algo esquemática entre o grau de inserção no mercado e a atenuação da radicalidade do discurso, como se o mercado necessariamente exigisse discursos brandos (o que torna discursos a princípio mais autônomos, como o discurso acadêmico, automaticamente mais "radical"), não se verifica como uma necessidade de ordem prática, pois em diversos momentos o mercado estimula a radicalidade discursiva, voltando-se inclusive contra seus próprios pressupostos, como quando determinado programa de TV realiza a paródia da programação da própria emissora. Dessa forma, o mercado pode apresentar a si próprio como o espaço de realização do princípio de liberdade inerente ao regime democrático liberal, em tudo diverso aos espaços totalitários que extinguem o pensamento crítico – e talvez o maior exemplo nesse sentido seja a consolidação da performance crítica da música popular em plena ditadura militar.

Nesse sentido, o sucesso em âmbito nacional do disco *Nó na Orelha*, de Criolo, cuja repercussão transcendeu os limites associados ao público consumidor de rap, é também um marco importante para o gênero, tanto em termos de inserção no mercado quanto com relação às diversas mudanças formais, em especial o trânsito do rap por outros gêneros como o afrobeat, dub, samba, bolero etc. Esse é, aliás, mais um elemento constantemente apontado pelos jovens rappers como característica peculiar da nova geração, uma maior abertura formal e temática do rap para além de conteúdos temáticos e formais específicos do "rap de mensagem".

II. Cores & Valores (Preto e Amarelo): Rap e Mercado

Cores & Valores é um disco que só pode ser compreendido no interior desse contexto, pois as mudanças na sonoridade do Racionais MC's

5. TRANSFORMAÇÕES E MERCADO DA MÚSICA RAP

têm relação direta com as novas demandas e os posicionamentos do rap nacional. O diálogo é travado, antes de tudo, no interior do próprio rap, numa mistura explosiva de boas-vindas, conselhos para os mais jovens e análise detida da cena atual. Afinal, nunca foi a "crueza" dos temas ou a linguagem direta a principal marca do compromisso do Racionais com a realidade periférica, mas a adequação da forma a seu contexto, cujo resultado estético pode ser mais ou menos direto.

Em um sentido bastante específico *Cores & Valores* segue na trilha aberta por *Nada Que um Dia Após o Outro* (2002), pois a questão ainda é saber como o rapper pode seguir "lutando o bom combate" uma vez que saiu do lado de seus irmãos, sendo o lado de lá da ponte um território a um só tempo rigidamente demarcado e aberto para quaisquer conjuntos de valores – desde que desvinculados de riscos concretos de transformações sociais profundas. Entretanto, o disco apresenta uma orientação temática nova, expressa desde o título, que não aponta diretamente nem para a realidade periférica em si, nem para o posicionamento ético dos sujeitos.

O interesse central não é o trato imediato com a realidade periférica, mas determinado conteúdo temático, cuja relação é cada vez mais simbólica (cores, valores) que objetiva. Ainda que o foco permaneça voltado para os valores éticos dos sujeitos, esse assume uma linguagem deliberadamente abstrata – a relação entre as *cores*, que podem ter significados diversos, e seus respectivos *valores*, também mutáveis – que terá importantes consequências em termos estéticos. Uma espécie de reflexão sobre as infinitas possibilidades de combinação e variação entre os termos – por exemplo, o amarelo (dinheiro) em relação ao preto (sujeito periférico) pode representar vitória ou tragédia, redenção ou morte, a depender do quanto certo equilíbrio se consegue alcançar entre os termos.

A recepção inicial do disco – bastante tímida, diga-se de passagem –, como as resenhas publicadas pelos sites *Monkeybuzz*[3] e *Miojo Indie*[4], propôs uma espécie de divisão do álbum em duas partes[5].

---

3 Ver G. Rolim, Racionais – Cores e Valores, *Monkey Buzz*, 4 dez. 2014.

4 Ver C. FACCHI, Cores e Valores, Racionais MC's. *Miojo Indie*, 3 dez. 2014.

5 Outra forma de interpretar o disco, a meu ver bem mais produtiva, é considerá-lo como sendo uma única música de pouco mais de trinta minutos, como faz Tarso de ▶

"CORES & VALORES" E OS DILEMAS DO RAP BRASILEIRO CONTEMPORÂNEO

Entretanto, acreditamos ser possível identificar pelo menos quatro momentos, ou ciclos temáticos, ao longo do disco – que possui pouco menos de quarenta minutos. O primeiro ciclo começa com "Cores & Valores", que vai tratar do orgulho das origens negras, do orgulho *black*, da necessidade de permanecer firme no caminho dentro da "torre de Babel", que é a cidade de São Paulo ("cujo herói matou um milhão de índios"), pautada pelo consumo. Na sequência, "Somos o Que Somos" acompanha a breve reflexão de um bandido sobre o crime e seus valores[6], e a necessidade de se tomar à força aquilo que a sociedade nega sistematicamente aos mais pobres (dinheiro, dignidade), sem trair seus parceiros. Mais uma vez, os valores a serem mantidos em um contexto de desumanização são ensinados pelos socialmente marginalizados, que mesmo pelas margens, ou por isso mesmo, aprendem a agir "como reis". "Preto e Amarelo", por sua vez, é o louvor *gangsta*, o lado positivo dessa combinação de cores, dinheiro e negritude. Nos três casos as canções tratam da relação positiva entre o preto (cor) e o amarelo (dinheiro), ou seja, a possibilidade de se manter a integridade ética em um contexto envolvendo a circulação de muito dinheiro, seja no crime – também um modelo de negócio –, seja no caráter mais profissional do rap. Aqui a perspectiva do rap como negócio – uma questão fundamental para a nova geração – é endossada pelos Racionais não só como algo possível, mas amplamente desejável, na medida em que constitui um caminho que pode salvar vidas por meio da elaboração de condições dignas de trabalho – uma das promessas do lulismo, diga-se de passagem.

▷ Melo em texto publicado em seu blog: "Cores & Valores, em menos de trinta minutos divididos em quinze faixas, é uma música só, uma porrada só, um grande baile em que as agonias do nosso tempo são colocadas na mesa, estiradas no chão da Praça da Sé e, depois, tiradas pra dançar, já acenando para as outras praias que os discos solos de Edi Rock e Mano Brown vão multiplicar." Ver T. de Melo, Muita Treta pra Vinicius de Moraes, 23 mar. 2018. Disponível em: <https://tarsodemelo.wordpress.com/2018/03/23/muita-treta-pra-vinicius-de-moraes/>.

6 Esse modelo de canção atravessa toda a trajetória do grupo, e os exemplos são vários: "Mano na Porta do Bar" (1993); "Tô Ouvindo Alguém me Chamar" (1997); "Rapaz Comum" (1997); "Eu Sou 157" (2002); "Crime Vai e Vem" (2002); "Mente de Vilão" (2009), entre outras. A diferença é que aqui não se acompanha a trajetória completa de vida do bandido, mas apenas um momento específico, como uma espécie de lição.

5. TRANSFORMAÇÕES E MERCADO DA MÚSICA RAP

Com a faixa instrumental "Trilha", que termina ao som de tiros da polícia, indicando uma ruptura traumática, encerra-se esse primeiro ciclo, delimitando nova temática. Essa ruptura traz consigo a problematização do caráter francamente positivo da combinação negro e dinheiro, exposto na primeira parte. Se até então o valor financeiro (amarelo) coincidia com o valor ético (preto), a partir dessa segunda parte o grupo vai elencar diversas situações em que os dois campos não coincidem, tornando a relação, no mínimo, problemática. "Eu te Disse" narra a história de um *talarico* (sujeito que se mete com a mulher do próximo) punido com a morte, enquanto "Preto Zica" trata do amor deslumbrado pelo dinheiro, que torna o sujeito mais vulnerável à traição dos falsos amigos. Nos dois casos trata-se de situações em que os desejos (individuais) passam à frente dos valores (coletivos), com consequências funestas.

"Cores & Valores: Finado Neguin" fala da necessidade de se manter a ética dentro do crime, ou de como o crime pode ensinar os valores éticos necessários à sobrevivência dos novos guerreiros que surgem a cada dia. "Eu Compro" volta a assumir um tom de celebração do empoderamento pelo consumo, e ainda que os versos "À vista, mesmo podendo pagar / tenha certeza que vão desconfiar / pois o racismo é disfarçado há muitos séculos / não aceita o seu status e sua cor" demonstrem consciência de que a integração entre preto e amarelo nunca será plena, essa canção é a que faz o mais claro elogio ao consumo em todo o disco, chegando inclusive a assumir explicitamente o lema do rapper 50 Cent, "fique rico ou morra tentando". Entretanto, a faixa seguinte, que encerra o segundo ciclo, "A Escolha Que Eu Fiz", chama a atenção para o alto custo que pode ter essa escolha para a maioria dos cidadãos periféricos, basicamente tornando literal a frase do rapper estadunidense ao narrar os momentos finais de um ladrão que foi traído por um companheiro e morto pela polícia.

Nas canções dessa segunda parte, os rappers ora advertem, ora são advertidos por seus parceiros sobre aquilo que aprenderam a partir de um código de ética comum, fundamental para que a ascensão social não se converta em tragédia. Note-se o alto teor de organicidade da obra, comum a todos os álbuns do grupo, assim

264

"CORES & VALORES" E OS DILEMAS DO RAP BRASILEIRO CONTEMPORÂNEO

como a complexidade das visões que se entrelaçam, não devendo ser compreendidas individualmente.

Comprometidos com os valores da periferia de um ponto de vista forjado internamente, os Racionais apresentam uma perspectiva que considera a melhora nas condições de vida da periferia naquele momento como uma conquista inquestionável, resultado de muita batalha, ainda que permeada por contradições. Uma postura em tudo diferente de certo posicionamento "radical" que somente reconhece potencial contestatório no pobre enquanto ele não está "corrompido" pelos valores do capital (como ironicamente adverte Criolo em "Sucrilhos", "Cientista social, Casas Bahia e tragédia / gosta de favelado mais que Nutella"). Daí a posição clara de parceria e apoio às novas conquistas não só do rap, mas também do funk carioca e sua vertente ostentação paulista, que celebra o consumo, o hedonismo e o dinheiro, e que é sempre motivo de polêmica[7]. O dado fundamental aqui é o fortalecimento da música negra periférica não apenas como arte, mas também como negócio, de modo a evitar o destino comum a diversos artistas populares que morreram na miséria enquanto enriqueciam seus produtores.

> O rap buscou primeiro ficar livre: os pretos serem pretos, o preconceito ficar estampado, o favelado ser favelado. Tudo isso o rap cantou e mudou. Acabou. O crime não é mais o mesmo que cantamos nos anos 1990, as pessoas não se matam mais daquela forma. Não adianta fechar os olhos para esse momento. Se conquistamos tudo isso, as próximas conquistas são uma rádio e que as nossas marcas se estabilizem no mercado. É introduzir a periferia no contexto geral, como os caras do funk estão fazendo. [8]

7 Mano Brown foi muito criticado por aparecer em um videoclipe de seu amigo MC Pablo do Capão, em 2013, novamente com acusações de que estava traindo o "verdadeiro" rap. Quanto a isso, suas palavras são muito claras: a questão ali não é estética. "É o mesmo povo, é a mesma cor. Eles [a polícia] não estão diferenciando se canta funk, rap ou samba. É favelado falando, eles não gostam [...] O errado é os que não são do funk não protestar pelos os que são do funk. A gente sabe que na verdade ali é racismo puro, isso é racismo puro". Ver Mandrake, Mano Brown é Apedrejado com Comentários Após Aparição em Videoclipe de Funkeiro, *Rap Nacional*, v. 11, abr. 2013.

8 I. Blue, A Estrutura da Evolução de Ice Blue. Entrevista a A. Massuela; P. Homsidisse, *Cult*, n. 192, 16 ago. 2013. Disponível em: <https://revistacult.uol.com.br/home/estrutura-da-evolucao-de-ice-blue/>.

5. TRANSFORMAÇÕES E MERCADO DA MÚSICA RAP

Ganhar dinheiro e, sobretudo, permanecer com ele por mais de uma geração, é apontado como uma questão decisiva não só para os rappers, mas também para a periferia, como forma de re-existir no interior do sistema – capitalista, não custa lembrar. Finalmente, a integração do negro na sociedade de classes, sobre o que falava Florestan Fernandes[9], e que é uma pauta histórica do movimento negro desde os primórdios do pós-abolição. Entretanto, para não ser engolido por esse sistema, é importante se manter ligado aos valores que foram e são gestados do lado de fora, em suas margens.

Apenas o compromisso ético radical com a periferia é capaz de evitar os destinos trágicos representados na segunda parte do disco. Ou seja, o núcleo contraditório da questão é "vender-se sem se vender", contradição explorada aqui a partir da ambiguidade fundamental do conceito de *valor*, em sua dimensão a um só tempo moral e mercadológica. Ao contrário de meramente adesista, a premissa pode ser explosiva caso atinja aquele ponto em que o sistema é incapaz de cumprir suas promessas de integração, o que faz com que a conquista de mercado apareça como conflito em um terreno no qual alguns são mais iguais do que outros (a capa do disco é sintomática nesse sentido: nela os integrantes do grupo aparecem vestidos de garis mascarados, assaltando um banco. A associação entre trabalho precarizado e marginalidade, que torna criminosa toda apropriação de dinheiro, é explícita).

Conforme era cantado desde o álbum anterior, "Preto e dinheiro são palavras rivais / É, então mostra pra esses cu / como é que se faz" ("Vida Loka Parte II"). Digamos que *Cores & Valores* seja uma tentativa de resolver essa rivalidade, operação que não é simples e envolve um processo de investigação a um só tempo temático e formal, fazendo do rap o caminho (concreto) para estabelecer essa relação.

---

9 Ver F. Fernandes, *A Integração do Negro na Sociedade de Classes.*

III. Cores & Valores (Preto Com Preto): Rap e Periferia

"A Escolha Que Eu Fiz", última canção desse segundo ciclo, termina com uma crítica à exploração midiática da tragédia social, "Se um Datena filmar / e a minha estrela brilhar / Eu morro feliz / vilão vagabundo, foda-se o que esse porco diz". Essas considerações pouco amistosas dirigidas ao padrão de jornalismo policial brasileiro (o famigerado pinga-sangue) são a deixa para o início do terceiro ciclo do disco, que começa precisamente com um conjunto de *samplers* de diversos telejornais relatando o incidente ocorrido durante uma apresentação do grupo na Praça da Sé, em 2007, quando o show foi interrompido pelo confronto entre o público e a polícia, resultando na prisão de onze pessoas, além de dezenas de feridos. Dessa forma tem início a canção "A Praça", que marca nova mudança de direcionamento temático, agora com canções que traçam uma espécie de revisão da própria trajetória do grupo.

Tal mudança irá, em certo sentido, ressignificar as duas primeiras partes, pois se até agora tratava-se de marcar posição diante dos problemas contemporâneos colocados pelo rap, a partir daqui o grupo volta-se para seu passado e, consequentemente, para a história do rap. A mudança é acompanhada desde as bases, que deixam o caráter mais denso e sombrio do início para assumir um clima mais dançante e nostálgico, que lembra os bailes *blacks* dos anos 1970 (e que por sua vez será o foco do trabalho solo de Mano Brown, *Boogie Naipe*), tematizados em algumas letras.

A marginalização e a perseguição do rap e de seu público constituem o tema de "A Praça", que trata do despreparo do Estado e da bem conhecida carnificina policial ao lidar com sujeitos, sobretudo da periferia. Em "O Mal e o Bem" Edi Rock lembra sua trajetória, desde o primeiro encontro com KL Jay e a posterior formação dos Racionais. O foco aqui será a importância do rap – e do grupo – como elemento de mediação que permite caminhar e aprender com o crime, além de oferecer uma alternativa a ele ("Em meio às trevas, é, e o sereno / Elaboramos a cura, a fórmula com veneno"). Uma espécie de alternativa marginal (no sentido de ainda ser um

5. TRANSFORMAÇÕES E MERCADO DA MÚSICA RAP

espaço de agressão à norma excludente) ao crime. "Você Me Deve" traz novamente a reflexão do rap como negócio a ser consolidado marginalmente, e a necessidade de os pretos tomarem a cena, o *mainstream* ("Família unida, esmaga boicote / Ê, bora pixote, hollywood não espera"). O terceiro ciclo se encerra com "Quanto Vale o Show", cuja base é a bem conhecida música do filme *Rock Balboa*, paradigma hollywoodiano de superação das adversidades. Nessa que é uma das melhores canções do disco, Brown traça uma brilhante reflexão sobre sua adolescência, dos treze aos dezesseis anos, marcada pela ascensão gradual da violência à medida que se aproxima dos anos 1990.

É interessante notar o paralelo feito entre o crescimento vertiginoso da violência e o aumento da variedade de produtos que era necessário adquirir, assim como o crescimento paralelo da cena *black* da qual emergirá o rap – que passa inclusive pelo samba. Novamente o rap surge enquanto resultado da violência e como alternativa ao desfecho inevitável ("Corpo negro semi-nu encontrado no lixão em São Paulo / A última a abolir a escravidão"). O show vale exatamente isto: oferecer uma opção que não termina em morte em um contexto marcado por um quase determinismo de origem. Vale lembrar que os acontecimentos narrados na canção terminam em 1987, um ano antes do surgimento oficial do Racionais MC's.

Esse movimento de recuperar em chave histórica a trajetória do grupo, tornando-a matéria de reflexão, denota uma importante e decisiva mudança de horizonte. É claro que relatos de trajetórias individuais e histórias de vida sempre marcaram as canções do grupo, mas essas no geral se davam em termos individuais, ainda que representativas, acompanhando a própria trajetória individual dos rappers ou a de algumas personagens emblemáticas. Em *Cores & Valores*, pela primeira vez, os Racionais se colocam enquanto grupo como sendo já história, ou seja, portadores de valores e ensinamentos do passado. Até seu segundo ciclo o disco apresenta-se em uma relação de continuidade com o movimento atual do rap, inserindo-se no contexto de transformação de temas e sonoridades. A partir do terceiro ciclo, entretanto, o foco de interesse se direciona para aquilo que já passou. Ao mesmo tempo que leva a obra "para

268

"CORES & VALORES" E OS DILEMAS DO RAP BRASILEIRO CONTEMPORÂNEO

frente", olhando para o futuro com os dois pés no presente, mantendo-se atento ao que se passa ao redor, o grupo está na estrada tempo suficiente para apresentar-se como portador de um conjunto expressivo de experiências a se transmitir.

Ao incorporar uma reflexão sobre a temporalidade do rap a partir da formalização estética de sua própria história – a mais importante e significativa dentro do rap brasileiro –, o disco permite historicizar os novos desafios do hip-hop, contemplando tanto seus avanços quanto o que no interior dessa experiência se esgotou. A esse propósito, creio que o sentido geral dessa "perda" pode ser melhor compreendido ao considerarmos alguns aspectos da forma.

Um dos traços mais marcantes de *Cores & Valores*, que imediatamente chama a atenção de quem ouve, é o grau de radicalidade de suas mudanças formais em relação aos trabalhos anteriores do grupo. Já de cara impressiona o tamanho das canções e do álbum como um todo, muito menor do que os trabalhos anteriores, com pouco mais de trinta minutos de duração. Segundo o próprio KL Jay, essa mudança tem relação direta com o tipo de escuta contemporânea:

> Tem a ver com o mundo de hoje. Tudo rápido, poucas ideias, sem esticar o chiclete. Não pode ser chato. Tem músicas que são maiores, de três, quatro minutos, e que não são chatas. É legal esse lance de uma música entrar na sequência da outra, dá aquela vontade de ouvir mais. Você fica voltando para ouvir. Isso te instiga.[10]

Para alguns, trata-se de um avanço em termos de densidade poética; para outros, uma inequívoca perda de intensidade dramática. Em todo caso, o sentido de organicidade comum aos discos dos Racionais se mantém, pois vimos como as canções adquirem significado pleno ao serem consideradas no interior do conjunto maior do disco, seguindo na contramão do caráter cada vez mais "atomizado" das canções de gêneros como o funk carioca, tecnobrega e sertanejo universitário, para os quais a gravação de álbuns de estúdio tem se tornado uma prática cada vez mais dispensável.

---

10 KL JAY, "Não Precisamos Ficar Provando Mais Nada, Diz KL Jay, dos Racionais", *Revista da Folha*, 20 dez. 2014.

5. TRANSFORMAÇÕES E MERCADO DA MÚSICA RAP

Além do tamanho das canções e do disco como um todo, a forma de se cantar também mudou, passando para um estilo mais "cifrado". Aquele estilo de linguagem direta, com pretensões de assumir a forma de máximas de sabedoria coletiva periférica, no qual se inscreve "a atuação humanizadora do rapper"[11], ainda se apresenta, mas de forma muito menos constante do que nos trabalhos anteriores. Tudo se passa como se a poesia inicial de "Jesus Chorou", de *Nada Como um Dia Após o Outro Dia*, que ali cumpria a função de parábola introdutória, *tivesse se tornado a norma geral de composição*. Em seu lugar surgem padrões mais entrecortados de versos, ligeiros, que chamam atenção para o *flow*. Certas linhas temáticas conhecidas de longa data pelos fãs do grupo seguem por todo disco, porém em uma forma menos direta, entrecortada, especialmente nas letras de Mano Brown:

> Conspiração funk internacional in
> Jamaica Queen
> Fundão Sabin
> Função pra mim
> Se Deus me fez assim
> Fechou neguin
> Eu tô sob verniz
> ("Cores & Valores", *Cores & Valores*)

A opção formal obviamente afeta a relação do ouvinte com a mensagem transmitida, ao menos no campo das intencionalidades. Destaca-se a habilidade do rapper em desenvolver seu *flow*, e o que se admira é menos a dimensão coletiva de máximas periféricas do que o talento entoativo individual gestado na periferia (ainda aqui o paradigma é Emicida: mais do que o conteúdo de seus versos, o que chama a atenção do público, sobretudo fora do circuito hip-hop, é sua extraordinária capacidade de improvisação). Essa espécie de voltar-se para si, para a forma, que caracteriza a linguagem de *Cores & Valores* em relação a seus predecessores, está também na base de outra importante mudança que se destaca desde as primeiras

---

[11] W. Garcia, Diário de um Detento: Uma Interpretação, em A. Nestrovski (org.), *Lendo Música*, p. 214.

"CORES & VALORES" E OS DILEMAS DO RAP BRASILEIRO CONTEMPORÂNEO

audições. As grandes narrativas "épicas" cedem lugar a relatos muito mais concentrados, quando não restritos a alguma opinião específica em canções de pouco mais de trinta segundos.

Tudo nesse álbum tende, portanto, à concentração formal, rompendo claramente com o padrão proposto em *Nada Como um Dia Após o Outro Dia* (que por sua vez rompia com o padrão da indústria fonográfica ao apresentar canções de até onze minutos). A hipótese é que esse conjunto de transformações, que guarda relação direta com a abertura temática e estrutural do rap contemporâneo tal como indicada pelos jovens rappers entrevistados pela *Folha* (o distanciamento – mas não necessariamente abandono – das temáticas privilegiadas nos anos 1990, a conquista do "direito de falar sobre coisas alegres", o surgimento de novas tonalidades de cores, inclusive as femininas, e seu progressivo fortalecimento comercial), ocorre simultaneamente a um *progressivo afastamento histórico do hip-hop de suas bases periféricas*, já tematizado em *Nada Como um Dia Após o Outro Dia*, e que aqui avança mais um passo[12].

Tal afirmação precisa evidentemente ser considerada com bastante cuidado, pois não se pretende sugerir que houve um "aburguesamento" do rap, que seria agora um novo estilo de classe média etc. Digamos que a relação expressa pela fórmula do negro drama – "você pode sair da favela, mas a favela nunca sai de você" – torna-se ainda mais densa, pois se em 2002 o movimento de sair da favela pelo "sucesso" do rap era uma possibilidade restrita, atualmente tem se tornado uma realidade muito mais palpável. A promessa de emancipação coletiva que era a aposta do movimento hip-hop nos anos 1990 não se realizou, ao passo que o rap obtém cada vez mais reconhecimento e prestígio – por meio de muito esforço e talento, nunca é desnecessário dizer. Além do mais, é preciso reconhecer que, ao que tudo indica, a trilha sonora do gueto contemporâneo é muito mais o funk do que o rap, o que faz deste um repositório de valores comunitários que vale a pena manter, mas que se encontra cada vez mais distante de uma relação orgânica com seu território de origem.

---

12 Ver B.B. Soraggi; E. Pereira, "Inspirada nos Racionais MC's, Nova Geração Dá Mais Cores e Valores ao Rap, *Folha de S.Paulo*, 21 dez. 2014.

5. TRANSFORMAÇÕES E MERCADO DA MÚSICA RAP

Tudo se passa como se os Racionais já não se sentissem autorizados a sustentar suas reflexões a respeito dos valores periféricos em trajetórias pessoais (suas ou dos outros), como se houvesse uma interdição fundamental a impedir a indexação do conteúdo temático (a relação entre as diversas cores e os valores financeiros e éticos) a conteúdos da realidade periférica objetiva – daí inclusive o caráter abstrato do título do álbum. O que em canções como "Jesus Chorou", "Fórmula Mágica da Paz", "Vida Loka I e II" era subjetivo, mas plenamente partilhável a partir do reconhecimento de uma experiência em comum, em grande medida desenvolvida pelo próprio hip-hop, torna-se agora conteúdo abstrato. *A periferia é ainda o grande foco das canções, mas a reflexão se constrói mais a partir dos valores aprendidos com ela no passado do que por meio da descrição pormenorizada de vivências periféricas do presente.* Mesmo as narrativas centradas em bandidos, que são muitas, parecem ter uma conotação mais simbólica do que realista por seu alto grau de concentração, como se servissem ainda de exemplo, mas não pudessem mais ser acompanhadas de perto. Em todo caso, a certeza de que o conteúdo transmitido pelo rap identifica-se com a realidade periférica não está mais tranquilamente estabelecida.

As implicações disso são muitas e merecem ser debatidas com atenção, pois indicam mudanças importantes no campo da cultura e da sociedade. Incorporado como estética, o pressuposto ético fundamental do rap dos Racionais – o de que o sucesso comercial só vale a pena se representar uma alternativa real para toda a periferia, mantendo-se vinculado a ela em alguma medida – parece perder fôlego e força de mobilização. Ao se desvincular a vitória do rap (profissionalização) dos caminhos da comunidade, que segue no mais baixo patamar da escala social, seu potencial emancipatório é abalado, ainda que não necessariamente sua visão crítica, herdada da própria periferia. O rap segue sendo consciente, sem dúvidas, mas já não funciona tão bem como espaço de construção coletiva de um proceder comum.

É importante lembrar que o rap nunca foi um objeto cultural meramente estético. Sua radicalidade deriva em grande medida da regulação de sua dimensão estética pelo compromisso ético com a

272

comunidade. Ou seja, boa parte de sua força consistia não apenas no fato de os rappers serem politizados, engajados, intelectualizados etc., mas no poder de penetração dessas canções e seu conjunto de valores junto à coletividade periférica, que se politizava junto. O caráter coletivo dessa politização sempre foi o ponto verdadeiramente revolucionário do rap.

Os rappers mais importantes do país não se colocavam como porta-vozes, como modelos, mas incorporavam as demandas da comunidade em suas canções de forma radical, para serem pensadas coletivamente. O objetivo nunca foi criar uma casta de rappers privilegiados com uma visão de mundo complexa, radical e progressista. Esse momento é fundamental, mas faz parte de um outro, mais decisivo, que é a participação ativa da periferia na construção desses valores. Caso o sucesso do rapper não seja acompanhado pela comunidade, o sentimento é de derrota e aporia, por mais dinheiro e sucesso que se tenha conquistado.

Dentro desse novo contexto, qual lição os Racionais podem aprender e quais lições podem transmitir para essa "nova" periferia, sem desconhecer suas transformações e cientes das condições históricas que fizeram as coisas chegarem onde estão? Ainda que os temas permaneçam mais atuais do que nunca, insistir na mesma forma seria ignorar que a periferia mudou, abandonando assim a busca pela "voz ativa" da quebrada, que sempre norteou sua ideologia.

IV. Amores Periféricos

A última canção do disco, "Eu Te Proponho", introduzida por "Coração Barrabaz", expressa bem as contradições que procuramos acompanhar, o encontro dos novos desafios do rap com dilemas que vêm de longe, e cuja sobreposição no disco permite tanto problematizar os caminhos escolhidos quanto vislumbrar algumas respostas. O quarto e último ciclo do disco irá tratar do amor de forma inédita na obra do grupo, tomando definitivamente partido em uma polêmica que atravessou o universo hip-hop quando "novos" nomes (Emicida, Criolo, Projota etc.) começaram a se destacar para a grande mídia. Dizia-se então que a temática do "verdadeiro" rap

5. TRANSFORMAÇÕES E MERCADO DA MÚSICA RAP

era aquela desenvolvida ao longo dos anos 1990, tratando de temas como violência, criminalidade, e que os novos rappers deturpavam o sentido original ao criarem letras com temáticas amorosas. Obviamente, à medida que esses nomes se firmavam no cenário musical, tais críticas perderam força.

O clima nostálgico e dançante é deixado de lado, e as bases mais graves do início sustentam a levada de "Coração Barrabaz". O vocal distorcido, grave, é empregado para tratar de um processo de separação com metáforas violentas que associam o lugar do (ex) amante ao de quem está preso. A seguir, a voz de Brown anuncia o desejo de felicidade e fuga, tema da próxima canção, talvez a mais complexa do disco em termos de integração de seus elementos fundamentais. "Eu Te Proponho" retoma o clima *black* dançante, sobre o qual o rapper destila os versos de Gilberto Gil ("Vamos fugir desse lugar, baby"). A associação entre amor e fuga é estabelecida desde o início, e pela primeira vez em um disco dos Racionais o amor entre homem e mulher aparece explicitamente como lugar de confiança, e não de traição – certamente em decorrência do avanço das conquistas das mulheres por um espaço cada vez maior na cena. A ambiguidade e a incerteza do corpo feminino, antes representado como o lugar de perigo extremo a ser controlado – o espaço inominável do desejo –, aparecem como aposta positiva (pela primeira vez surgem versos como "Eu acredito em ti", referindo-se a uma mulher). Pode-se dizer que esse estado de fruição que libera o sujeito do estado de vigilância constante é um dado novo no conjunto da obra dos Racionais.

Entretanto, é interessante notar o quanto esse estado de conciliação é o tempo todo atravessado por um conjunto de forças em sentido contrário – o antissujeito, para usarmos a terminologia semiótica –, sempre relacionado aos aspectos marginais da *vida loka* ("E se moiá? E se o júri tiver provas contra nóis?"). Esse espectro sempre presente atinge o ápice precisamente no momento do encontro sexual propriamente dito, quando a base rítmica proposta por KL Jay se altera radicalmente, deixando o clima dançante para criar novamente um contexto muito mais sombrio que propõe uma ruptura brusca, um encerramento. A partir daí abre-se um leque maior de associações, como que catalisando as diversas

274

"CORES & VALORES" E OS DILEMAS
DO RAP BRASILEIRO CONTEMPORÂNEO

cores presentes ao longo do disco. O *sampler* de alguém tragando um cigarro de maconha, que acrescenta mais um sentido à ideia de fuga da realidade, se junta a um piano e a uma base "seca". Os versos são os mais sexualmente explícitos da canção ("Vou entre suas coxas, minha diretriz"), imediatamente seguido por versos traduzidos de Marvin Gaye ("Não há morro tão alto, vale tão fundo").

O resultado é que o clímax amoroso não é representado pela canção como um momento de descanso e paz; ao contrário, é nesse instante que as imagens de violência retornam com maior força. Ainda que sejam imagens positivas, trata-se da positividade de uma situação de extrema tensão. Drogas, banditismo, marginalidade, refúgio bucólico, fuga da polícia: as imagens se sobrepõem e atravessam a promessa de paz e tranquilidade, que remetem aos versos "Conseguir a paz, de forma violenta", de "Diário de um Detento".

> Toda pressão, tudo, foda-se o mundo cão
> Você no toque e eu com a glock na mão, já era
> Refúgio na serra, eu fujo à vera, eu fui
> Fundo na ideia eu bolo a vela, eu fumo
> O norte é meu rumo, ao norte eu não erro
> Os federais dão um zoom na 381 verá.
> ("Eu Te Proponho", *Cores & Valores*)

O momento de entrega sexual, que a princípio representaria a promessa de fuga das condições adversas ("vamos fugir desse lugar, baby"), é precisamente aquele em que toda violência retorna e tensiona a relação entre o prazer do desejo e a utopia conciliatória final. Ainda se trata de uma superação da adversidade, é certo, mas esta não é idílica e nem desfaz os laços com o real, espécie de versão atualizada do prognóstico de *Negro Drama*, onde é o amor que tira o homem da miséria, sem tirar de dentro dele a favela. Essa fratura negativa do desejo sintetiza os impulsos contraditórios que atravessam todo o disco, o meio negativo a partir de onde as relações entre cores e valores são estabelecidas. Portanto, tanto o grande momento comercial que vive o rap quanto o voltar-se da periferia para o próprio desejo (movimento-chave no funk) são atravessados por impulsos contraditórios e carregados de uma negatividade inscrita nas raízes – violentas – do hip-hop. A canção termina com uma visão utópica recitada por Mano Brown, e uma canção de Cassiano que recupera os impulsos utópicos da música negra e que é bruscamente interrompida, como que sugerindo uma continuação do álbum (e que talvez tenha sido o *Boogie Naipe*, trabalho solo de Mano Brown).

"Eu Te Proponho" realiza, dessa forma, uma espécie de síntese do embate principal que atravessa todo o disco, entre os novos desafios e horizontes do rap nacional e a relação com a periferia que tornou sua existência possível. No contexto presente, não parece ser possível manter a mesma linguagem do rap dos anos 1990, pois o modo como a periferia reconhece a si e procura sobreviver no inferno cotidiano assume outras formas que fazem com que o padrão do hip-hop anos 1990 soe deslocado, forçado ou mesmo neutralizado[13], sendo a questão decisiva aqui a possibilidade de fazer com que os antigos valores persistam nessas novas condições, questão que atravessa *Cores & Valores* do começo ao fim.

As mudanças formais presentes em *Cores & Valores* comportam um tensionamento que contempla não apenas aquilo que o rap ganhou ao transformar-se, mas também o que foi perdido ao longo do processo. Ao sobrepor às duas camadas temporais – o rap como *negócio marginal*, no sentido de ter origem no contexto de violência periférica e de ser um negócio da comunidade negra brasileira – os Racionais tornam visível e problemática a trajetória do rap nacional, avaliando sua história a partir de suas contradições internas. A posição histórica privilegiada do grupo permite recuperar o

---

13 "O rap não pode ser limitante. O negro já tem tantas limitações no Brasil, tantas regras e o rap ainda te põe mais cerca. Não pode isso, não pode aquilo. O rap nasceu da liberdade e da expansão das ideias. É mais comovente se apoiar na fraqueza e divulgar isso, lavar roupa suja o tempo inteiro, expor as fragilidades o tempo todo, na feira livre. Teve um momento em que isso foi preciso. Hoje em dia é exposição, é Datena, que entra na casa das pessoas e mostra a panela suja, o cara morto embaixo da cama, é isso aí. Teria que ser isso e eu não quero ser isso" [...] "Ninguém vai algemar o Pedro Paulo. Ninguém vai me fazer Mano Brown o tempo todo. Pode esquecer. Querer fazer a minha vida virar Racionais o tempo inteiro ninguém vai. Na minha vida mando eu. Eu quero que as pessoas sejam livres e eu também sou." Mano Brown Diz Estar Preparado Para as Críticas ao Seu Trabalho Solo, Que Investe em Disco Music e Funk. Entrevista a André Caramarante. *Rolling Stone Brasil*, 15 nov. 2013.

"CORES & VALORES" E OS DILEMAS
DO RAP BRASILEIRO CONTEMPORÂNEO

momento preciso em que o rap se articulou como alternativa cultural, política e material ao processo de desagregação da periferia, sendo que sua radicalidade estética inicial dependeu em grande medida da articulação complexa entre ética e estética, ou seja, de um posicionamento radical – a ponto de "subordinar" o estético a demandas éticas – junto à periferia. Essa a radicalidade implícita no questionamento central de "Quanto Vale o Show?" aponta para a capacidade do movimento hip-hop de, literalmente, salvar vidas.

Entretanto, a própria trajetória vitoriosa do rap, que afirma cada vez mais sua independência ao conquistar um reconhecimento profissional, comercial e institucional cada vez maior, comporta uma contradição decisiva que se inscreve na forma mesma de *Cores & Valores*. A concentração formal do disco, além de inserir o trabalho em um diálogo direto com as demandas contemporâneas do hip-hop, é também sintoma de certo afastamento do rap de sua matriz periférica, cuja subjetividade a que dava forma em certo sentido ficou no passado, apesar de os problemas históricos da periferia estarem longe de serem resolvidos. *Cores & Valores* é atravessado do início ao fim por esse espectro do "novo tempo do mundo"[14] em que certas experiências periféricas são incorporadas formalmente pelo rap sem se vincular diretamente às demandas de uma coletividade que progressivamente assumiria contornos mais conservadores. Mais precisamente, *Cores & Valores* é uma brilhante reflexão sobre esse afastamento, sobre o que se perdeu e ganhou pelo caminho.

Pode ser que o último disco dos Racionais, pela primeira vez desde que o grupo iniciou sua trajetória, não tenha sido o acontecimento mais significativo do hip-hop brasileiro quando de seu lançamento (nessa categoria entram os trabalhos de Criolo e Emicida, por aquilo que representam no momento atual do rap), mas sua obra continua oferecendo um potencial de síntese estética que faz dela um espaço privilegiado de observação dos rumos da sociedade contemporânea em seus impasses. Ou seja, *Cores & Valores* também indica algo de uma experiência humana emancipatória – ou desejo – que em certo sentido se perdeu, e que viemos acompanhando ao

---

14 Ver P. Arantes, *O Novo Tempo do Mundo*.

277

5. TRANSFORMAÇÕES E MERCADO DA MÚSICA RAP

longo desse trabalho. A vitória comercial e afirmação estética do rap, que lhe garantem maior abertura formal, são simultâneas a uma mudança na autopercepção musical da periferia, que em grande medida desloca radicalmente a dimensão de organização política da periferia, fundamental no hip-hop[15].

Referências

ARANTES, Paulo Eduardo. *O Novo Tempo do Mundo: E Outros Estudos Sobre a Era da Emergência*. São Paulo: Boitempo, 2014.

_____. Bem-vindos ao Deserto Brasileiro do Real. *Extinção*. São Paulo: Boitempo, 2007.

BOTELHO, Guilherme. *Quanto Vale o Show? O Fino Rap de Athalyba-Man – A Inserção Social do Periférico Através do Mercado de Música Popular*. Dissertação (Mestrado em Culturas e Identidades Brasileiras), USP, São Paulo, 2018.

CAMPOS, Felipe Oliveira. *Cultura, Espaço e Política: Um Estudo da Batalha da Matrix de São Bernardo do Campo*. Dissertação (Mestrado em Estudos Culturais), USP, São Paulo, 2019.

D'ANDREA, Tiaraju Pablo. *A Formação dos Sujeitos Periféricos: Cultura e Política na Periferia de São Paulo*. Tese (Doutorado em Sociologia), USP, São Paulo, 2013.

FELTRAN, Gabriel de Santis. Crime e Castigo na Cidade: os Repertórios da Justiça e a Questão do Homicídio nas Periferias de São Paulo. *Caderno CRH*, v. 23, n. 58, 2010.

FERNANDES, FLORESTAN. *A Integração do Negro na Sociedade de Classes: No Limiar de Uma Nova Era*. São Paulo: Globo, 2008.

GARCIA, Walter. Diário de um Detento: Uma Interpretação. In: NESTROVSKI, A. (org.). *Lendo Música*. São Paulo: Publifolha, 2007.

MARQUES, Adalton. "Liderança", "Proceder" e "Igualdade": Uma Etnografia das Relações Políticas no Primeiro Comando da Capital. *Etnográfica*, v. 14, n. 2, 2010.

SANTOS, Daniela Vieira dos. Sonho Brasileiro. *Nava*, v. 4, n. 1/2, 2019.

TEPERMAN, Ricardo Indig. *Se Liga no Tom: As Transformações do Rap no Brasil*. São Paulo: Claro Enigma, 2015.

_____. O Rap Radical e a "Nova Classe Média". *Psicologia USP*, v. 26, 2015.

---

15 Para tentar compreender as razões que levaram a um considerável crescimento da produção artística da periferia – não apenas o hip-hop (incluindo dança e grafite, além do rap), mas também a produção literária, os saraus, os coletivos de samba etc. – entre os anos 1990 e 2013, Tiaraju D'Andrea levanta um conjunto de quatro grandes motivadores principais: (1) a produção cultural como pacificação (fomentar o encontro, a utilização dos espaços comuns, a arte e a cultura); (2) como sobrevivência material (a produção cultural como forma de profissionalização e alternativa ao mundo do trabalho precarizado e às atividades ilícitas); (3) como participação política (a descrença no mundo da política, o fim de ciclo de trabalho de base do PT nas periferias de São Paulo, a busca de novas formas para a política); e (4) como emancipação humana. Digamos que no momento atual o rap se fortalece em sua dimensão de sobrevivência material, mas perde força tanto como espaço de integração cultural, paulatinamente perdendo espaço para os bailes funk, quanto no campo de alternativa ao esgotamento de horizontes da política partidária.

"CORES & VALORES" E OS DILEMAS DO RAP BRASILEIRO CONTEMPORÂNEO

Imprensa

BLUE, Ice. Entrevista a Amanda Massuela e Patrícia Homsidisse. A Estrutura da Evolução de Ice Blue. Revista *Cult*, n. 192, 16 ago. 2013. Disponível em: <https://revistacult.uol.com.br/home/estrutura-da-evolucao-de-ice-blue/>. Acesso em: 18 fev. 2022.

BROWN, Mano. Entrevista. *Showbizz*, n. 155, jun. 1998.

_____. Entrevista concedida a Spensy Pimentel, 2006. Disponível em: <http://www2.fpa.org.br/o-que-fazemos/editora/teoria-e-debate/edicoes- anteriores/cultura-entrevista-com-mano-brown>. Acesso em: 5 jan. 2017.

_____. Mano Brown Diz Estar Preparado Para as Críticas ao Seu Trabalho Solo, Que Investe em Disco Music e Funk. Entrevista concedida a André Caramarante, *Rolling Stone Brasil*, 15 nov. 2013.

EMICIDA. "Me Cobro para Buscar Novas Maneiras de Fazer Velhas Coisas", diz Emicida. *Folha de S.Paulo*. São Paulo, 29 dez. 2014.

FACCHI, Cleber. Cores e Valores, Racionais MC's. *Miojo Indie*, 3 dez. 2014. Disponível em: <http://miojoindie.com.br/disco-cores-e-valores-racionais-mcs/>. Acesso em: 6 fev. 2022.

GARCIA, Walter. O Novo Caminho de Edi Rock. *Le Monde Diplomatique Brasil*, ano 7, n. 76, nov. 2013.

JAY, KL. Não Precisamos Ficar Provando Mais Nada, diz KL Jay, dos Racionais. *Revista da Folha*, 20 dez. 2014.

MELO, Tarso de. Muita Treta Pra Vinicius de Moraes. 23 mar. 2018. Disponível em: <https://tarsodemelo.wordpress.com/2018/03/23/muita-treta-pra-vinicius-de-moraes/>. Acesso em: 18 fev. 2022.

MANDRAKE. Mano Brown É Apedrejado Com Comentários Após Aparição em Video-Clipe de Funkeiro. *Revista Rap Nacional*, v. 11, abr. 2013.

MENDES, Beatriz. O Laboratório de Emicida. *Carta Capital*, São Paulo, 24 ago. 2012.

ROLIM, Gabriel. Racionais – Cores e Valores. *Monkey Buzz*, 4 dez. 2014. Disponível em: <http://miojoindie.com.br/disco-cores-e-valores-racionais-mcs/>

SORAGGI, Bruno B.; PEREIRA, Elvis. Inspirada nos Racionais MC's, Nova Geração Dá Mais Cores e Valores ao Rap. *Folha de S.Paulo*, São Paulo, 21 dez. 2014.

_____. "O Que Eu Canto Tem Ficção Misturada Com Realidade", Diz o Rapper Ogi. *Folha de S.Paulo*, São Paulo, 22 de dez., 2014.

_____. "É Preciso se Manter Fiel à Verdade, Mas Livre Pra Experimentar", diz Rael. *Folha de S.Paulo*, 21 dez. 2014.

TEPERMAN, Ricardo Indig. Do Rap ao Rap: Emicida de 2015 Não É o Racionais de 1990. *Nexo Jornal*, 13 nov. 2015.

Fonogramas

CRIOLO. *Nó na Orelha*. Oloko Records, 2011.

_____. *Convoque Seu Buda*. Oloko Records, 2014.

EMICIDA. *Pra Quem Já Mordeu Cachorro Por Comida Até Que Eu Cheguei Longe*. Laboratório Fantasma, 2009.

_____. *O Glorioso Retorno de Quem Nunca Esteve Aqui*. Laboratório Fantasma, 2013.

_____. *Sobre Crianças, Quadris, Pesadelos e Lições de Casa*. Laboratório Fantasma, 2015.

SABOTAGE. *Rap é Compromisso*. Cosa Nostra, 2000.

Anexo

Discografia e Acervos

Álbuns

(1993) *Raio x do Brasil*
(1994) *Racionais MC's* (coletânea)
(1997) *Sobrevivendo no Inferno*
(2001) *Ao Vivo*
(2002) *Nada Como um Dia Após o Outro Dia*
(2006) *1000 Trutas 1000 Tretas* (ao vivo)
(2014) *Cores & Valores*

EPS

(1990) *Holocausto Urbano*
(1992) *Escolha o Seu Caminho*

Singles

(1993) Fim de Semana no Parque
(1997) Diário de um Detento
(2014) Quanto Vale o Show?

DVDS

(2006) *1000 Trutas 1000 Tretas*

Internet

Boogie Naipe
    site e selo: <https://www.boogienaipe.com.br/>
Instagram
    racionaiscn: <https://www.instagram.com/racionaiscn/?hl=pt>
YouTube
    RacionaisTV: <https://www.youtube.com/channel/UCjwJs6NG0J70x8hyQsh9W1Q>)

Acervos da Imprensa

Bizz
    <https://revistabizz.blogspot.com/>
Folha de S.Paulo
    <https://www.folha.uol.com.br/>
O Estado de S. Paulo
    <https://www.estadao.com.br/>
Pode Crê!
    <https://www.geledes.org.br/revista-pode-cre-memoria-institucional/>
Trip
    <https://revistatrip.uol.com.br/>

Linha do Tempo

1988

_COLETÂNEA CONSCIÊNCIA BLACK:
Pânico na Zona Sul e Beco Sem Saída

1990

_Holocausto Urbano

1992

_Escolha Seu Caminho
_PROJETO RAPPERS de Geledés Instituto da Mulher Negra.
_"RAPENSANDO A EDUCAÇÃO" projeto da Secretaria
de Educação do Município de São Paulo,
_RAP NO VALE Concerto de RAP no Vale do Anhangabaú

1993

_O grupo foi um dos organizadores
da passeata de jovens negros no 13 de maio
_Raio X do Brasil

1997

_Sobrevivendo no Inferno

1998

_Prêmio VMB Escolha da Audiência com o clipe 'Diário de um Detento'.

2000

2002

_Nada Como um Dia Após o Outro Dia
_PRÊMIO HUTUZ: melhor DJ e melhor produtor (KL Jay)
melhor grupo e melhor disco (*Nada Como um Dia Após o Outro Dia*)
melhor música ("Negro Drama") z.

2006

_ ORDEM DO MÉRITO CULTURAL: outorgada ao grupo pelo presidente Luiz Inácio Lula da Silva e pelo ministro da Cultura, Gilberto Gil
_Lançamento DVD "1000 Trutas 1000 Tretas", com show e documentários.

2009

_VMB: melhores artistas da década
melhor álbum e videoclipe da década (*Vida Loka Parte 2*)

2012

_VMB: Melhor Clipe do Ano no VMB
_Troféu Raça Negra
_Prêmio Mundo da Rua

2013

_Menção honrosa no XI Santa Maria Vídeo e Cinema
_Melhor videoclipe no IV Curta Amazônia

2014

_PRÊMIO MULTISHOW: melhor turnê (*Cores & Valores*)

2017

_Exposição Racionais MC's: Três Décadas de História, na Red Bull Station

2022

_DOCUMENTÁRIO *Racionais: Das Ruas de São Paulo Pro Mundo*, na Netflix
_AULA ABERTA na Unicamp com o Racionais MC's

Colaboradores do Volume

Acauam Oliveira
Doutor em Literatura Brasileira, pela Universidade de São Paulo (USP), atualmente é professor adjunto de Letras da Universidade de Pernambuco (UPE), onde é vice-coordenador do Programa de Mestrado Profissional, escreveu o prefácio do livro *Sobrevivendo no Inferno*, do Racionais MC's (Companhia das Letras, 2018).

Ana Lúcia Silva Souza
Pós-doutora em Linguística Aplicada pela Universidade de Brasília, doutora em Linguística Aplicada pela Universidade de Campinas, é professora associada da Universidade Federal da Bahia (UFBA). Autora de *Letramentos de Reexistência – Poesia, Grafite, Música, Dança: Hip-Hop* (Parábola, 2011).

Bruno de Carvalho Rocha
Mestre em Ciências da Religião pela Universidade Metodista de São Paulo (Umesp), vem desenvolvendo pesquisas no campo de estudos do hip-hop, principalmente na intersecção entre o rap brasileiro e a religião.

Daniela Vieira
Doutora em Sociologia pela Unicamp com estágio no King's College de Londres. É professora de Sociologia no Departamento de Ciências Sociais da Universidade Estadual de Londrina (UEL). Realizou estágio pós-doutoral no Departamento de Sociologia da Unicamp e no CSU-Cresppa/CNRS em Paris. Dirige, em parceria com Jaqueline Lima Santos, a coleção de livros Hip-Hop em Perspectiva e a linha de pesquisa Hip-Hop em Trânsito (Cemi/Unicamp). Autora de *Não Vá se Perder Por Aí: A Trajetória dos Mutantes* (Annablume/Fapesp, 2010).

Janaína Machado
Mestre em Estudos Étnicos pela Universidade Federal da Bahia--UFBA. Desenvolve pesquisas no campo dos estudos das relações étnico-raciais em instituições culturais a partir do eixo da arte e educação. Atualmente coordena o grupo de trabalho nacional de

Teorias do Espetáculo e da Recepção da Abrace. Foi cofundadora do grupo de rap feminino Saruê Zambi.

Jaqueline Lima Santos

Doutora em Antropologia Social pela Unicamp e Harvard Alumni Fellow. Atua com os temas de equidade, raça, gênero, diversidade, educação, infância e juventude, história e cultura afro-brasileira e africana, cultura hip-hop e Palop (Países Africanos de Língua Oficial Portuguesa). Coordena com Daniela Vieira a coleção Hip-hop em Perspectiva e a linha de pesquisa Hip-Hop em Trânsito do Cemi-Unicamp.

Paula Costa Nunes de Carvalho

Jornalista, com passagens por *O Estado de S. Paulo*, Instituto Humanitas360 e revista *Bravo!*, é também cientista social. Mestre em Sociologia pela Universidade de São Paulo, participa do Núcleo de Sociologia da Cultura da USP e fez parte da comissão executiva da *Plural*, revista do Programa de Pós-Graduação – Sociologia (PPGS/USP), entre 2017 e 2022.

Paulo César Ramos

Doutor em Sociologia pela USP, coordena o projeto de pesquisa, formação e mobilização Reconexão Periferias e é pesquisador do Centro Brasileiro de Análise e Planejamento – Cebrap, onde coordena o projeto Memória e Identidade do Ativismo Afro-Brasileiro no Afro – Núcleo de Estudos e Pesquisa Sobre Raça, Gênero e Justiça Racial, em parceria com o Arquivo Edgard Leuenroth, da Unicamp. É autor de *"Contrariando a Estatística": Genocídio, Juventude Negra E Participação Política* (Alameda Editorial, 2021).

Rachel D'Ipolitto de Oliveira Sciré

Mestre em Filosofia no Programa de Culturas e Identidades Brasileiras, área de concentração Estudos Brasileiros, no Instituto de Estudos Brasileiros da Universidade de São Paulo (IEB-USP). Atua na área de Jornalismo, Comunicação e Produção Cultural.

Silvana Carvalho da Fonseca

Doutora em Literatura e Cultura pela Universidade Federal da Bahia (UFBA). Professora de Culturas e Literaturas Africanas de Língua Portuguesa da Universidade Federal do Recôncavo da Bahia, coordena o programa de extensão PoÉticas Periféricas e Produções de Vida no Recôncavo da Bahia, na UFRB e a coleção DasPretas, pela editora Segundo Selo, que tem como foco a publicação de mulheres negras no Brasil.

Tiaraju Pablo D'Andrea

Professor da Universidade Federal de São Paulo (Unifesp) e coordenador do CEP (Centro de Estudos Periféricos). Pós-Doutor em Filosofia pela Universidade de São Paulo (2014-2018). Doutor em Sociologia da Cultura pela Universidade de São Paulo (2013), trabalhou como pesquisador no Centro Brasileiro de Análise e Planejamento (Cebrap), entre 2001 e 2008, e é membro da International Association for the Study of Popular Music - Rama América Latina (IASPM-AL).

Waldemir Rosa

Doutor em Antropologia Social pelo Museu Nacional da Universidade Federal do Rio de Janeiro (2014), atualmente é professor de Antropologia – Diáspora Africana na América Latina e Caribe, na Universidade Federal da Integração Latino-Americana – Unila, em Foz do Iguaçu (PR).

Walter Garcia da Silveira Junior

Professor da área temática de Música do Instituto de Estudos Brasileiros da Universidade de São Paulo – USP, é autor de *Bim Bom: A Contradição sem Conflitos de João Gilberto* (Paz e Terra, 1999) e organizador de *João Gilberto* (Cosac Naify, 2012). Violonista e compositor, produziu o CD *Canções de Cena* (Cooperativa Paulista de Teatro, 2004) para a Companhia do Latão.

NESTA NOITE EM SÃO PAULO
UM ANJO VAI MORRER
POR MIM E POR VOCÊ,
POR TER CORAGEM DE DIZER

Este livro foi impresso na cidade de São Bernardo do Campo,
nas oficinas da Paym Gráfica e Editora, em abril de 2023,
para a Editora Perspectiva.